KB198227

세계 에너지
패권 전쟁

세계 에너지 패권 전쟁

자원이 지배하는 새로운 부의 질서

양수영 지음

다산북스

들어가며

4가지 축으로 보면
에너지 패권 지형이
단숨에 읽힌다

　　인류는 지구상에 출현한 이후 종족의 생존과 번영을 두고 치열한 경쟁을 벌여왔다. 무엇보다도 땅을 차지하기 위해 끊임없이 투쟁해 왔는데, 땅은 생존과 직결되는 것은 물론이고 부를 가져다주는 식량과 노동력을 확보하는 원천이었기 때문이다. 그런데 두 차례 산업혁명을 거치면서 에너지 자원이 산업의 원동력은 물론, 국가에 경제적 풍요를 가져다주는 중요한 재원이 되었다. 에너지 자원을 안정적으로 확보하는 것이 무엇보다 중요한 국가의 과제로 등장하게 되고 이로 인해 국가 간에 치열한 경쟁을 벌이게 되었다.

제1차 산업혁명 이후에는 석탄을 차지하기 위해 유럽에서 각축전이 벌어졌다. 다량의 석탄을 안정적으로 확보한 나라가 산업화의 선두에 설 수 있었다. 석유가 석탄을 대체하는 에너지 자원이 된 제2차 산업혁명 이후에는 중동의 유전을 차지하기 위해 서방 열강들이 앞다퉈 중동에 진출해 총성 없는 전쟁을 벌였다. 제2차 세계대전 중에는 무려 석유 확보 여부가 전쟁의 판도를 좌우할 정도였다. 독일과 일본이 결국 패배한 데에는 석유를 적시적소에 공급받지 못한 것도 큰 몫을 차지한다. 한편 20세기 중반 들어서면서 열강으로부터 독립한 신생국가들이 산업화를 추진하기 시작했다. 이제 유럽 열강뿐만 아니라 전 세계 거의 모든 국가가 산업의 원동력인 석유를 안정적으로 확보하길 바라게 되었다. 그런 와중에 1900년대 중반 중동 산유국을 중심으로 석유수출국기구OPEC가 만들어졌다. 그러다 OPEC이 1970년대에 일으킨 두 차례 석유파동으로 전 세계가 극심한 경기 침체를 겪으면서 모든 나라가 에너지 자원의 중요성을 절실히 느끼게 되었다.

인구 증가와 경제성장으로 인해 에너지 수요는 전 세계적으로 계속해서 증가하고 있다. 특히 경제성장을 가속화하고 있는 중국과 인도, 동남아시아는 그 증가세가 더욱 급격하다. 빅데이터, AI 등 IT 산업이 눈부시게 발전하고 전기자동차가 늘어나면서 전력 수요가 늘어나고 천연가스 사용량 또한 급격히 늘고 있다. 수송 연료와 석유화학 원료로서 석유 수요도 꾸준히 증가하는 추세다.

한편 늘어나는 에너지 자원 수요에 따른 문제 또한 발생하고 있다. 특히 화석에너지 자원을 과도하게 사용하면서 지구온난화 문제가 대두되기 시작했다. 코앞으로 다가온 기후 위기 앞에 전 세계적으로 탄소 감축의 중요성이 강조되는 추세다. 서구의 선진국을 중심으로 화석에너지를 줄이려는 움직임이 일어나고 태양광과 풍력으로 대표되는 재생에너지가 빠른 속도로 확대되고 있다. 원자력발전은 건설비가 많이 들고, 핵 사용에 대한 근본적인 우려를 피할 수 없으므로 논쟁이 끊이지 않는 게 사실이다. 하지만 석탄발전을 계속하거나 재생에너지를 확대하는 데 한계가 있는 데다 원자력발전은 온실가스가 발생하지 않으므로 원자력발전소를 건설하려는 국가가 꾸준히 늘어나고 있다. 이에 더해 미래 에너지로 부상하는 수소와 관련한 산업을 선도하기 위해 친환경 수소를 생산할 수 있는 여건을 갖춘 국가들이 발 빠르게 움직이고 있다. 20세기가 석유와 천연가스를 확보하기 위해 각축을 벌이던 시대였다면, 21세기는 석유, 천연가스, 원자력, 재생에너지, 수소 등 다양한 에너지원을 확보하고 에너지 관련 산업을 선점하려는 치열한 경쟁의 장이 펼쳐지는 시대다.

세계 10위권의 경제 대국으로 부상한 우리나라 입장에서는 세계 어느 나라보다도 안정적인 에너지 공급이 중요하다. 석유와 천연가스를 모두 수입하고 있으며 기후 여건상 재생에너지 발전에도 취약하므로 다양한 에너지원의 안정적 확보가 절실한 상황이다. 그러나 우리나라의 에너지 정책은 정쟁의 대상을 벗어나지 못하고 있다. 진보 정권은 재생에너지 확대를, 보수 정권은 원전 확대를 주장하며 치열하게 싸우다 보니 장기적이고 근본적인 에너지 대책이 마련되지 않는 안타까운 상황이 계속되고 있다. 이 책에서는 에너지 패권에 따라 세계정세가 어떻게 변화해 왔고 에너지 안보를 위해 주요국들이 어떻게 노력하고 있는지 살펴보면서, 우리가 나아가야 할 길이 무엇인지 같이 고민해 보고자 한다.

에너지 관련 전쟁을 네 가지로 나눠 살피려 하는데 첫째는 석유 전쟁이다. 먼저 20세기를 주도한 석유가 세계의 역사에 어떤 영향을 미쳐왔는지 들여다보기로 한다. 둘째는 천연가스 전쟁이다. 천연가스가 점점 중요한 에너지 자원으로 부각되고 있다. 천연가스가 어떻게 세계 에너지 패권을 재편하고 있는지 살펴보겠다. 셋째는 탄소 전쟁이다. 인류를 위협하는 기후 위기 속에서 탄소중립과 넷제로가 시대의 화두로 떠오르고 있다. 세계 주요국들이 탄소를 어떻게 줄이고 있는지, 그리고 탄소와 관련된 에너지 정책을 어떻게 펼치고 있는지 살펴보려 한다. 넷째는 생존 전쟁이다. 에너지가 곧 생존인 시대에 살고 있는 우리는 과연 앞으로 어떻게 해나가야 할 것인가? 이 질문이 바로 이 책을 집필한 이유이기도 하다. 한국의 에너지 현황과 에너지 개발 역사를 살펴보고 생존을 위한 전략을 얘기해 보고자 한다.

지난 수십 년간 연구소, 민간 기업, 공기업, 대학을 거치면서 에너지와 자원 개발에 관해 공부하고 실전 경험을 쌓아왔다. 그 와중에 틈틈이 에너지 패권의 역사를 들여다보면서 에너지 현황과 미래 전망을 객관적인 시각으로 조명하려고 노력했다. 이 책을 통해, OECD 선진국임이 무색하게 개발도상국형 에너지 소비 형태를 보이는 에너지 과소비국이면서 에너지에 대해 무관심했던 대한민국이 에너지의 중요성을 깨닫게 되기를 기대해 본다.

2024년 2월

저자 양수영

4부

생존
전쟁

1부

석유 전쟁

2023년 10월 팔레스타인 무장 단체 하마스가 이스라엘을 기습 침공했다. 이스라엘-하마스 전쟁의 시작이었다. 중동의 한복판에서 일어난 이 전쟁에 전 세계가 촉각을 곤두세우고 있다. 전쟁이 끝날 기미를 보이지 않는 데다 이스라엘과 이란이 서로 보복 공격을 하느라 중동의 살얼음판 긴장이 계속되고 있어서다. 또 한 가지, 중동에서 전쟁이 발발할 때마다 국제 유가가 급등해 세계경제가 몸살을 앓은 경험을 여러 차례 겪었기 때문이다.

석유는 단연 인류 문명을 화려하게 꽃피게 한 가장 주요한 에너지원이다. 미국을 세계 최강 국가로 만들었으며, 사막에서 유목 생활을 하고 고기잡이로 생계를 이어가던 중동 국가들이 석유로 부를 축적해 호사를 누리게 했다. 20세기는 석유 패권이 본격적으로 세상을 지배한 시기라 해도 과언이 아니다. 산업혁명과 전쟁이라는 인류 문명사의 대격변을 거치며 석유는 인류 문명 유지에 없어서는 안 될 가장 중요한 자원이 되었다. 20세기를 주도했던 석유 패권은 세계 역사와 경제를 어떻게 좌우해 왔을까?

1장

인류 문명을
바꾼 석탄

제1차 산업혁명과 석탄

자연에서 얻는 에너지 중에서 화석처럼 과거 지질시대에 만들어져 지하 지층에 남아 있는 석유·천연가스·석탄을 화석에너지라고 한다. 그중에서 석탄은 석유가 등장하기 전에 인류의 발전을 이끈 중심 자원이었다.

획기적인 에너지 전환

인류의 조상이 지구상에 출현한 이후 지난 수십만 년 동안 인류가 자연으로부터 얻는 에너지라고는 나무가 거의 다였다. 일부 지역에서는 석탄을 사용하기도 했지만, 주로 나무 장작에 불을 지펴 열에너지로 난방이나 취사에 활용하는 정도에 그쳤다. 일에너지는 오로지 자기 신체나 동물의 근력을 사용해 얻을 뿐이었다. 오늘날에는 자연에서 얻은 에너지 자원을 동력으로 활용하지만, 이전에는 인간 자신이나 소와 말과 같은 동물의 신체를 동력으로 활용하거나 수송 수단으로 쓴 것이다.

그런데 18세기 중반에 시작된 산업혁명이 인류 사회에 큰 변화를 불러왔다. 석탄을 연소해 발생하는 열에너지를 이용해 증기기관을 돌려 일에너지로 전환하는 기계화를 이룬 것이다. 석탄을 연료로 한 증기기관의 활용은 인류에게 엄청난 효율성을 가져다주었고, 인류 문명의 근대화에 원동력이 되었다. 산업혁명 이후 불과 250년 만에 인류 문명은 이전과는 비교할 수 없는 엄청난 발전을 하게 된 것이다.

석탄이 풍부했던 영국

인간이 석탄을 사용한 역사는 상당히 오래 거슬러 올라간다. 중국 푸순에서 BC 1000년경에 구리를 제련하는 데 석탄을 사용한 흔적이 발견되었으며, 영국에서는 청동기시대(BC 3000~2000)에 사람이 죽어 화장할 때 석탄을 사용한 흔적을 발견할 수 있다. 또한 로마제국 지배 시절에 잉글랜드와 웨일스에서 석탄을 채굴했다는 기록이 있으며 석탄을 활용해 철을 제련한 흔적이 있는 유적지도 발견되었다. 이렇듯 제1차 산업혁명이 영국에서 일어난 것은 당시 영국의 과학기술이 세계 어느 나라보다 앞서 있어서이기도 하지만 영국에 석탄이 풍부하게 매장되어 있었기 때문이다.[1]

영국에서는 고대부터 잉글랜드, 웨일스, 스코틀랜드 등 여러 지역에서 석탄을 채굴해 왔다. 덕분에 중세 시대에는 석탄이 난방과 취사에 광범위하게 쓰였다. 13세기 들어 인구가 늘어나고 삼림이 훼손되어 나무 장작이 귀해지자, 난방용으로 나무 장작보다 가격이 저렴한 석탄을 많이 활용하기 시작했다.[2] 처음에는 지표에 노출된 탄맥(땅에 묻혀 있는 석탄의 줄기)에서 석탄을 얻었으나, 점차 지하로 구덩이를 파고 들어가 채굴해 1750년경에는 통상 45미터 깊이까지 채굴했다고 한다.[3]

이처럼 열에너지로 사용되는 데 그쳤던 석탄이 제1차 산업혁명을 통해 세상을 바꾸는 중요한 자원으로 거듭났다. 증기를 활용해 기계를 돌리는 증기기관은 1705년에 영국의 발명가 토머스 뉴커먼 Thomas Newcomen이 최초로 발명했다. 그러다가 1769년에 스코틀랜드의 발명가인 제임스 와트James Watt가 증기기관을 상업적으로 활용할 수 있도록 개량한 것이 제1차 산업혁명의 계기가 되었다. 당시 세계 어느 나라보다 영국에서 석탄이 많이 채굴되어 쓰이고 있었기 때문에, '증기기관'이라는 세계사에 중요한 발자취를 남긴 발명품이 탄생한 것이다.

산업화와 교통 혁명

18세기 중반에 시작된 제1차 산업혁명을 계기로 증기기관을 이용한 방직공장이 곳곳에 생겨나고, 영국을 시작으로 유럽 여러 국가와 미국에서 산업화가 본격적으로 일어났다. 사람이나 동물의 신체 대신에 기계가 일을 한다는 사실은 실로 획기적이었다. 19세기부터는 증기기관을 활용한 다양한 기계가 더욱더 많이 생산되어 인간의 노동력을 대체했다.

인류가 야생말을 길들여 사용한 이래 오랫동안 수송 수단으로는 말이 전부였다. 그런데 증기기관을 이용한 선박과 기차가 장거리를 손쉽게 이동할 수 있는 수송 수단이 되어주었다. 바람이 있어야만 운항할 수 있었던 선박은 증기선으로 대체되면서 기상의 영향을 받지 않고 빠른 속도로 바다를 누볐다. 1825년 영국에서 최초로 상업용 철도가 운행되고, 19세기 후반부터는 전 세계적으로 철도가 건설되는 교통 혁명이 일어났다. 산업화와 교통 혁명이 일어나면서 그야말로 석탄이 세상을 바꾸게 된 것이다.

석탄을 확보하라

석탄을 선점한 프로이센

산업혁명이 유럽 대륙 전체로 확산되면서 유럽 각국이 산업화의 원동력인 석탄 채굴에 적극적으로 나섰다. 19세기와 20세기 초반에는 석탄 확보를 위해 국가 간에 치열한 각축전이 벌어졌다. 석탄 광산이 없으면 산업화에 뒤처질 수밖에 없었으므로 석탄의 확보 여부가 경제 발전의 주요 요인으로 떠올랐고, 따라서 석탄 광산을 차지하기 위해 치열한 경쟁이 벌어진 것은 당연한 귀결이었다. 독일(당시 프로이센)이 영국과 함께 산업화를 가장 먼저 시작할 수 있었던 것도 실레지아의 석탄 광산을 선점해서였다. 당시 유럽의 강자였던 프로이센이 현재 폴란드, 독일, 체코에 걸쳐 있던 실레지아 지역을 1742년에 점령했고, 그 후 이 지역에 풍부하게 매장된 석탄을 바탕으로 산업화에 박차를 가하게 된 것이다.[4]

석탄이 불러온 나비효과, 보불전쟁부터 나치 집권까지

1870년에는 약 2년 동안 통일 독일을 이룩하려는 프로이센과 이를 저지하려는 프랑스 간에 이른바 '보불전쟁'이 일어났다. 오랜 분쟁 지역이며 철광석과 석탄이 풍부한 알자스-로렌 지방을 차지하기 위한 치열한 공방이 벌어졌는데, 이 전쟁에서 패한 프랑스는 자원이 풍부하고 중공업이 발달한 이 지방을 독일에 빼앗김으로써 이 시기에 중공업이 더디게 성장할 수밖에 없게 되었다.[5]

시간이 좀 더 흘러 제1차 세계대전이 끝나고 패전 국가였던 독일이 배상금 지급을 연체한 것에 불만을 품은 프랑스가 루르 지방을 점령한 것도 이 지역의 석탄 광산을 차지하겠다는 속내가 깔려 있었다. 당시 루르 지방은 풍부한 석탄을 기반으로 공업이 발달해 독일이 필요로 하는 전시 물자 대부분을 생산하는 핵심 생산 기지 역할을 하고 있었다. 제1차 세계대전 이후 라인강 서안 지역인 이 일대는 비무장지대로 지정되어 독일은 자국 영토임에도 군대를 주둔시킬 수 없었다. 그러다 당시 독일의 바이마르 공화국이 보상금을 지불하지 못하는 상황이 되자 1923년 1월 프랑스군이 벨기에군과 힘을 합쳐 이곳을 일시적으로 점령했다.[6] 프랑스가 루르 지방을 점령하면서 독일의 경제는 더욱 피폐해졌다. 독일 내에서 국민들의 분노가 들끓은 결과로 1923년 11월 히틀러가 이끄는 나치당이 맥주홀 폭동을 일으켰고, 이 사건은 결국 나치당의 집권으로까지 이어지고 만다.[7]

일본의 근대화를 이끈 석탄

한편 일본은 아시아에서 가장 먼저 근대화를 이루었다. 아시아 그 어떤 나라보다 빠르게 문호를 개방하기도 했지만, 근대화에 더욱 박차를 가할 수 있었던 것은 풍부하게 매장되어 있던 석탄 덕분이었다. 일본은 1800년대 초부터 홋카이도를 비롯한 여러 지역에서 석탄을 채굴했으며, 1800년대 후반에는 생산량이 늘어나면서 외국으로 수출까지 할 정도였다. 일찍부터 일본은 석탄을 에너지원으로 삼아 경공업뿐만 아니라 제철업과 조선업도 발전시켜 나라가 부강해졌다. 일본의 근대화는 당시 주요 에너지원이었던 석탄을 자급할 수 있었기 때문에 가능했다.[8]

전 세계에 골고루 분포한 석탄

석탄은 고생대 석탄기(3억 6000만 년 전부터 3억 년 전으로 추정)라는 지질시대에 살던 양치류 식물이 땅속에 묻혀 오랜 세월 동안 고온·고압에 의해 탄화된 것이다. 석탄기에는 지구상 여러 곳에서 양치류 식물이 번성했으므로 석탄층은 전 세계에 대체로 골고루 분포한다.

제1차 산업혁명 이후 유럽에서는 석탄을 확보하기 위한 각축전이 벌어지기도 했다. 하지만 석탄 광산은 비교적 전 세계에 두루 분포하며 20세기 들어와서는 주요 에너지원이 석유로 바뀌었으므로 석탄을 둘러싼 에너지 패권 전쟁은 그다지 치열하게 전개되지는 않았다.

여전히 많이 쓰이는 석탄

우리가 자연으로부터 직접 얻을 수 있는 다섯 가지의 에너지, 즉 석유·천연가스·석탄·원자력·재생에너지를 1차 에너지primary energy라고 한다. 1차 에너지는 인류가 필요로 하는 에너지 공급원이라고 할 수 있는데, 1차 에너지 전체에서 각각의 에너지원이 차지하는 비율을 에너지믹스energy mix라고 한다. 영국 옥스퍼드에 본사를 둔 글로벌 체인지 데이터랩Global Change Data Lab이 제공하는 온라인 간행물 '아워 월드 인 데이터Our World in Data'가 제공하는 자료에 따르면 2024년 1월 현재 전 세계 에너지믹스에서는 석유가 32퍼센트로 가장 큰 비중을 차지한다. 다음으로 석탄 26퍼센트, 천연가스 23퍼센트, 재생에너지 15퍼센트, 원자력 4퍼센트 순이다.[9] 지구온난화를 일으키는 이산화탄소 배출의 가장 큰 요인인 석탄의 수요를 줄이려고 전 세계적으로 노력하고 있음에도 여전히 인류가 사용하는 에너지 중 석탄의 비율이 석유 다음으로 높은 것이다.

한편 전력을 생산하는 데 필요한 에너지원이 각각 차지하는 비율을 전기믹스electricity mix 또는 파워믹스power mix라고 한다. 전 세계적으로 전기믹스에서 석탄의 비율은 36퍼센트로 가장 큰 비중을 차지한다. 재생에너지와 원자력 사용 비율도 꾸준히 증가하고 있지만,

그림 1-1. 세계 에너지원별 비율(에너지믹스와 전기믹스)

출처: Our World in Data

늘어나는 전력 수요를 충당하기에 역부족이라 아직은 석탄을 전력 생산 에너지원으로 가장 많이 쓰고 있다. 전기자동차가 친환경적이라고 이야기하지만, 전기를 만드는 데 이산화탄소 배출의 주범인 석탄이 가장 많이 사용되고 있다는 점을 감안하면 전기자동차를 과연 친환경적이라고 부를 수 있을지 의문이다.

우리나라에서는 에너지 분야 종사자들조차 전력 생산에서 차지하는 에너지원별 비율을 에너지믹스로 잘못 부르는 경우가 종종 있다. 전력 생산에서 차지하는 에너지원별 비율은 전기믹스고, 에너지믹스는 1차 에너지 전체에서 차지하는 에너지원별 비율을 의미한다는 것을 정확히 구별해서 사용해야 한다. 예를 들면, 석탄이 전기믹스에서는 36퍼센트지만, 에너지믹스에서는 26퍼센트다. 또한 전기믹스에서 30퍼센트인 재생에너지가 에너지믹스에서는 15퍼센트에 불과하다.

2장

세계정세를 좌우한
석유의 시대

제2차 산업혁명과 석유

인류 역사에서 20세기는 석유 시대라고 해도 과언이 아니다. 석유를 정제한 휘발유·경유·중유·항공유 등의 석유제품이 자동차·선박·비행기의 연료가 되었다. 또한 석유에서 얻는 나프타를 원료로 한 석유화학 제품이 우리 생활 곳곳에 쓰이고 있다. 석유를 통해 인류 문명은 화려하게 꽃피웠고, 석유를 보유한 국가는 경제적 풍요를 누릴 수 있게 되었다. 20세기 이전까지 세계 여러 열강 중 하나에 불과했던 미국은 자국 땅에 엄청나게 매장되어 있는 석유를 찾아 개발해 석유산업과 함께 여러 산업을 선도함으로써 명실공히 세계 최강 국가가 될 수 있었다.

제1차 산업혁명이 석탄을 기반으로 한 열에너지를 일에너지로 전환하는 에너지 혁명이었다면, 제2차 산업혁명은 석유와 전기를 기반으로 한 에너지 혁명이었다. 제1차 산업혁명 이후 기계의 동력으로 활용하던 석탄을 석유로 대체하면서 기계화가 훨씬 효율적으로 진행될 수 있었다. 다루기 쉽고, 사용하기에도 편리한 석유를 동력으로 한 수많은 기계가 발명되었다. 석유를 연료로 하는 내연기관 자동차와 비행기가 개발된 것은 물론, 선박 연료 또한 석유가 석탄의 자리를 대체했다. 이처럼 석유를 동력원으로 산업에 활용함으로써 에너지와 수송 분야에서 일대 혁신이 일어났고 이는 산업이 급속도로 발전하는 계기가 되었다.

전기 또한 제2차 산업혁명을 이끈 원동력이었다. 전기에너지가 우리 생활에 본격 활용되기 시작한 것은 토머스 에디슨이 1879년 전구를 발명하면서부터다. 이때부터 전기를 활용한 여러 발명품이 만들어지기 시작해 석유와 함께 제2차 산업혁명을 이끌었는데, 헨리 포드야말로 이 시기 석유와 전기를 가장 잘 활용한 기업가였다. 1903년 헨리 포드가 내연기관 자동차를 출시하고, 전기로 작동하는 컨베이어벨트를 이용해 자동차를 대량생산하면서 자동차의 시대가 열렸다. 포드의 아이디어는 자동차에만 국한된 것이 아니었다. 컨베이어벨트를 통해 다양한 제품의 대량생산이 이루어졌다.

20세기 들어 미국을 시작으로 휘발유와 경유를 연료로 사용하는 자동차 수요가 폭발적으로 증가하면서 석유 수요가 급증했다. 석유 대량생산과 더불어 자동차산업·조선산업·항공산업이 발전했고, 자동차·선박·항공기에 사용하는 철강 제품을 생산하기 위한 철강산업도 더불어 번창하기 시작했다.

석유 시대의 서막을 연 미국

성경을 보면 노아가 방주를 만들 때 역청을 사용했다는 기록이 있다. 석유의 일종인 역청은 휘발 성분이 날아가서 끈적거리는 상태의 액체로 비튜먼bitumen이라고도 부르는데, 고대 메소포타미아 지역과 이집트에서도 접착제나 방수제로 사용했다고 한다. 과거 중동 지역에서 석유를 연료로 사용했다는 기록 또한 찾을 수 있다.

중세 유럽에서는 지표에 분출하거나 우물을 파듯이 땅을 파서 얻은 석유를 채취해 연료로 사용했으며, 수도사나 의사들이 아랍인을 통해 전파된 정제 기술을 활용해 석유를 약제용으로 썼다고 한다. 19세기 들어서는 등유용 램프가 개발되어 동유럽 루마니아에서 석유를 활용한 등유 사업이 시작되었다. 이후 등유 램프는 유럽과 미국의 가정에 보급되면서 등유 사업이 활기를 띠었다. 19세기에는 고래잡이가 성행했는데, 향유고래를 잡아 그 기름으로 조명을 밝히기 위해서였다. 그러다 남획으로 고래의 개체 수가 줄어들어 조명을 위한 기름 공급이 어려워지자 석유를 활용한 등유가 각광받을 수밖에 없었다.

근대적 방식의 석유 시추

조명용 램프 연료로 등유가 사용되어 석유 수요가 폭발적으로 늘어나자 땅을 파서 얻는 석유로는 역부족이었다. 새로운 채굴 기술이 필요했다. 땅에 구멍을 내어 지하자원을 채취하는 굴착법은 중국에서 최초로 개발되었다. 중국에서는 이미 1500년 전에 지하의 소금을 파낼 목적으로 굴착법이 개발되었고, 당시 1000미터 깊이까지 팠다는 기록이 있다. 이러한 굴착 기술은 유럽과 미국에 전파되어 염정鹽井 시추에 활용되었는데, 이때 미국에서 석유 사업에 투자하고 있던 조지 비셀George Bissel이 염정 시추 기술을 석유 시추에 활용하는 아이디어를 냈다. 비셀은 투자자들을 설득해 투자를 확보하고 한때 철도 승무원으로 일했던 에드윈 드레이크Edwin Drake에게 그 작

업을 맡겼다.[1]

이른바 드레이크 대령이라고도 불렸던 그는 석유가 나올 가능성이 있는 펜실베이니아 타이터스빌의 농장 토지를 사들인 다음 시추탑을 세우고 작업을 진행했다. 의욕적으로 추진했으나 예상외로 매우 느리게 진행된 탓에 결국 자금이 떨어져 사업을 중단할 수밖에 없었다. 이 사업의 투자자였던 제임스 타운센드James Townsend는 드레이크에게 마지막으로 투자금을 송금하면서 작업을 그만 청산하라는 내용을 담은 편지를 보냈다. 그런데 편지가 미처 도착하기 전인 1859년 8월 27일, 드레이크는 시추 파이프를 통해 올라온 검은 액체를 발견했다. 세계 최초로 근대적 방식에 의한 석유 시추를 해낸 것이다. 투자자의 편지가 며칠만 일찍 도착했어도 드레이크 대령의 역사적인 펜실베이니아 석유 시추는 성공하지 못했을 것이다.

석유왕 존 록펠러

드레이크 대령에 의해 미국 최초로 근대적 의미의 석유 시추가 성공한 이후 미국 북동부 지역인 펜실베이니아와 오하이오에서 유전 개발 붐이 일어났다. 땅속 깊은 곳에 유정을 파서 채굴한 석유가 미국 전역에 충분히 공급되고 등유 램프가 개량되면서, 조명용 연료로 쓰일 석유의 수요가 엄청나게 늘어났다. 후에 석유왕으로 불린 오하이오의 젊은 사업가 존 록펠러John Rockefeller는 남북전쟁이 끝나고 미국에서 경제 발전이 빠르게 이루어지던 1865년에 클리블랜드의 정유 공장을 인수하면서 석유 사업에 뛰어들었다.

당시에는 등유에 불순물이 많이 섞인 저질 등유가 판매되어 종종 폭발 사고를 일으켰다. 그러나 이에 따른 규제는 거의 없어 소비자들이 불안해하던 참이었다. 록펠러는 동업자와 함께 1870년 새로운 회사를 설립하면서 소비자가 안심하고 구매할 수 있도록 표준 품질의 석유를 공급하는 회사라는 것을 강조하기 위해 '스탠더드오일Standard Oil'이라고 이름 지었다. 록펠러는 탁월한 사업 수완을 발휘해 정유 사업은 물론이고 석유 개발과 송유관 사업에도 적극적으로 투자했다. 이후 스탠더드오일은 미국의 석유산업을 거의 장악하다시피 해 1880년대에는 미국 전체 정유산업의 90퍼센트를 점유하기에 이르렀다.

때로는 무자비한 수단으로 정유회사들을 인수·합병하면서 승승장구하던 스탠더드오일은 미국 의회가 기업들의 독점을 방지하기 위해 1890년 제정한 셔먼 반독점법Sherman Antitrust Act으로 철퇴를 맞았다. 결국 뉴저지 스탠더드오일, 소칼Socal, Standard Oil of California, 소코니Socony, Standard Oil of New York, 인디애나 스탠더드오일 등으로 분리되었다. 이후 뉴저지 스탠더드오일은 엑손, 소칼은 셰브런, 소코니는 모빌, 인디애나 스탠더드오일은 아모코가 된다. 오늘날까지 건재한 여러 석유 메이저 회사들의 뿌리가 록펠러가 설립한 스탠더드오일에 있는 것이다.

펜실베이니아에서 텍사스, 마침내 미국 전역으로

최초로 근대적 방식의 시추가 시작된 이후 19세기 후반 석유산

그림 2-1. 스핀들탑에서의 석유 분출

출처: 위키피디아

업의 태동기에는 펜실베이니아와 오하이오 같은 미국 북동부가 석유산업의 중심지였다. 그런데 20세기 들어 1901년 텍사스의 스핀들탑이라는 나지막한 동산에서 대규모 유전이 발견되면서 새로운 석유 시대가 열렸다. 스핀들탑에서 유전이 발견된 것을 계기로 텍사스와 오클라호마에서 잇따라 유전이 개발되며 석유산업이 활기를 띠기 시작했다. 게다가 조명용으로 주로 활용되던 석유가 20세기 들어 동력원으로 본격적으로 사용되기 시작하면서 텍사스가 석유산업의 메카로 등장했다. 영화 「자이언트Giant(1957)에서 카우보이로 일하던 제임스 딘(젯 링크 역)이 석유 시추에 성공하여 일약 텍사스의 유명 인사가 되는 것을 기억하는 독자들도 있을 것이다. 텍사스 여러 곳에서 석유가 대량으로 생산되었고, 이후 텍사스와 오클라호마는 물론 루이지애나 등 미국 남부 지역 여러 곳에서도 유전이 발견되었다. 중부 지역인 콜로라도와 와이오밍까지 추가되면서 북동부에서 시작된 유전 발견은 남부와 중부 등 미국 전역으로 확산되었다.

석유산업의 또 다른 태동지

아시아의 대표적 산유국 인도네시아

한편 유럽에서는 네덜란드가 1883년 인도네시아(당시 네덜란드령 동인도) 북부 수마트라에서 최초의 유전을 발견한 이후 로열더치라는 회사를 설립해 유전 개발사업을 활발히 진행하고 있었다. 비슷한 시기에 조개 무역으로 성공해 '조개'라는 이름을 붙인 회사 셸Shell을 창립한 영국인 마커스 새뮤얼Marcus Samuel은 러시아산 석유를 싱가포르와 말레이시아 페낭에 공급하는 사업을 하다가 석유 개발사업에 흥미를 느껴 인도네시아 보르네오 지역의 채굴권을 취득하고 석유 탐사에 뛰어들었다.

스탠더드오일이 미국의 석유산업을 독점한 19세기 말 당시 석유는 동력용이 아닌 조명용으로 등유가 주로 사용되고 있었으나, 사업 감각이 탁월한 새뮤얼은 석유가 머지않은 장래에 조명용뿐만 아니라 동력용으로도 사용될 것으로 내다보았다. 그는 1898년 보르네오에서 찾은 석유가 동력용 연료로 사용하기 적합한 유종임을 확인하고, 동력 연료로서 활용할 수 있는 석유 사업을 적극적으로 추진했다. 새뮤얼은 선박 연료를 석탄에서 석유로 바꾸자고 제안한 최초의 인물로 알려져 있으며, 결국 석유를 연료로 활용하는 사업으로 큰 성공을 거뒀다.[2]

당시 셸과 로열더치는 아시아 지역에서 석유 사업을 확장하기 위해 서로 경쟁을 벌이고 있었다. 원래 네덜란드의 로열더치는 석유 생산과 정제를 주로 하는 회사였고, 영국의 셸은 석유 운송과 저장에 특화된 회사였다. 그렇지만 업무 영역을 확대하고 사세를 확장하는 과정에서 두 회사는 서로 경쟁할 수밖에 없었다. 석유산업에서 영국과 네덜란드를 대표하는 두 유럽 회사는 당시 이미 거대 석유 기업으로 성장한 미국의 스탠더드오일에 대응하기 위해 합병하기로 결정했다. 협상 과정에서 우여곡절을 겪은 끝에 두 회사는 1907년

'로열더치셸'이라는 이름으로 합병하게 되었으며, 얼마 후 로열더치셸은 그룹 명칭을 '셸'로 바꿨다. 셸은 그 뒤로 세계적인 석유산업의 발전과 함께 빠른 속도로 성장해 오늘날 세계 굴지의 메이저 석유회사가 되었다.

아제르바이잔의 바쿠 유전과 노벨 형제

아시아 서북부와 유럽 사이 카스피해 연안에 아제르바이잔이라는 나라가 있다. 러시아 제국에 속해 있었으며 불의 나라로 알려진 아제르바이잔 역시 석유 역사에서 빼놓을 수 없다. 아제르바이잔의 대표적인 유전인 바쿠 유전이 언제 처음 발견되었는지는 정확히 알려지지 않았지만 13세기에 마르코 폴로가 쓴 동방견문록에 바쿠 유전이 언급되어 있으며, 17세기 후반에 튀르키예 여행가가 쓴 기록에는 이곳이 500개의 유정으로 둘러싸여 있다고 적혀 있다.[3]

19세기 중반 이전에는 구덩이를 파는 단순한 방법으로 바쿠에서 석유를 생산했으나, 1859년 미국에서 최초로 근대적 방식의 시추가 시작된 뒤로 1870년대부터 바쿠 지역에서도 이 방식의 시추가 도입되어 본격적으로 석유 생산량이 늘기 시작했다. 20세기 초반에 바쿠의 유전에서 생산한 석유는 미국보다 양이 많아 당시 세계 석유 생산의 반 이상을 바쿠 지역이 차지했다고 한다.[4] 아제르바이잔은 19세기 후반과 20세기 초반 세계 석유 역사상 가장 중요한 위치를 점하는 국가로서 국제적으로 확산된 석유 각축의 출발점이었다.

바쿠 석유산업에서 주도적 역할을 한 것은 노벨상을 창설한 스웨덴 출신 알프레드 노벨Alfred Nobel의 형제들이었다. 스웨덴에서 러시아로 이주해 사업에 성공한 노벨가家는 1873년에 바쿠의 석유산업에 뛰어들었다. 총기 제작 사업을 하던 알베르트 노벨의 큰형 로베르트 노벨Robert Nobel이 개머리판 제작에 필요한 목재를 구매하러 코카서스 지역(아제르바이잔을 포함하는 흑해와 카스피해 사이의 산악 지역)에 갔다가 바쿠에서 유전을 보고 석유 사업을 시작하게 된 것이다.

그 후 둘째 형 루드비그 노벨Ludvig Nobel도 참여해 사세를 확장했다. 루드비그 노벨은 바쿠 유전에서 나오는 석유를 대량 수송하기 위해 세계 최초로 유조선을 만들기도 해서 일명 '바쿠의 석유왕'으로 불렸다. 루드비그 노벨은 1888년 57세의 나이에 휴가 중 심장마비로 사망했는데, 유럽의 몇몇 신문이 노벨 형제를 혼동해 알프레드 노벨이 사망했다고 보도했다. 당시 신문에서 '인명을 살상하는 새로운 방법을 발명해 막대한 부를 축적한 죽음의 상인이 사망했다'는 내용의 자신을 비방하는 부음 기사를 본 알프레드 노벨은 괴로워한 끝에 유언장을 작성해 노벨상을 만들고 전 재산을 기부했다.[5]

이후 바쿠의 석유 사업에 1886년 독일계 유대인 가문으로서 국제적 금융 기업을 일군 로스차일드가家가 합류했고 뒤이어 록펠러의 스탠더드오일도 뛰어들어 열띤 경쟁을 펼쳤다. 로열더치셸 또한 인도네시아 보르네오에서 성공을 거둔 이후 바쿠로 진출해 경쟁에 합류했다.

세계 석유 중심지로 우뚝 선 중동

　제1차 세계대전이 끝나자 영국과 프랑스가 1916년 사이크스-피코 협정*을 체결하면서 중동 지역을 임의로 나누었고, 이후 몇 차례 이루어진 조약을 통해 이곳에 새로운 지도가 완성되었다.[6] 당시 중동에서 멀지 않은 아제르바이잔 바쿠에서 많은 양의 석유가 생산되자 중동 지역에도 석유가 매장되어 있을 가능성이 있다며 영국, 프랑스, 러시아 등 여러 나라가 몰려들었다. 여기에 미국까지 합세하면서 중동에서의 석유 이권을 차지하기 위한 치열한 경쟁이 벌어졌다. 이란에서 가장 먼저 유전이 발견되었고 뒤이어 이라크, 쿠웨이트, 사우디아라비아에서도 대규모 유전들이 잇따라 발견되면서 20세기 중반에 중동 지역은 전 세계 확인매장량**의 절반 가까이에 이르는 엄청난 양의 석유를 보유하게 되었다. 석유 패권 확보를 두고 국가 간의 이해관계가 복잡하게 얽히면서 여러 차례 전쟁이 이어져, 중동

---

*　영국과 프랑스가 러시아의 동의 아래 맺은 비밀 협정으로, 이로 인해 오스만제국 지배하에 있던 지역 중 아라비아반도 외 지역이 영국령과 프랑스령으로 나뉘었다.

**　상업적 개발이 확정된 것을 매장량이라고 하며, 아직 개발이 확정되지 않은 단계에서는 자원량이라고 한다. 확인매장량(proved reserves)이란 매장량 중에서 생산할 가능성이 90퍼센트 이상 되는 매장량을 의미한다. 확인매장량 외에도 생산 가능 확실성이 떨어지는 순으로 추정매장량(probable reserves), 가능매장량(possible reserves)이 있다. 이미 발견하였으나 상업적 개발 여부가 확정되지 않은 자원량을 발견잠재자원량(contingent resources)이라고 한다. 인공지진파 탐사를 실시했지만, 아직 탐사정 시추를 통해 지하에 부존 여부가 확인되지 않았을 때는 탐사자원량(prospective resources)이라고 하며, 이는 발견된 것이 아니므로 매장량은 물론이고 자원량으로도 인정하지 않는다.

지역을 세계의 화약고라 부를 정도였다. 오늘날에도 사정은 크게 다르지 않아 이 지역에서 영향력을 확보하기 위해 열강들이 여전히 치열하게 경쟁하고 있다.

중동 최초로 석유가 발견된 이란

중동 최초의 석유는 이란에서 발견되었다. 바쿠 지역에서 본격적으로 석유가 생산되기 시작하자, 수 세기 전부터 지표로 석유가 분출되어 온 이란의 땅속에 유전이 있을 것이라 짐작했다. 이로써 이란이 가장 유망한 석유 탐사 대상으로 떠올랐다. 영국의 부호 윌리엄 녹스 다아시William Knox D'Arcy가 호주 금광에서 얻은 재산을 기반으로 제2의 록펠러가 되겠다는 야망을 품고 이란 석유 탐사에 뛰어들었다. 다아시는 당시 이란의 전신인 페르시아 정부로부터 채굴권을 취득해, 인도네시아 수마트라에서 석유를 시추해 본 경험이 있는 지질학자 조지 레이놀즈George Reynolds를 고용해 작업을 진행했다. 사막이라는 어려운 환경 속에서 여러 차례 시추공을 뚫었으나 유전을 발견하지는 못했다. 다아시는 곧 자금 부족이라는 난관에 맞닥뜨렸다. 그러던 중, 마침 운 좋게도 이란의 석유 이권이 다른 나라 회사로 넘어갈 것을 우려한 영국 정부가 버마(오늘날 미얀마)와 인도 북동부 아삼주에서 석유를 생산하기 위해 설립한 버마오일을 통해 다아시를 지원했다. 버마오일과 다아시는 여러 난관을 거친 끝에 1908년 마침내 중동 전역에서 최초로 이란 남부에 있는 마스지드 술레이만 유전 발견에 성공했다.[7]

술레이만 유전 발견을 계기로 중동 전역에 오일 붐이 일어났다. 이후 이라크, 쿠웨이트, 사우디아라비아에서도 유전이 발견되어 중동 여러 국가가 산유국으로 우뚝 서게 되었다. 유전 발견에 성공한 버마오일은 자회사인 앵글로-페르시안오일을 설립해 이란의 석유 개발을 독점적으로 주도해 나갔으며, 이 앵글로-페르시안오일이 훗날 메이저 석유회사인 BP_{British Petroleum}로 성장했다.

세계 최초로 다국적 기업이 합작한 이라크 석유 개발

이란에서 유전이 발견되자 바로 인접한 지역인 이라크가 석유 탐사 대상 지역으로 주목받았다. 제1차 세계대전이 끝난 뒤 오스만제국이 무너지고 나서, 과거 오스만제국 치하에 있던 지역의 석유 개발을 위해 터키 석유회사_{Turkish Petroleum Company, TPC}가 설립되었다. 아르메니아 출신의 튀르키예 부호 칼루스트 굴벤키안_{Calouste Gulbenkian}이 설립한 이 회사에 독일은행과 셸이 참여하였으며, 후에 앵글로-페르시안오일까지 들어왔다. 이라크 정부로부터 75년간의 탐사권을 획득한 TPC는 1927년 이라크 최대 유전인 키르쿠크 유전을 발견하는 데 성공했다.[8]

그 후 TPC의 주주들은 스탠더드오일을 비롯한 몇몇 미국 회사로 형성된 컨소시엄과의 합작 회사인 이라크 석유회사_{Iraq Petroleum Company, IPC}를 설립해 키르쿠크 유전을 개발하게 된다. 결과적으로 이라크 석유 개발은 튀르키예·독일·영국·네덜란드·미국 등 다국적 기업으로 구성된 회사에 의해 진행된 셈이다. 대규모 자본이 투입되는 석유 개발을 위해서 오늘날에도 여러 나라의 석유회사가 컨소시엄 또는 합작투자회사Joint Venture의 형태로 공동으로 사업을 추진하는데, 이라크 유전 개발을 위해 설립한 터키 석유회사와 이라크 석유회사가 그 효시인 셈이다.

사우디아라비아에서 세계 최대 유전을 발견하다

제1차 세계대전이 끝난 뒤, 18세기부터 아라비아반도에서 세력을 키워오던 사우디 가문의 압둘아지즈 알사우드Abdulaziz bin Abdul Rahman Al Saud가 영국의 후원을 받아 아라비아반도 대부분을 차지한 후 1932년 사우디아라비아왕국을 선포하고 초대 왕이 되었다.[9] 이란과 이라크에서의 유전 발견으로 중동 최대의 국가 사우디아라비아의 석유 유망성이 꾸준히 제기되었지만, 사우디에서의 석유 탐사는 한참 뒤에야 시작됐다. 사우디 가문은 석유를 찾기 위해 외국 석유 기술자를 영입해 탐사를 하기도 했는데, 바레인에서 석유를 탐사하던 미국 회사 소칼이 1936년 광권을 취득하면서 아라비아 반도에서 본격적인 석유 탐사가 시작되었다. 소칼은 텍사코와 합작으로 아람코Arabian-American Oil Company, Aramco를 설립했고 뉴저지 스탠더드오일과 소코니를 영입했다. 스탠더드오일에서 분리된 소칼이 시작한 사업에 역시 스탠더드오일에서 분리된 미국의 두 회사가 합류하게 된 것이다. 아람코는 미국 회사 네 개에 의해 운영되었으며, 이때부터 미국은 석유 사업을 두고 사우디아라비아와 오랫동안 긴밀한 협력 관계를 유지하게 된다. 아람코는 1948년 마침내 사우디아라비아의 대표 유전이자 세계 최대 유전인 가와르 유전을 발견하며 크게 도약했다.

가와르 유전은 발견된 지 70년이 훨씬 지난 지금까지도 세계 최대 유전의 지위를 그대로 유지하고 있다. 가와르 유전에서는 2018년 기준으로 850억 배럴의 석유가 누적 생산되었으며, 남아 있는 가채매장량*은 480억 배럴로 총 가채매장량이 1330억 배럴에 이른다.[10] 1948년부터 2000년까지 생산한 석유 생산량이 전체 사우디 석유 생산량의 60~65퍼센트를 차지할 정도로 초대형 유전이다. 사우디아라비아의 경우에는 대형 유전에서 전통적 석유 채굴 방식으로 대량의 석유를 생산하는데 이는 타 국가에 비해 훨씬 단가가 저렴하다는 장점이 있다.

일곱 개 토후국 연합국가인 아랍에미리트

아라비아반도 남동부에 있는 아랍에미리트United Arab Emirates, UAE는 영국의 식민지 아래 있던 일곱 개의 토후국이 연합해 1971년 아랍에미리트를 결성하면서 건국한 국가다. 아랍에미리트 지역에서는 다른 산유국에 비해 늦은 1960년에서야 최초로 상업적 유전이 발견되었다. 그 후 석유 생산이 급증해 아랍에미리트는 현재 세

---

* 가채매장량(recoverable reserves)은 땅속에 저장되어 있는 석유 원시매장량(petroleum originally in place) 중 채굴이 가능한 매장량을 의미한다. 지하 지층의 입자 사이 간격이 좁거나 모세관 현상으로 붙어 있어 석유가 모두 빠져나오지 못하기 때문에, 석유의 가채율(recovery factor)은 20~40퍼센트이며, 유체 이동이 활발한 천연가스의 가채율은 50~80퍼센트로 석유에 비해 높다.

계 8위의 석유 생산국으로 일일 423만 배럴을 생산하고 있다. 인구 1000만이 채 되지 않는 나라에서 엄청난 양의 석유를 생산하고 있는 아랍에미리트는 석유 덕분에 50년 만에 목축업을 하던 베두인 부족국가에서 세계에서 가장 부유한 국가 중 하나로 급성장할 수 있었다.

국제 원유 가격을 결정하는 원유 중의 하나로 중동 아랍에미리트에서 생산되는 원유를 두바이유라고 한다. 그런데 정작 아랍에미리트 토후국 중 하나인 두바이에서는 원유가 생산되지 않는다. 아랍에미리트 석유의 96퍼센트는 아랍에미리트의 맏형 격인 아부다비에 매장되어 있다. 1971년에 설립된 아부다비 국영석유회사Abu Dhabi National Oil Company, ADNOC는 자국 육상과 해상에서 생산되는 엄청난 석유와 천연가스를 바탕으로 세계 석유산업을 선도하는 리더로 급부상했다.

제1·2차 세계대전과 석유

제1차 세계대전을 거치는 동안 선박의 연료가 석탄에서 석유로 바뀌고, 석유를 연료로 하는 탱크와 항공기가 전쟁에 투입되기 시작했다. 이와 함께 석유의 필요성이 더욱 대두되어 유럽의 열강들은 석유 패권을 확보하기 위해 치열한 각축을 벌이게 된다.

제1차 세계대전이 일어나기 3년 전인 1911년 영국의 해군 장관을 맡은 윈스턴 처칠은 당시 주력 전함 대부분의 연료를 석탄에서 석유로 바꾸도록 지시했다. 이를 계기로 영국 전함은 속력이 빨라지고 기동력이 좋아졌다. 연료 보급도 수월해 영국이 독일에 비해 우월한 해군력을 갖추게 되었다. 제1차 세계대전에서는 전함의 원료가 석유로 바뀌었을 뿐 아니라, 새롭게 무기로 등장한 비행기와 탱크가 전장에서 큰 역할을 해 석유 확보가 전쟁의 승패를 좌우하는 중요한 요인으로 작용했다.

제1차 세계대전의 전황을 바꾼 바쿠 유전

석유 확보의 필요성을 절감한 동맹국인 독일과 오스만튀르크는 당시 최대의 유전인 바쿠 유전을 어떻게든 손에 넣기 위해 애썼다. 오스만튀르크는 바쿠를 공격하고 이를 지키려는 영국과 전투를 벌였다. 치열한 접전 끝에 바쿠 유전을 손에 넣긴 했지만, 이미 대부분이 영국군에 의해 파괴된 상태였다. 바쿠 유전에서 석유를 확보하는 데 실패한 동맹국은 석유 공급 문제로 점점 더 압박을 받았고 결국 얼마 뒤인 1918년 휴전 협정을 체결함으로써 제1차 세계대전은 막을 내리게 되었다. 휴전이 성립된 후 연합국 회의 만찬에서 프랑스의 전시 석유위원장이었던 앙리 베랑제Henry Bérenger 상원의원은 이렇게 말했다. "석유는 '대지大地의 피'이며 결국 '승리의 피'가 되어주었습니다."[11]

로멜 장군을 울린 석유

제1차 세계대전이 끝나고 21년 뒤인 1939년부터 세계는 다시 제2차 세계대전에 휩싸이게 된다. 제1차 세계대전 때 등장했던 비행기·탱크·장갑차 등이 제2차 세계대전 때는 주력 무기로 활용되면서 석유의 안정적인 공급 없이는 전쟁을 치를 수 없는 상황이었다. 독일과 영국은 석탄을 액화시켜 합성 연료를 제조해 수송 연료로 사용하기도 했지만, 석유를 대체하기에는 턱없이 부족했다. 전쟁을 치르는 국가들은 당연히 석유 확보에 혈안이 될 수밖에 없었다.

독일의 에르빈 로멜Erwin Rommel 장군은 전략의 귀재로 유명하다. 그는 1940년 기갑부대를 지휘해 깜짝 놀랄 만한 속력으로 프랑스를 침공했다. 1941년에는 영국군에게 패배 직전에 몰려 있던 이탈리아군을 지원하기 위해 북아프리카로 급파되어 승리를 거두기도 했다. 로멜은 아프리카에서 기갑부대를 앞세운 기동력으로 연승을 거듭할 수 있었다. 그러나 전쟁 중에 석유 부족을 겪으면서 어려움에 처한다. 히틀러와 무솔리니에게 연료 공급을 간청했지만 전쟁 수행에 필요한 연료를 충분히 보급받지 못했고, 그나마 연료를 가지고 오던 수송기와 선박이 영국 해군과 공군에게 파괴되어 아프리카에서 결국 패배하고 말았다. 이후 로멜은 히틀러 암살 음모에 가담했다는 죄목으로 사형을 선고받았으며, 자살을 강요받아 사망하고 만다. 영국 장군 몽고메리 군대의 공격을 받아 퇴각하던 중에 로멜은 아내에게 보낸 편지에서 이렇게 썼다. "연료 부족! 이것만으로도 사람을 울리기에 충분하다."[12]

히틀러의 석유 확보 노력

로멜에게 연료를 공급해 줄 수 없었던 히틀러도 속이 타들어 갔을 것이다. 독일은 1939년 8월 '나치-소비에트연방 협정'을 체결해 소비에트연방으로부터 석유를 계속 공급받을 수 있었고, 루마니아를 점령해 루마니아 유전을 손에 넣게 되었다. 히틀러는 무솔리니에게 "추축국의 성패는 그 유전에 달려 있다"라고 말할 정도로 석유에 매우 집착했다. 1941년 6월 독일은 소비에트연방과의 불가침 협정을 파기하고 소비에트연방을 기습적으로 침략했다. 히틀러가 소비에트연방을 침략한 주요 이유 중의 하나가 루마니아 유전에 대한 소비에트연방의 위협을 제거하고, 소비에트연방에 속해 있는 바쿠를 비롯한 코카서스 유전들을 확보해 석유 공급을 안정적으로 유지하기 위해서였다고 한다. 히틀러는 '바바로사 작전'을 시작으로 소비에트연방을 침공하고 모스크바로 진격했다가 겨울 동장군을 만나 엄청난 피해를 보았다.

그 후 1942년 독일은 이른바 '블라우 작전'으로 코카서스의 석유를 획득하기 위해 소비에트연방을 다시 침공하고 코카서스 서부 지역까지 진격해 석유를 일부 확보하는 데 성공했다. 그러나 독일이 이 지역에서 확보한 석유는 독일군이 필요로 하는 양에는 턱없이 부족한 물량이었다. 제2차 세계대전의 중요한 고비가 된 독일과 소비에트연방의 격전지 스탈린그라드 전투에서도 독일은 연료 부족에 시달렸다. 게다가 코카서스에 주둔하는 독일 병력을 빼내어 스탈린그라드로 보내달라는 육군 원수 에리히 폰 만슈타인Erich von Manstein

의 요청에 히틀러는 석유를 지키는 군대는 절대 빼낼 수 없다고 거절했다. 전투를 치를 병력과 자원 부족으로 스탈린그라드에 포위되어 있던 독일군은 추위와 굶주림에 시달리다가 결국 항복하고 만다. 스탈린그라드에서 승리한 소비에트연방은 거침없이 내달려 미국과 영국 연합국보다 먼저 베를린에 진격했다.

제2차 세계대전 동안 독일은 계속해서 연료 부족에 시달렸다. 합성 연료를 활용하기도 했지만 미국으로부터 충분한 연료를 공급받는 연합군과 달리 점령지로부터의 석유 공급이 원활하지 못했기 때문이다. 이것이 결국 독일 패배의 중요한 요인이 되고 말았다.

태평양전쟁과 석유

한편 인도네시아에서 활발히 석유 탐사를 수행하던 셸은 1929년 보르네오 세리아 유전에서 대규모의 석유를 발견했다. 이후 인도네시아의 석유 생산은 계속해서 늘어났다. 1940년 보르네오의 석유 생산량은 일본의 연간 석유 수입량보다 많은 6500만 배럴에 이르렀다.

아시아에서 영토 확장을 추진하던 일본은 전쟁을 치르기 위해서는 석유 확보가 필수적이라 여기고 당시 영국과 네덜란드가 분할 통치하던 보르네오를 침략해 석유를 확보하고자 했다. 일본은 보르네오 공격의 교두보를 확보하기 위해 1940년 9월 프랑스령 코친차이나(베트남 남부)를 점령했다. 이에 1941년 7월 미국은 자국 내 일본 자산을 동결하고 그해 8월에는 일본에 대한 석유 수출 금지 조치를 단행했다. 일본은 석유가 일본 전투력의 최대 약점이므로 시간이 흐를수록 일본의 전쟁 수행 능력이 약해질 거라 우려했다. 이에 동남아시아 유전 지대를 서둘러 점령하기로 하고 이 전략의 일환으로 미국 하와이를 침공했다. 이것이 태평양전쟁의 시작이다. 일본 해군이 진주만을 공격한 데에는 여러 전략적인 목적이 있었지만, 일본이 유전 지대인 보르네오를 점령할 때 미국 해군의 개입을 사전에 차단하려는 것 역시 중요한 이유였다.[13]

진주만 공격 후 미국은 잠수함으로 일본의 유조선을 격침해 일본의 석유 공급망을 대폭 끊음으로써 일본 해군의 기동력을 크게 약화시켰다. 태평양전쟁은 아시아 지역을 점령하기 위해 석유 확보에 주력하던 일본과 이를 저지하려던 미국이 석유를 둘러싸고 벌인 전쟁이었으며, 말할 것도 없이 전쟁의 승패를 결정짓는 데 석유가 중요한 역할을 했다.

석유로 부침하는 미국 경제

제2차 세계대전은 결국 연합군의 승리로 끝났다. 종전 이후 전쟁 복구와 함께 전 세계가 산업화에 다시 박차를 가했다. 전쟁을 승리로 이끈 승전국인 미국과 소비에트연방은 냉전 시대를 이끌며 대립했다. 미국은 자유세계를 이끄는 리더 역할을 하게 되었는데, 여기에는 미국에 풍부하게 매장된 석유가 큰 역할을 했다. 석유 생산과 그에 따른 활발한 산업화로 인해 재정이 넉넉해지면서 우방국이 경제를 재건하도록 지원할 수 있게 된 것이다.

멕시코만과 알래스카의 유전 발견

20세기 들어 미국 텍사스와 루이지애나 육지에서 유전이 많이 발견되자 석유회사들은 미국 남부 멕시코만 해상에도 유전이 존재할 가능성이 있다고 보고 탐사를 시작했다. 때마침 인공지진파 탐사* 기법을 해상에도 활용할 수 있게 되어, 멕시코만 해상에서 탐사를 시행하고 탐사정을 시추한 결과 많은 유전과 가스전을 발견할 수 있었다. 그동안 미국은 육상에서만 석유를 생산해 왔으나, 1950년대부터는 해상에서도 석유를 생산하기 시작한 것이다. 1960년대 후반에 들어서는 알래스카 북부 해상 프루도만에서도 초대형 유전이 발견되어 미국은 타의 추종을 불허하는 세계 최대의 석유 생산국이 되었다.

1970년에는 미국의 석유 생산량이 최고조에 달해 일일 1130만 배럴을 생산함으로써, 당시 이미 상당한 양의 석유를 생산하던 사우디아라비아, 쿠웨이트, 이란 등 중동 전체의 생산량인 1400만 배럴

---

* 인공지진파 탐사(seismic exploration)는 인공으로 지진파를 발사해 지층에서 반사되어 온 반사파를 분석함으로써 지하의 지질구조를 알아내는 탐사법이다. 병원에서 수술을 하지 않고 CT나 MRI를 통해 몸속 상태를 알아보는 것과 같은 간접적인 방법으로 지구 내부를 조사하는 것이다. 육지에서는 다이너마이트를 폭발하거나 진동기를 이용해 지진파를 만들고, 해상에서는 선박에서 대형 공기총(air gun)을 발사해 지진파를 만들어낸다.

에 버금가는 양을 국내에서 생산할 수 있었다. 1970년에는 미국과 중동에서 생산한 석유의 양이 전 세계 석유 생산량의 절반을 차지할 정도였다.

20세기 초부터 시작해 번창하기 시작한 석유산업은 연이은 세계대전과 전 세계적인 산업화를 거치는 동안 석유 수요가 급증하면서 더욱 발전하게 된다. 미국이 세계 최강의 국가가 된 요인에는 넓은 땅, 개척정신, 다양한 문화의 조화(일명 melting pot) 등 여러 가지가 있겠지만, 무엇보다 미국 여러 지역에 풍부하게 매장되어 있던 석유가 부의 중요한 원천이 되었다는 것은 부인할 수 없는 사실이다.

세계 최대 석유 생산국이자 최대 석유 수입국

미국은 세계 최대 석유 생산국이지만, 타의 추종을 불허하는 최대 석유 소비국이기도 하다. 1970년 미국의 석유 소비는 1570만 배럴로 전 세계 석유 소비의 30퍼센트 이상을 차지하고 있었다. 세계 최대의 석유 생산국임에도 수요가 공급을 훨씬 초과해 미국은 중동으로부터 상당량의 석유를 수입해야만 했다. 급기야 1970년부터는 자국 내 석유 생산이 줄기 시작해 2007년에는 680만 배럴로 줄어들었으며 반면 석유 소비는 2000만 배럴로 늘어나 역대 최대 규모인 1360만 배럴을 수입하기에 이르렀다.[14]

1956년 미국의 지질학자 킹 허버트King Hubbert는 미국의 석유 생산 자료를 통계적 기법으로 분석해 1965년과 1970년 사이에 미국의 석유 생산량이 정점에 달할 것이라고 예측했다.[15] 그러나 허버트가 이 가설을 내놓은 이후 멕시코만에서 여러 유전이 발견되고 알래스카에서 초대형 유전이 발견되자 많은 이들이 허버트의 가설을 비웃었다. 허버트가 추정했던 값보다 훨씬 많은 양의 석유가 생산되었기 때문이다. 하지만 알래스카와 멕시코만에서 석유를 생산했음에도 미국 육상에 있던 기존 유전들의 생산량은 꾸준히 감소했으므로, 결국 미국의 석유 생산은 1970년을 정점으로 서서히 감소하기 시작했다(자료 2-1 참조). 생산량에 대한 예측이 틀렸으므로 허버트의 가설이 맞았다고 할 수는 없지만, 우연의 일치일지는 몰라도 미국에서 셰일혁명이 일어나기 전까지인 2000년대 중반까지의 석유 생산 추이는 제대로 예측한 것이다.

두 차례 석유파동의 충격

1960년 석유수출국기구가 결성되면서 석유 시장을 장악하고 1970년대에 중동 산유국들이 두 차례에 걸쳐 석유파동을 일으키자, 중동으로부터 석유를 수입하던 미국이 큰 타격을 받게 되었다. 경제성장이 둔화하고 불황과 인플레이션이 덮친 것은 물론, 석유가 풍족할 거라 믿던 국민들이 휘발유 부족으로 고통받는 지경에까지 이르렀다. 휘발유 가격이 폭등하고 공급이 감소해 주유소마다 휘발유 구입 행렬이 길게 늘어서는 초유의 사태가 발생했다.[16]

중동발 석유파동을 겪게 되자, 미국 정부는 걸프만의 평화를 유지하고 중동으로부터 안정적으로 석유를 공급받는 것을 정책의 최우선 순위 중 하나로 삼았으며, 미국의 석유회사들은 전 세계를 살샅이 뒤지면서 새로운 유전을 찾기 위해 엄청난 노력을 기울였다.

한편 1990년대 후반 유가가 하락하고 심해 유전 개발 등으로 석유 탐사와 개발 비용이 상승하자 석유회사들은 구조 조정과 규모의 경제를 도모하고자 인수 합병을 추진했다. 한때 같은 스탠더드오일 소속이다가 1890년 분리된 엑슨과 모빌이 100년도 더 지난 1999년에 합쳐져서 엑슨모빌이 되고, 1998년 BP와 아모코가 합쳐져 BP로, 2001년 텍사코와 셰브런이 합쳐져 셰브런으로, 2002년 코노코와 필립스가 합쳐져 코노코필립스로 재탄생했다.[17]

20세기 초에 석유산업을 지배했던 일곱 개의 석유회사를 세븐 시스터즈Seven Sisters라고 불렀다. 스탠더드오일에서 분리된 뉴저지 스탠더드오일, 소칼, 소코니를 비롯해 걸프오일, 텍사코, 앵글로-페르시안오일, 셸이 이에 속했다. 1990년대 후반과 2000년대 초 인수 합병을 거쳐 거대해진 엑슨모빌(미국)과 셰브런(미국), BP(영국), 셸(영국/네덜란드), 토탈(프랑스), 코노코필립스(미국), 애니(이탈리아)를 이제 일곱 개 슈퍼메이저라고 부른다.

한편 2000년대 들어 급성장한 일곱 개의 국영기업이 세계 에너지 업계에 막강한 영향력을 발휘하게 되자 이를 뉴세븐 시스터즈라고 칭했다. 뉴세븐 시스터즈에는 CNPC(중국), 사우디아람코(사우디아라비아), 가스프롬(러시아), 페트로브라(브라질), PDVSA(베네수엘라), NIOC(이란), 페트로나스(말레이시아)가 있다.

석유의 무기화

산유국들의 반란

20세기 들어 석유가 주요 에너지원으로 자리 잡았지만, 서방 열강들이 세계를 지배할 때는 유전이 있는 산유국이라 하더라도 석유회사에 비해 석유에서 나오는 혜택을 충분히 누리지 못했다. 이익 일부를 로열티로 받을 뿐이었다. 그러다가 20세기 중반 들어 석유 생산량이 대폭 늘어나고 석유로 인한 이익 규모가 점차 늘어나자, 산유국들의 반발이 점차 커졌다. 이들은 서방 석유회사들에 대항해 구체적인 행동에 나서기 시작했다.

석유가 국가 수출액의 90퍼센트를 차지해 주수입원이었던 베네수엘라가 석유 생산에서 나오는 자국의 이익을 극대화하는 조치를 최초로 시행했다. 베네수엘라 정부는 석유회사와 산유국이 이익을 반분하도록 하는 50대 50 정책을 주장하면서, 산유국 정부가 지분의 50퍼센트를 소유하게 하는 석유법 개정안을 1943년에 통과시켰다. 당시 베네수엘라의 석유 사업을 주도하던 뉴저지 스탠더드오일은 회사 내부에서 반대가 심했음에도 변화에 저항하다 나중에 더 큰 비용을 지불할 수도 있다는 우려에 이를 받아들일 수밖에 없었다. 이에 따라 베네수엘라 정부의 총소득은 1942년 대비 1948년에 무려 여섯 배가 증가하기에 이른다.[18]

베네수엘라의 석유법 개정에 자극받은 사우디아라비아 정부는 1950년 12월 사우디의 석유 개발을 주도하고 있는 아람코와 반분의 원칙에 입각한 새로운 협정을 체결했다. 이 협정으로 인해 사우디아라비아 정부의 수입은 상당 폭으로 늘어난 데 반해, 석유회사로부터 세금을 받아오던 석유회사 소속 국가의 세금 수입은 급감했다. 1949년 사우디아라비아가 로열티로 3900만 달러를 징수할 때 미국 재무부는 아람코로부터 4300만 달러를 징수했다. 그러나 신협정이 체결된 이후에는 사우디아라비아 정부가 1억 100만 달러의 수입을 올린 반면 미국 재무부는 불과 600만 달러의 세금을 징수하는 데 그쳤다. 당시는 한국전쟁이 발발해 공산주의의 확장이 우려되고 서구에 반대하는 민족주의가 대두하는 상황이었다. 따라서 미국은 중동의 안정을 위해 우방국 사우디아라비아와의 우호적인 관계를 유지해야 했으므로 재정 수입 감소를 감수하고서라도 반분 협정을 체결할 수밖에 없었다.

베네수엘라와 사우디아라비아 정부가 선도적으로 석유회사들과 반분 협정을 체결한 덕분에 다른 산유국들 또한 자국에서 생산되는 석유로 인해 발생하는 이익을 제대로 누리게 되었다. 이 협정은 인근 중동 국가에도 영향을 미쳐, 쿠웨이트와 이라크도 1952년 이익 반분 협정을 체결하기에 이르렀다.

석유수출국기구 창설

1950년대 들어 세계 석유 수요는 증가했지만 그 이상으로 석유 공급이 늘어났다. 미국과 소비에트연방의 석유 생산이 급격히 늘어나면서 전 세계에 석유가 과잉 공급된 것이다. 그러자 1960년 8월 뉴저지 스탠더드오일은 산유국에 사전 통보도 없이 일방적으로 중동산 석유 가격을 배럴당 14센트까지 약 7퍼센트 인하한다고 발표했다. 이에 산유국들은 즉각 대응에 나섰다. 베네수엘라 석유장관 페레스 알폰소Pérez Alfonso의 주도하에 1960년 9월 베네수엘라·사우디아라비아·쿠웨이트·이라크·이란 등 다섯 개국이 새로운 조직을 설립하는데 이것이 바로 석유수출국기구OPEC다.

이는 산유국들이 석유회사에 맞서 자신들의 이익을 보호하고자 만든 조직이었다. 석유수출국기구가 출범한 중요한 목적 두 가지는 석유회사들이 산유국의 이익에 반해 일방적인 조치를 내리지 못하게 하고, 스탠더드오일이 취했던 공시 가격 인하를 다시는 할 수 없도록 하는 것이었다. OPEC의 창설 회원국 다섯 나라의 석유 수출량은 당시 세계 석유 수출량의 80퍼센트 이상을 차지했다. 따라서 스탠더드오일은 정중히 사과할 수밖에 없었으며, 이때부터 OPEC이 세계 석유 시장에 영향력을 발휘하기 시작했다.

의욕적으로 출범했으나 OPEC은 결성 초기부터 10여 년간은 별 힘을 쓰지 못했다. 지하에 매장된 석유의 채굴권이 석유회사에 있었으므로, 석유 수출국들은 국가 재정 수입에 절대적 영향을 미치는 석유회사들과 적대적인 관계를 취할 수 없었다. 게다가 당시 세계 석유 시장은 공급 과잉 상태였기에 석유 수출국들이 계속해서 경쟁하는 상태에서 합의를 이루기란 쉽지 않았다.

현재 OPEC에는 창설 회원국 다섯 나라 외 알제리·나이지리아·리비아·아랍에미레이트연합·앙골라·가봉·콩고·적도 기니 등 여덟 개국이 추가로 가입해 열세 개의 나라가 회원국으로 남아 있다. 한때 참여한 바 있는 인도네시아·카타르·에콰도르는 중도에 탈퇴했다.

반분 협정을 넘어서 석유산업을 국유화하다

최초의 석유산업 국유화는 이란에서 시작되었다. 석유회사들이 산유국들과 반분 협정을 체결하자, 앵글로-페르시안오일도 시대의 흐름에 맞춰 1950년 이란 정부에 반분 협정을 제안했다. 그러나 이란 정부는 당시 앵글로-페르시안오일의 강력한 반대 세력인 모하마드 모사데크Mohammad Mossadegh 총리의 주도하에 국왕의 서명을 받아 1951년 5월 석유산업 국유화 법안을 통과시키고 영국 회사인 앵글로-페르시안오일을 일방적으로 쫓아냈다. 이란 정부는 이란 국영석유회사National Iranian Oil Company, NIOC를 설립해 자국의 석유 개발을 주도하고자 했다. 그러나 앵글로-페르시안오일이 쫓겨난 후 영국이 이에 대한 보복으로 이란 석유에 제재를 가해 이란산 석유 수출이 봉쇄됨에 따라 석유산업이 극심한 어려움을 겪게 되었다. 이에 이란 정부는 미국 회사들의 참여를 허용해 미국 회사들로 구성된 컨소시엄이 1954년부터 15년간 이란에서 석유 사업을 지속했다. 그 후 1979년 이란 주재 미국 대사관 점령을 계기로 팔레비왕이 추방되고 호메이니가 이슬람 혁명으로 정권을 잡게 되었다. 그 결과 이란 컨소시엄에 참여하던 미국 회사들은 철수하고, 이란 국영석유회사가 이란의 석유산업 전체를 장악하게 되었다.

이라크에서는 소비에트연방의 지원을 받은 이라크 정부가 1961

년부터 서방 회사들이 주주로 있는 이라크 석유회사의 자산을 몰수하기 시작했다. 이라크 정부는 1966년에 국영석유회사Iraq National Oil Company, INOC를 설립하고 1972년 모든 석유 자산을 국유화해 INOC가 직접 운영하게 했다.

사우디아라비아 정부는 미국의 엑슨·모빌·셰브런·텍사코 네 개 회사가 가지고 있던 아람코의 자산을 1973년에 25퍼센트 인수하는 것을 시작으로 지분을 점차 늘려가다가 1980년 사우디아라비아에 있는 아람코의 모든 자산과 권리를 인수했다. 사우디 정부가 모두 인수하긴 했지만, 한동안 아람코가 운영권자로서 계속 기술과 인력을 제공하는 상태를 유지했다. 그러다 1988년 국영석유회사 사우디 아람코Saudi Aramco를 설립하고 1990년 사우디 정부가 경영권과 운영권을 완전히 장악하면서 비로소 사우디아람코가 사우디아라비아의 석유산업을 주도하기 시작했다.[19]

쿠웨이트 정부는 1934년 미국 걸프와 영국 BP가 설립해 40년 동안 운영해 온 쿠웨이트 석유회사 지분의 60퍼센트를 1974년 인수했으며, 1975년에 나머지 지분 40퍼센트를 인수해 쿠웨이트 석유회사를 100퍼센트 차지하게 되었다.

반분 협정을 주도했던 베네수엘라 정부도 1970년대 들어 석유산업의 국유화를 추진했다. 1976년 국영석유회사인 PDVSA가 탄생하면서, 외국 석유회사들의 자산이 모두 PDVSA를 비롯한 베네수엘라 회사 소유로 넘어가게 되었다.

1·2차 석유파동

1970년대 들어 석유 공급 과잉으로 산유국들이 수입은 줄어들고 석유 시장에서 별 영향력을 미치지 못하는 상황이 계속되자, 1962년부터 사우디 석유장관으로 있던 자키 야마니Zaki Yamani가 OPEC 회원국들을 움직였다. 그는 OPEC을 주도하면서 1973년 벌어진 아랍-이스라엘 전쟁 이후 기습적으로 석유 금수 조치를 단행해 이른바 1차 석유파동을 일으킨다.

이스라엘과 전쟁을 일으킨 이집트의 안와르 사다트 대통령이 제안했던 석유 무기화에 대해 처음에는 회원국 간에 이견이 있었지만, OPEC은 1973년 10월 석유 금수 조치에 합의하고 전격적으로 금수 조치를 단행했다. 당시 석유 금수 조치의 내용은 석유 생산량을 1973년 9월 대비 5퍼센트 삭감하고 목적이 달성될 때까지 매월 5퍼센트씩 삭감한다는 것이었다.

서방 세계가 전혀 예상하지 못했던 이러한 석유 금수 조치로 불과 몇 달 사이에 배럴당 3달러이던 유가가 12달러로 네 배나 오르면서 세계경제가 큰 타격을 받았다. 이 파동으로 주요 선진국들은 두 자릿수 물가 상승과 마이너스 성장이 겹치는 스태그플레이션을 겪어야 했다. 우리나라도 1973년 3.5퍼센트였던 물가 상승률이 1974년 24.8퍼센트로 수직 상승했고 성장률은 12.3퍼센트에서 7.4퍼센트로 떨어졌다.[20]

중동 산유국들의 주도하에 최초로 석유를 무기화한 사태가 발생한 것이다. OPEC의 석유 무기화는 성공했고, 이를 계기로 사우디를 비롯한 산유국들은 엄청난 이익을 얻게 되어 오늘날 부를 축적할 수 있었다. 또한 세계 석유 시장의 주도권이 석유회사에서 산유국으로 넘어가게 되는 결과를 낳았다.

2차 석유파동은 1978년 12월 호메이니의 주도로 이슬람 혁명을 일으켰던 이란에서 시작되었다. 이슬람 혁명 이후 이란은 전면적인 석유 수출 중단을 선언했고 이에 따라 배럴당 13달러 대였던 유가가 20달러를 돌파했다. 1980년 9월 이란-이라크전쟁이 발발하자 30달러 벽이 깨졌고, 사우디아라비아가 석유 무기화를 천명한 1981년 1월에는 유가가 39달러에 도달하기에 이르렀다. 이처럼 두 차례에 걸친 석유파동을 통해 세계경제는 치명타를 입었고, 동시에 전 세계는 석유의 무기화가 얼마나 무서운지 체험하게 되었다.

석유로 인한 소비에트연방의 부흥과 몰락

러시아의 석유산업은 당시 러시아 제국에 속했던 아제르바이잔에서 시작되었다. 매장량이 풍부했음에도 제대로 생산되지 못한 바쿠 지역 유전을 스웨덴계 러시아인인 노벨의 형제가 최신의 기술과 장비를 도입해 본격적으로 개발하는 데 성공했다. 19세기 후반부터 20세 중반까지 바쿠의 유전 지역은 세계 석유 개발의 중심지 역할을 했다고 해도 과언이 아니다.

그런데 20세기 초 볼셰비키 혁명으로 제정 러시아가 무너지면서 아제르바이잔이 독립을 선언했다. 볼셰비키 지도자 레닌은 석유 없이는 새로운 혁명이 성공할 수 없다고 판단해 1920년 아제르바이 잔을 합병하고 모든 유전을 국유화한다.

석유를 기반으로 한 소비에트연방 경제의 부활

러시아는 1950년대에 볼가강 지역과 우랄산맥에서 석유가 발견 되기 시작했다. 그리고 1965년에 서부 시베리아에서 러시아 최대 유 전이며 세계에서 여섯 번째로 큰 유전인 사모틀로르 유전이 발견되 어 시베리아 석유 개발이 본격적으로 시작되었다. 소비에트연방은 러시아 서부 지역과 시베리아에 매장된 엄청난 양의 석유를 생산하 기 위해 1960년대에 러시아와 유럽을 잇는 세계 최대 길이의 드루 즈바 송유관, 일명 프렌드십Friendship 송유관을 건설해 유럽 여러 국 가로 석유를 수출하였다.

또한 수많은 가스전이 개발되었는데 그중에서도 1966년에 발견 된 우렌고이 가스전은 이란과 카타르 해상에 걸쳐 있는 파Pars 가스 전에 이어 세계에서 두 번째로 큰 가스전이다. 1970년대에는 유럽으 로 가는 브라더후드와 소유즈 가스관이 건설되면서 천연가스도 유 럽으로 수출되기 시작했다(5장 그림 5-1 참조).

제2차 세계대전 이후 수십 년 동안 계속되어 온 냉전 시대에 소 비에트연방이 미국과의 양강 체제를 계속 유지할 수 있었던 것은 자 국 내에 매장된 풍부한 석유와 천연가스 덕분이었다. 1960년대 사 회주의 경제의 한계로 성장의 여력을 잃고 침체할 수밖에 없었던 소비에트연방 경제가 부활한 것은 1970년대 중동 산유국들이 일으킨 석유파동으로 국제 유가가 급상승했기 때문이다.

　1970년대 초 3달러 대에 머물렀던 국제 유가가 1차 석유파동으로 네 배 이상 급등하고, 이란혁명으로 인한 중동의 혼란으로 1980년대 초에는 다시 두 배로 뛰어 30달러를 웃돌았다(자료 2-2 참조). 1970년 대비 무려 열 배나 상승한 것이다. 이로써 풍부한 석유·가스 자원을 가진 소비에트연방이 튼튼한 재정 수입으로 강대국의 면모를 유지할 수 있게 되었다.

페레스트로이카와 국제 유가 폭락

　1985년 권좌에 오른 미하일 고르바초프는 페레스트로이카라고 불리는 파격적인 개혁 정책을 추진했다. 경직된 소비에트연방의 경제와 행정 체계에 새바람을 불어넣고자 정치 개혁, 행정 개혁, 경제 개혁 등 전반적인 개혁을 단행했다. 특히 경제를 개혁하며 혼합경제를 도입해 기업 활동을 제한하는 규제를 대폭 줄였으며, 국가의 전면적인 통제 아래 있던 국영기업이 자율적으로 생산하고 기업 간 직거래를 할 수 있게 하는 등 점진적인 시장 자유화를 추진했다.

　페레스트로이카의 궁극적인 목적은 사회주의 경제의 기본 틀을 유지하면서 서방의 효율적인 체계를 도입해 사회주의 체제를 잘 유지하는 것이었다. 그러나 고르바초프의 개혁은 그가 뜻하는 바와는 전혀 다른 방향으로 진행됐다. 미숙한 혼합경제 정책과 급격한 사회제도 개혁 등으로 공감대를 형성하기는커녕 체제 변화에 따른 혼란만 일으키며 결국은 실패한 것이다. 개혁 정책의 실패에는 유가 폭락이 중요한 패인 중 하나로 작용했다. 중동의 석유파동으로 한때 30달러를 웃돌던 국제 유가는 석유 시장의 공급 과잉과 수요 감소로 고르바초프가 취임한 1985년부터 절반으로 폭락했다. 이에 따라 석유 수입에 크게 의존하던 국가 재정이 감소해 소비에트연방 경제가 극심한 침체에 빠졌다. 최소한의 생필품조차 부족한 극심한 경제난을 겪게 된 것이다.

모스크바의 영향력이 약해진 틈을 타 소비에트연방 내 각 공화국이 연이어 독립을 선언하고, 동독을 비롯한 동유럽의 위성국가들에서 혁명으로 공산 정권이 붕괴하기 시작했다. 결국 볼셰비키 혁명 이후 거의 70년 동안 존속해 오던 소비에트연방이 1991년 12월에 마침내 해체되기에 이르렀다. 공산주의 체제가 지닌 근본적인 한계로 인해 역사적으로 사라질 수밖에 없는 운명이었다 해도, 소비에트연방을 강대국으로 지탱하게 해준 석유와 천연가스의 가격 폭락이 연방의 해체를 부채질했다고 볼 수 있다.

영국의 영광을 되살린 북해 유전

북해 유전으로 부활한 영국

한때 해가 지지 않는 나라라 불리며 세계를 호령했던 영국은 제2차 세계대전 이후 쉽게 경제가 살아나지 못했다. 1970년대에는 강성 노동조합과 과도한 복지제도의 영향으로 경제적으로 상당한 어려움을 겪다 1976년 IMF의 구제금융까지 받을 정도로 최악의 상황을 맞닥뜨리기도 했다. 1980년대에 마거릿 대처 총리의 강력한 노동개혁 정책과 더불어 영국의 경제가 부활하는 데 가장 중요한 역할을 한 것은 바로 북해에서 발견된 유전이었다.

1967년 북해의 덴마크 앞바다에서 최초로 유전이 발견된 이후 1970년 스코틀랜드 북쪽의 포티스를 비롯해 북해의 영국 영해 여러 곳에서 유전과 가스전이 발견되어 영국은 그야말로 오일 붐을 맞이했다.[21] 노르웨이와 더불어 강대한 산유국이 되자 영국 경제가 살아나기 시작했다. 석유 개발 분야에서 미국 못지않게 세계를 주도했으며, 풍부한 에너지를 동력 삼아 산업 전반이 활기를 띠었다. 이미 금융업의 본거지이기도 했지만 북해 오일 붐을 타고 석유와 관련된 제반 금융업이 더욱 발전해 런던이 세계 금융 센터로서 중추적인 역할을 하도록 도왔다. 수 세기 동안 최강국으로 군림하다가 제2차 세계대전 이후 '종이 위 호랑이 신세'로 전락했던 영국이 1970년대 후반부터 에너지 패권을 바탕으로 부활한 것이다. 세계 무대에서 강국으로 등장해 힘을 발휘한 것은 물론 국제사회에서 다시 큰 목소리를 낼 수 있게 되었다. 북해 유전과 가스전이 영국을 살렸다.

끝을 보이는 북해의 석유·가스 생산

그런데 영국의 경제를 부활하게 한 북해의 석유와 천연가스는 2000년대 들어 그 생산량이 급격히 줄어들었다. 2022년 석유 생산은 일일 78만 배럴로 줄었고 천연가스 생산은 연간 382억 세제곱미터로 줄어, 최대로 생산할 때에 비해 석유·가스 생산이 70퍼센트 가까이 감소했다. 석유와 가스로 인한 경제 부흥이 이제 서서히 막을 내리고 있으니 에너지를 어떻게 공급받을 것인가를 고민하지 않을 수 없게 되었다.

석유와 중동 분쟁

이란의 이슬람 혁명

과거 페르시아제국의 영광을 누리던 이란은 7세기에 아랍 이슬람 세력이 페르시아 지역을 정복하면서 아랍 영향권에 들어갔다. 800년간 오랜 아랍권 이슬람 통치 아래 있던 이란은 16세기 사파비 왕조부터 다시 페르시아인이 통치하기 시작했다. 그 후 여러 왕조를 거쳐 오다 20세기 들어 1921년 레자 칸이 쿠데타를 일으켜 권력을 장악하고 1926년에 왕으로 추대되면서 팔레비 왕조가 시작되었다. 팔레비 국왕은 대규모 서구식 개혁을 시행하기도 했지만, 부정부패와 독재로 실망한 국민이 1979년 호메이니를 중심으로 이슬람 혁명을 일으키면서 권좌에서 물러나게 되고 이란은 이슬람 공화국으로 바뀌었다.[22]

이란은 팔레비 왕조 시대에는 친미·친서방 국가였으며 이슬람 국가 중에서는 상당히 개방적이었다. 그러다 이슬람 혁명 이후 시아

파 이슬람의 종주를 자처하며 이슬람 근본주의를 표방하고, 서방 국가들을 적대적으로 대하며 점점 국제적으로 고립되었다. 2005년부터 이란의 핵 개발 프로그램이 화두로 떠오르면서 미국을 비롯한 서방의 제재가 이어져 고립화가 더욱 가속화되고 있다.

1974년 이란의 일일 석유 생산량은 600만 배럴에 달하였으나 1979년 이슬람 혁명 이후 정치적 불안, 이라크와의 전쟁, 제한된 투자, 미국의 제재, 노후 유전의 생산 감소 등으로 급격히 감소했다. 그런데도 이란은 2022년 말 기준으로 일일생산량 368만 배럴로 세계 9위를 차지하는 주요 산유국이다. 이란의 석유 확인매장량은 2090억 배럴로 베네수엘라, 사우디아라비아에 이어 세계 3위다.

이란의 핵 개발과 서방의 제재

1979년 호메이니 정권이 들어선 후 이란은 서방 세계와 계속해서 적대적인 관계를 유지하고 있다. 미국과의 관계가 좋았던 1950년대에는 미국과 원자력 협정을 체결해 원전 개발을 시작했으나, 이슬람 혁명 이후 이란의 원전 기술 개발은 서방 국가의 경계 대상이 되었다. 2004년 이란이 경수로가 아닌 플루토늄 생산이 쉬운 중수로 원전을 건설하기 시작하자, 국제사회는 2006년 유엔안보리 결의를 통해 이란에 제재를 가했다.[23] 특히 미국은 이란의 자산을 동결하고 이란과 거래하는 모든 나라에 경제 보복을 하겠다는 포괄적 이란 제재법을 통과시켰다.[24]

경제제재로 어려움을 겪던 이란은 결국 핵 개발 프로그램을 포기시킬 목적으로 미국이 추진한 이란 비핵화 방안을 받아들였다. 2015년 UN 상임이사국인 미국·러시아·중국·영국·프랑스를 비롯해 독일과 유럽연합이 이란과 핵 협정이라고 불리는 '포괄적 공동행동 계획Joint Comprehensive Plan of Action'을 체결했다. 핵 협정 체결로 이란이 핵 프로그램 동결에 합의하면서 이란에 대한 경제·금융 제재가 해제되었다. 이에 이란의 위협을 받고 있는 이스라엘은 핵 협정이 이란의 핵 능력을 원점으로 되돌려놓는 것은 아니므로, 이란의 핵무기 개발을 막기는커녕 오히려 다져준 결과라고 하면서 반대했다. 또한 이란과 이슬람 맹주 자리를 놓고 대립하고 있는 사우디아라비아를 비롯한 아랍 국가들도 불편한 기색을 감추지 않았다.[25]

그 후 2017년, 미국의 트럼프 대통령은 이란으로부터 영구적인 핵과 미사일 프로그램 개발 중단을 약속받기 위한 목적이라면서 2018년 5월 핵 협정에서 일방적으로 탈퇴해 버렸다.[26] 트럼프에 이어 집권한 바이든 행정부는 이란과의 핵 협정을 복원하기 위해 노력했으나 크게 진전을 보이지는 못했다. 미국과 이란의 관계는 여전히 회복되지 않고 있다. 최근에는 이스라엘과 하마스의 전쟁에서 이란과 이스라엘이 서로를 공격하는 최악의 상황까지 온 데다, 트럼프가 다시 집권하게 되어 이란에 대한 강공책을 펼 것이므로 이란에 대한 서방의 제재는 상당 기간 계속될 것으로 예상된다.

후세인의 집권과 이란-이라크 전쟁
15세기부터 오스만제국의 지배 아래 있던 이라크는 제1차 세계대전 이후 1922년 영국의 위임 통치를 받는 왕국으로 독립했다가 1932년 정식으로 이라크 왕국으로 독립했다. 그러다 1958년 군부가 쿠데타를 일으켜 왕정이 무너지고 제1공화국 정부가 들어섰다. 왕정 붕괴 이후 이라크의 국내 정세는 계속해서 악화되었고 바트당과 군부 세력에 의한 쿠데타가 이어지는 불안한 정국이 이어졌다. 1979년 바트당의 사담 후세인이 정권을 장악한 이후에는 철권통치가 시작되었다.[27] 이라크는 이란과 같은 시아파가 다수를 차지하지만, 소수 종파인 수니파가 지배층이며 사담 후세인도 수니파 출신이었다.

이란 혁명 이후 이란이 이라크 내 시아파 반정부 세력을 지원하고 이란과 이라크 간에 서로 적대 관계가 지속되자, 1980년 이라크는 이란 혁명정부를 타도한다는 명분을 내세워 전격적으로 이란을 침공하여 이란-이라크 전쟁이 발발했다. 전쟁은 1988년까지 소모전으로 계속되었지만, 어느 한쪽도 승리하지 못하고 서로 막대한 경제적 손실만 남긴 채 국제사회의 중재 노력으로 결국 끝났다.

걸프전쟁

이라크가 이란과의 전쟁에서 승리하지 못하고 경제가 더욱 피폐해지자 사담 후세인은 유전을 탈환하겠다는 명분으로 1990년 쿠웨이트를 침공해 걸프전쟁을 일으켰다. 쿠웨이트가 OPEC 할당량을 지키지 않은 것에 불평을 토로해 오던 사담 후세인은 쿠웨이트가 이라크와의 국경 지역에 걸쳐 있는 대형 유전인 루마일라 유전에서 석유를 생산하자, 쿠웨이트를 응징하고 유전을 탈환하겠다며 1990년

8월 쿠웨이트를 침공했다. 이라크군의 기습적인 공격에 수도 쿠웨이트시가 점령되면서 쿠웨이트 왕은 사우디아라비아로 망명하고 이라크는 쿠웨이트와의 합병을 선언해 버렸다.[28]

이에 유엔은 이라크의 쿠웨이트 합병 철회와 쿠웨이트에서의 이라크군 철수를 요구하는 결의안을 채택하면서 이라크에 경제제재를 가했다. 이라크가 배급제를 시행하며 버티자, 미국과 다국적 연합군은 일명 '사막의 폭풍 작전'을 전개해 쿠웨이트에서 이라크군을 몰아내고 이라크 영토로 진격해 승리를 이끌어냈다.[29] 걸프전쟁은 쿠웨이트의 과도한 석유 생산에 대한 이라크의 불만과 국경 지역 유전에서의 분쟁으로 인해 일어났으므로, 석유가 전쟁의 불씨를 제공했다고 할 수 있다. 170억 배럴 규모의 초대형 유전 루마일라는 지금까지도 이라크와 쿠웨이트 양국 간 분쟁의 소지가 되고 있다.[30]

피폐해진 이라크 석유산업

한편, 2001년 9·11 테러가 발생하자 미국은 '이라크가 대량살상무기를 만들고 있다'고 주장하며 2003년 이라크를 침공하고 점령했다. 이후 미국이 주도하는 이라크 연합국 과도 행정처가 이라크를 다스렸다. 미국은 석유산업을 비롯해 이라크의 경제를 다시 일으키고 사회의 안정을 되찾기 위해 노력했으나 이라크의 정세가 계속해서 혼란 상태를 벗어나지 못하자 2011년 이라크에서 완전히 손을 떼고 철수했다.

미국이 철수한 후 IS_{Islamic State}가 세력을 키워 이라크를 점령하고, 결국 2014년부터 본격적인 내전 상태에 들어갔다. 한때 IS가 영토를 절반 가까이 점령하였으나, 이라크 내전이 정부군의 승리로 끝나자 IS는 2017년에 이라크 영토에서 완전히 밀려났다.[31] 사담 후세인 정권이 붕괴한 후 이라크는 시아파와 수니파의 뿌리 깊은 반목에 쿠르드족까지 아울러야 하는 상황에 처해 여전히 불안 요소가 많지만 이라크 정국은 점차 안정을 되찾고 있다.

1970년대 후반에는 늘어난 석유 판매 수입을 바탕으로 1인당 국민소득이 스페인과 비슷한 수준인 3900달러까지 올라 선진국 진입을 눈앞에 두었던 이라크였다. 그러나 전쟁이 거듭될 때마다 석유 생산량이 급감해 석유 판매를 주수입원으로 하던 경제가 심각한 타격을 받았다(자료 2-3 참조). 게다가 사담 후세인의 실정, IS와의 내전 등으로 후진국으로 전락하고 말았다. 이라크는 2022년 말 기준 석유 생산량이 455만 배럴로 세계 6위이며 확인매장량 역시 세계 5위로 손꼽히는 주요 산유국이다. 이라크 정부가 석유산업 육성과 함께 국가 재건 사업을 활발히 추진하고 있으므로, 정치적으로 안정을 유지할 수만 있다면 이라크의 성장 잠재력은 충분해 보인다.

급속 성장한 중국의 에너지 확보 노력

중국은 2023년 인도의 인구가 세계 1위가 되기 전까지 오랫동안 세계 최대의 인구 보유국이었다. 국토 면적으로도 세계 4위를 차지하는 대국으로 수천 년 동안 세계 최강 국가로 번영을 누리기도 했다. 그러나 19세기 들어 서방 국가들보다 늦은 근대화로 침체를 겪은 데다 공산주의 체제로 변화하면서 경제적으로는 이류 국가로 전락했다. 그렇지만 20세기부터 다시 급부상해 세계는 지금 미국과 중국의 양강 체제로 재편되고 있다.

시장경제 도입으로 급부상한 중국

중국은 1970년대 후반 덩샤오핑鄧小平이 최고 권력자의 자리에 오른 이후 경제개혁을 추진하고 시장경제를 도입하면서 경제가 발전하기 시작했다. 1979년 미국과의 관계 정상화를 계기로 서방 국가들과 유대를 강화해 해외투자를 유치하고 농업·공업·국방·과학기술의 현대화를 추진하면서 1990년대부터 급성장했다. 2001년 중국의 WTO 가입을 계기로 세계 여러 국가가 중국에 시장을 개방하게 되고, 중국이 세계의 공장 역할을 하면서 중국 경제는 그야말로 눈부신 성장을 이룬다. 클린턴 대통령은 "민주주의에서 소중한 가치 중 하나인 경제적 자유를 도입해 세계에서 가장 인구가 많은 국가가 정치적 자유의 길을 따르게 될 것"이라고 하면서 중국의 WTO 가입을 지원했다.[32] 클린턴의 예상과는 달리 중국이 아직 정치적 자유의 길을 따르고 있지는 않지만, WTO 가입 덕분에 중국 경제는 미국을 위협할 정도로 고속 성장할 수 있었다. 1960년대 500억 달러 수준에 머물렀던 GDP가 2022년 18조 달러로 무려 360배 증가해 이제는 중국이 미국에 이어 세계 2위의 경제 대국으로 성장했다. 세계 1

위의 경제 대국인 미국이 같은 기간 성장한 것에 대비해 보면 무려 여덟 배나 더 성장한 것이다.[33]

'큰 기쁨'을 준 다칭 유전

중국은 석유와 천연가스가 풍부하게 매장된 국가다. 중국 공산 당은 정권을 잡은 뒤로 1953년부터 시행한 '1차 5개년 계획'에서 석유 개발을 국가적 주요 정책과제로 삼고 적극적으로 석유 탐사를 추진했다.[34] 오랜 시간 소비에트연방의 기술력에 의존해 오던 중국이 1959년 헤이룽장성에서 스스로 중국 최대의 다칭 유전을 발견했다. 다칭 유전은 대경大慶, 즉 큰 기쁨이란 뜻으로서 자체적으로 대형 유전을 발견한 중국 정부의 기쁨을 표현한 것이다. 다칭 유전에서는 1963년부터 석유가 생산되기 시작했고 이 석유가 1960년대 중국의 공업 발전의 원동력이 되었다. 다칭 유전은 처음 생산을 시작한 이래로 스물 여섯 곳에서 지금까지 100억 배럴이 넘은 석유를 생산한 것으로 알려졌다.[35]

다칭 유전이 발견된 이후 중국에서 두 번째로 큰 성리 유전이 1968년 산둥성에서 발견되는 등 1960년대 중국 여러 지역에서 대규모 유전이 연이어 발견되었다. 중국은 문화대혁명이 일어나고 처음 2년 동안 석유 생산이 중단되고 석유산업이 일시적으로 침체기를 겪었지만, 1960년대 후반과 1970년대에 다시 새로운 유전들이 개발되면서 석유 생산이 연간 20퍼센트 이상 급증했다. 1968년부터 1978년까지 10년 동안은 석유를 외국으로 수출하기도 했다.[36]

중국에는 석유 못지않게 천연가스도 풍부하게 매장되어 있다. 중국 전역 곳곳에 발달한 퇴적분지에서 석유와 함께 천연가스도 생산 중이다. 2022년을 기준으로 중국의 석유 일일생산량은 518만 배럴로 세계 5위이며, 천연가스 연간 생산량은 2253억 세제곱미터로 세계 4위에 이른다. 명실상부 에너지 생산 대국이라 할 만하다.

생산을 훨씬 초과하는 에너지 소비

경제성장이 빠르게 진행되면서 중국은 에너지 소비도 1990년대 들어 급속도로 늘어났다. 상당량의 석유를 생산하지만 1993년부터 국내 석유 소비량이 생산량을 초과해 중국은 석유 순수입국이 되었다. 2022년 기준으로 중국의 석유 일일생산량은 411만 배럴이며 일일 소비량은 1430만 배럴로 소비량이 생산량을 훨씬 초과한다(자료 2-4 참조).[37] 그러다 보니, 중국은 이제 세계 최대 석유 수입국이 되었다. 2022년 중국 석유 수입량은 일일 1020만 배럴로 EU 국가 전체 일일 수입량 1000만 배럴보다 많으며, 630만 배럴인 미국과 460만 배럴인 인도를 훨씬 앞질렀다.[38] 중국의 천연가스 소비량 또한 2007년부터 생산량을 초과해 2022년을 기준으로 천연가스 연간 생산량은 2218억 세제곱미터이고 연간 소비량은 3757억 세제곱미터다.[39] 중국의 2022년 천연가스 수입량 또한 1430억 세제곱미터로 이 역시 세계 1위를 차지하고 있다.[40]

장거리 송유관과 가스관을 건설하다

중국의 에너지 소비가 타의 추종을 불허할 만큼 급격히 늘어나다 보니, 중국으로서는 에너지의 안정적 공급이 국가적으로 중요한 과제가 되었다. 중국은 유라시아 대륙 서쪽에 있는 카자흐스탄으로부터 육상 송유관을 통해 석유를 수입하고 있다. 카자흐스탄은 중앙아시아 최대의 자원 부국임에도 석유를 많이 생산하지 못하고 있었다. 카스피해 연안에서도 서안西岸 인근에 있는 아제르바이잔이 지중해로 나가는 송유관을 건설해 많은 양의 석유를 수출하는 데 반해, 카자흐스탄은 외부로 나가는 송유관이 제한되어 석유를 충분히 생산할 수 없었다. 그러던 중에 중국 정부의 지원 아래 해외 석유 개발에 적극적으로 참여해 온 중국 국영석유회사China National Petroleum Corporation, CNPC가 1997년 카자흐스탄 석유회사 지분 대부분을 사들여 카자흐스탄과 합작으로 중국으로 가는 송유관을 건설하기로 합의했다. 그리하여 카자흐스탄 서부 카스피해 연안의 아티라우에서 중국 서부 신장 지역의 알라샨코우에 이르는 총길이 2228킬로미터의 카자흐스탄-중국 송유관이 2009년 완공되었다. 이 송유관으로 중국은 카자흐스탄으로부터 연간 최대 2000만 톤(일일 40만 배럴)의 석유를 공급받고 있다(그림 2-2 참조).[41] 러시아와 흑해를 통해서만 석유 수출이 가능해 서부 유럽으로의 수출 통로를 개척하고자 했던 카자흐스탄에 중국이 먼저 손을 내밀어 과거 상인들이 다니던 유라시아 실크로드에 비단 대신 석유가 가는 장거리 송유관을 건설하게 된 것이다.

그림 2-2. 중앙아시아에서 중국으로 가는 송유관과 가스관

출처: 위키피디아, 국제에너지기구

중국은 러시아에서도 송유관을 통해 석유를 공급받고 있다. 동시베리아에서 극동으로 가는 동시베리아-태평양East Siberia/Pacific Ocean, ESPO 송유관에 중국 다칭까지 길이 1000킬로미터에 이르는 송유관 지선을 2010년 연결했다(그림 2-3 참조). 중국은 그 후로도 러시아로부터 더 많은 석유를 공급받기 위해 기존의 중국 지선 송유관에 추가 송유관을 나란히 건설해 현재는 러시아로부터 일일 70만 배럴, 연간 3500만 톤에 해당하는 석유를 공급받을 수 있게 되었다.[42]

중국은 또한 중앙아시아 최대 천연가스 생산 국가인 투르크메니스탄으로부터 가스관을 통해 천연가스를 수입하고 있다. 투르크메니스탄의 사만-데페로부터 우즈베키스탄과 카자흐스탄을 거쳐 중국 신장 지역의 코르고스로 오는 총 길이 1833킬로미터에 달하는

그림 2-3. 동시베리아-태평양 송유관

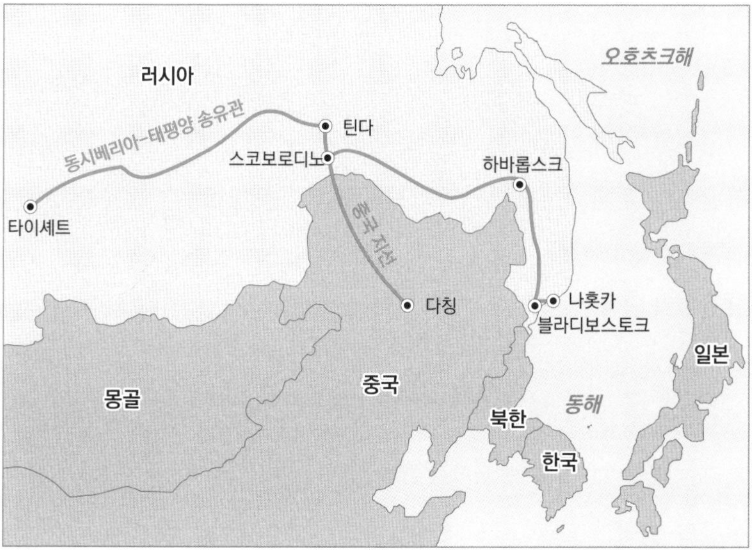

출처: Search Alchetron

중앙아시아-중국 가스관이 2014년부터 가동되어, 중국은 연간 550억 세제곱미터의 천연가스를 공급받고 있다(그림 2-2 참조).[43] 카자흐스탄-중국 송유관에 더해 또 다른 과거 실크로드를 통해 중앙아시아로부터 천연가스를 수입하는 것이다. 중국은 또한 '시베리아의 힘 Power of Siberia'이라고 부르는 시베리아 야쿠츠크에서 중국으로 가는 가스관을 통해 러시아 동시베리아에서 생산하는 천연가스를 수입하고 있다(5장 그림 5-3 참조). 2019년부터 가동된 총 길이 3968킬로미터에 이르는 이 가스관을 통해 2022년에 연간 150억 세제곱미터의 천연가스를 수입했다.[44]

중국은 서부 신장 지역에서 생산하는 천연가스를 동부 해안 상하이로 수송하기 위해 중국 국내에 서기동수西氣東輸, 즉 서쪽의 가스를 동쪽으로 수송한다는 의미의 가스관을 건설해 2005년부터 가동하고 있다.[45] 산업이 밀집해 있는 동부 해안 지역에 천연가스를 공급하기 위해 건설한 이 가스관을 통해 연간 120억 세제곱미터의 천연가스를 서부에서 동부로 공급할 수 있게 되었다. 또한, 중앙아시아로부터 중앙아시아-중국 가스관을 통해 들어오는 천연가스를 광둥 지역과 동부 해안 광저우로 보내기 위해 2차와 3차 서기동수를 건설했으며, 2022년에는 4차 서기동수 가스관 건설을 시작했다. 4차 서기동수 가스관까지 완성되면 중국은 연간 1000억 세제곱미터 이상의 천연가스를 중국 서부에서 동부 지역으로 운송할 수 있는 수송 용량을 갖추게 된다.[46]

중국은 미얀마로부터도 천연가스를 공급받고 있다. 한국의 포스코인터내셔널이 미얀마 북서부 해상의 쉐 가스전에서 2013년부터 생산하고 있는 천연가스는 직경 42인치 가스관을 통해 중국 남서부 윈난성과 쓰촨성에 공급되고, 중국 내 가스관 공급망에 연결되어 동부 해안 광저우까지 공급된다. 포스코인터내셔널의 전신인 대우인터내셔널은 2004년 미얀마 서부 해상에서 쉐(미얀마어로 황금이란 뜻) 가스전을 발견하고 개발에 착수하면서, 중국 CNPC에 천연가스를 팔기로 하고 2년간에 걸쳐 가스 판매 협상을 벌였다. 중국 굴지의 국영석유회사라는 엄청난 자부심을 내세우며 도도하게 굴던 CNPC가 중국의 에너지 안보라는 대원칙 앞에 대우인터내셔널이

제의한 가스 가격과 제반 조건을 결국 수락해, 우여곡절이 담긴 긴 협상 끝에 2008년 마침내 가스공급계약을 체결했다. 대우인터내셔널은 CNPC와 합작으로 가스관 건설회사를 설립해 800킬로미터에 달하는 미얀마 구간의 가스관을 건설했다.[47] 중국은 미얀마 내 가스관뿐만 아니라 미얀마 국경에서부터 중국 내 간선과 지선을 포함해 총 2500킬로미터의 가스관을 추가로 건설했다. 이로써 미얀마에서 생산되는 천연가스가 미얀마 서부 해상에서부터 총 3300킬로미터를 지나 중국 해안으로 공급되고 있다.

LNG 최대 수입국이 되다

세계적으로 LNG 공급이 늘어나게 되자, 그동안 육상 가스관을 통해 러시아와 중앙아시아로부터 천연가스를 공급받는 데 집중하던 중국은 LNG 도입을 추진하기 시작했다. 중국은 동부 해안 여러 항구도시에 LNG 터미널을 건설하고 LNG 장기 계약을 적극적으로 추진해 2021년에는 일본을 앞서 LNG 도입 1위 국가가 되었다.[48] 2022년 일본이 중국을 앞질렀으나, 2023년 중국이 다시 일본에 앞서 세계 최대 LNG 수입국의 위치를 되찾았다.[49] 2021년 기준으로 중국이 해외로부터 수입하는 LNG 물량은 가스관을 통해 수입하는 천연가스 물량의 두 배 가까이에 달한다.[50]

중국은 2006년 최초의 LNG 터미널을 광둥 지역에 건설한 이래 수많은 LNG 터미널을 건설했다. 2016년부터 2022년까지 열 개의 새로운 터미널을 건설하고 열다섯 개의 LNG 설비를 증설해

2023년 4월 기준으로 중국의 LNG 도입 용량은 연간 1억 680만 톤으로 늘어났다. 빠른 속도로 늘고 있는 천연가스 수요에 비해 가스관을 통해 공급받는 천연가스는 제한되어 있어, LNG 설비를 계속 확대해 나가고 있다. 중국은 기존의 LNG 터미널 외 열아홉 개의 새로운 LNG 터미널을 건설하고 열세 개의 설비 증설을 추진하고 있어, 2026년 말에는 LNG 도입 용량이 1억 2690만 톤에 달하리라 예상된다.[51]

3장

잠재력 많은
비전통 석유

캐나다의 오일샌드

지금부터 150여 년 전 드레이크에 의해 최초로 근대적 석유 시추가 시작된 이래 석유나 천연가스는 대부분 수직으로 해당 지층까지 시추공을 파는 전통적 방식으로 생산해 왔다. 그런데 최근에는 셰일가스와 같이 비전통적인 방식으로 생산하는 석유와 천연가스가 늘고 있다. 캐나다에 매장되어 있는 오일샌드나 베네수엘라의 초중질유에 열을 가해서 생산하는 것도 비전통적 방식의 일종이다.

오일샌드가 풍부한 캐나다

캐나다는 2022년 기준으로 일일 569만 배럴의 석유를 생산해 석유 생산량이 미국, 러시아, 사우디아라비아에 이어 세계 4위이며, 천연가스 생산량은 연간 1877억 세제곱미터로 미국, 러시아, 이란, 중국에 이어 세계 5위다. 자국의 인구 규모에 비해 훨씬 많은 석유와 천연가스를 생산하는 캐나다는 국내 소비량 일부를 제외한 석유와 천연가스 대부분을 파이프라인을 통해 미국으로 수출하고 있다. 2000년대 중반에 시작된 셰일혁명으로 미국의 셰일가스와 셰일오일 생산이 증가하면서 미국으로의 수출이 줄긴 했지만, 여전히 캐나다의 수출 품목 1위는 미국으로 수출하는 석유다. 천연가스 역시 여전히 상당량을 미국으로 수출하고 있다.

캐나다는 전통적인 석유도 많이 생산하지만, 오일샌드oil sand라고 하는 특이한 암석에서 석유를 생산하고 있다. 석유가 수백만 년간 지하에 매장되어 있는 동안 지하의 사암층에 갇혀 있던 가벼운 성분의 탄화수소가 증발하거나, 박테리아에 의해 소비되어 비튜먼이라고 하는 무거운 성분의 탄화수소만 남아 있는 것을 오일샌드라고 한다. 오일샌드에서 추출하는 비튜먼의 API 비중*은 8~14도로 매우 낮다.[2]

1717년, 캐나다에서 모피 무역을 하던 유럽인이 중서부 앨버타주에서 원주민이 카누의 방수용으로 검은색을 띤 끈적끈적한 액체를 사용하는 것을 처음으로 보았다는 기록이 있다. 사람들은 기름 성분이 있다는 것은 알았지만, 사암 속에 든 끈적한 석유를 채굴할 방법이 없어 에너지로 활용할 수 없었다. 그러다가 1944년 캐나다의 화학자 칼 클라크Karl Clark가 뜨거운 물을 주입해 오일샌드에서 비튜먼을 분리하는 기술을 최초로 개발했다. 그 후 1967년에 미국의 선오일이 2억 4000만 달러를 투자해 오일샌드에서 석유를 생산함으로써 상업적 개발이 시작되었다.[3] 캐나다가 오일샌드로부터 석유를 본격적으로 생산하면서 캐나다의 석유 생산이 1970년대 들어 폭발적으로 증가하기 시작했다. 캐나다가 1999년 오일샌드의 매장량을 정식으로 등록하면서 1998년 498억 배럴이던 캐나다의 석유 확인매장량은 불과 1년 만인 1999년 1816억 배럴로 세 배 가까이 급증했다.[4]

---

* 　원유의 비중은 API 비중(API gravity)으로 표시하는데, API 비중이란 미국 석유협회(American Petroleum Institute, API)에서 정의한 원유의 비중 단위다. API 비중이 높을수록 가벼운 유종이며, 각 유종의 API 평균 비중은 브렌트유 38도, WTI 40도, 두바이유 31도다.

미국과 서부로 가는 송유관

캐나다는 앨버타주에서 미국 텍사스 남부까지 연결된 키스톤 송유관을 통해 미국 중서부 지역과 텍사스주의 정유 공장으로 석유를 보내고 있다. 미국과 캐나다 정부는 기존의 키스톤 송유관에 추가로 캐나다 앨버타주에서 미국 몬타나주를 거쳐 네브래스카주까지 연결하는 키스톤 확장 송유관을 건설하려고 추진했으나, 미국 환경 단체의 반대로 우여곡절 끝에 2021년에 사업이 무산되고 말았다.[5]

캐나다는 현재 앨버타주 에드먼턴에서 브리티시 컬럼비아주의 해안까지 연결된 1150킬로미터의 트랜스마운틴 송유관을 통해 석유와 석유제품을 보내고 있다. 1953년 건설된 이후 1983년까지 석유만 수송하였으나 1983년부터는 석유제품도 수송해 단일 송유관을 통해 석유와 석유제품을 동시에 수송하는 특이한 송유관이다. 2013년, 캐나다는 트랜스마운틴 송유관을 추가로 건설해 일일 30만 배럴이던 수송 용량을 89만 배럴로 확대하려는 계획을 세웠다. 송유관 확장 공사는 처음 계획한 이래, 환경 단체와 원주민들의 반대로 법적공방을 거듭하면서 오랫동안 건설이 지연되다가, 2020년 캐나다 대법원이 반대 단체들의 이의 제기 소송을 최종 기각함으로써 다시 추진되었다. 미화 250억 달러가 소요된 트랜스마운틴 송유관 확장 공사는 12년 만에 마침내 완공되어, 2024년 5월부터 정상적으로 가동되기 시작했다.[6, 7]

그림 3-1. 캐나다 서부 해안으로 가는 송유관과 가스관

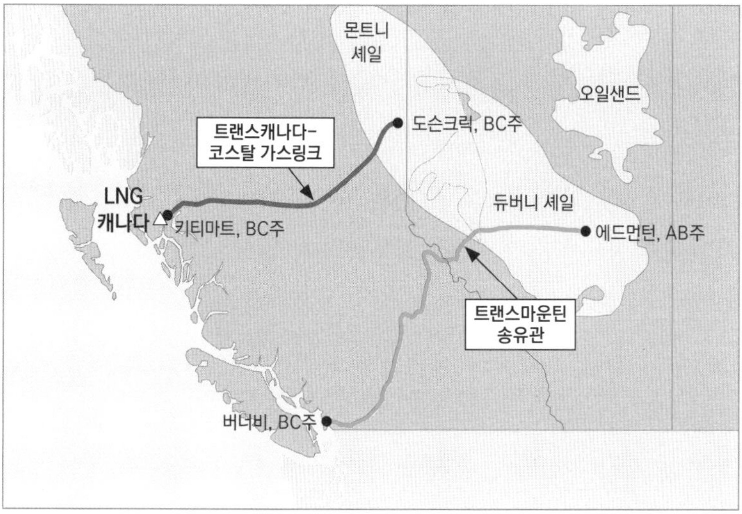

출처: RBN Energy LLC.

디스카운트되는 캐나다 석유

캐나다에는 전통적인 방식으로 생산할 수 있는 유전뿐만 아니라 자국 내 엄청나게 매장된 오일샌드까지 석유를 추가로 생산할 여력이 충분하다. 하지만 미국이나 해외로 보낼 수 있는 항구까지 연결된 송유관이 충분하지 않아 석유가 과잉 생산되고 있다. 캐나다 내에서 석유와 천연가스의 공급이 수요에 비해 훨씬 많다 보니 캐나다의 석유와 천연가스 가격은 다른 지역에 비해 상당히 저렴할 수밖에 없다. 캐나다 서부 지역에서 생산되는 스무 가지의 전통 석유와 오일샌드 및 셰일층에서 생산되는 석유를 섞은 것을 서부 캐나다유 Western Canadian Select, WCS라고 한다.[3] WCS의 가격은 WTI나 브렌트유, 멕시코산 마야 유종에 비해 매우 낮은 가격으로 판매되고 있다 (자료 3-1 참조). WCS는 API 비중이 20.5도~21.5도로 다른 유종에 비해 무거운 중질유이긴 하지만, 비중의 차이에 비해 훨씬 낮은 가격으로 판매되는 것은 공급 과잉 상태이기 때문이다.

캐나다가 석유 생산량을 늘릴 수 없는 또 하나의 이유는 캐나다의 오일샌드에서 생산되는 비튜먼을 장거리로 수송하기가 어려워서다. 끈적한 상태의 비튜먼은 유동성이 낮으므로 탱크로리를 통해 운반해야 하며, 송유관을 통해 수송하려면 열을 가하거나 희석제와 혼합해 비중과 점성도를 낮춰야 한다. 그동안 비튜먼 수송을 개선하기 위해 여러 가지 기술을 개발하려고 추진해 왔지만, 아직 뚜렷한 성과를 보지 못하고 있다. 캐나다의 오일샌드에서 생산하는 비튜먼을 장거리로 수송할 수 있는 기술이 개발되고, 미국과 캐나다 서부 태평양 해안을 잇는 송유관이 추가로 건설되면 캐나다의 석유 생산은 대폭 증가하게 될 것이다.

준공을 앞둔 캐나다 최초의 LNG

천연가스 또한 사정이 별반 다르지 않다. 캐나다는 전통적인 방식으로 생산하는 천연가스는 물론이고 비전통 셰일가스도 많이 생산할 수 있는 국가임에도, 판매처가 미국에 국한되어 있어 천연가스 생산량 또한 제한적이다. 캐나다 연방정부는 판매처를 다변화하기 위해 서부 내륙 지역에서 생산되는 천연가스를 가스관을 통해 서부 해안으로 운반한 뒤 LNG로 만들어 해외로 판매하는 사업을 추진하고 있다.

첫 번째로 추진 중인 'LNG 캐나다' 프로젝트는 브리티시 컬럼비아주와 앨버타주 여러 가스전에서 생산하는 천연가스를 컬럼비아주 동쪽 끝에 있는 도슨크릭에서 모아, 총길이 670킬로미터에 이르는 트랜스캐나다-코스탈 가스링크를 통해 서부 태평양 연안의 키티마트로 수송한 후 LNG로 액화하는 사업이다(그림 3-1 참조). 셸을 비롯해 페트로차이나·페트로나스·미쓰비시·한국가스공사 등 중국·말레이시아·일본·한국의 기업들이 2011년 국제 컨소시엄을 만들어 총 400억 캐나다 달러를 투자하는 대규모 프로젝트다. 사업 초기에는 트레인 두 개에서 연간 LNG 1400만 톤을 우선 생산하고, 추후 트레인을 두 개 추가해 연간 2800만 톤을 생산하려는 계획을 세우고 있다.[9] LNG 캐나다 프로젝트는 2025년 생산을 목표로 진행 중인데 2024년 9월까지 공정률이 95퍼센트에 달한다.[10]

캐나다의 에너지 잠재력

캐나다가 석유와 천연가스의 생산량을 늘리기 위해서는 석유와 천연가스 대부분이 생산되고 있는 내륙 앨버타주부터 서부 해안까지 잇는 송유관과 가스관을 반드시 추가로 건설해야만 한다. 그러나 연방정부가 추진하고자 하는 파이프라인 건설이 환경 단체와 원주민 사회의 반대로 제대로 추진되지 않아 자국 내 석유와 천연가스 생산량을 늘리지 못하고 있다. 세계적으로 탈석유를 주장하는 환경 단체들의 목소리가 높아지고 있는 상황이라 캐나다와 같은 선진국에서 신규로 파이프라인을 건설한다고 하니 심한 반대에 직면하는 것이다.

캐나다가 에너지 강국으로서 위상을 높일 수 있느냐 아니냐는 석유와 천연가스를 해외로 판매할 수 있는 통로, 즉 원주민 보호 구역과 로키산맥을 넘어 서부 해안으로 나가는 송유관과 가스관 건설을 해결할 수 있는지 여부에 달려 있다고 할 수 있다. 에너지 수출 통로 문제만 해결된다면 캐나다는 다가오는 에너지 부족 시대에 에너지 패권 강자로 부상할 것이다.

세계 최대 석유 보유국 베네수엘라

베네수엘라에서는 1914년 마라카이보 호수 동쪽의 메네그란데에서 최초로 상업적 유전이 발견되었다. 8년 후인 1922년 카비마스에서 대규모 유전이 발견되면서 외국 석유회사들이 본격적으로 베네수엘라에 진출했다. 1940년에는 베네수엘라가 미국과 소비에트연방에 이어 세계 3위의 석유 수출국으로서 명성을 날렸다. 그러다가 1970년대 들어 베네수엘라 정부는 석유산업의 국유화를 추진하였고 1976년 국영석유회사인 PDVSA가 탄생하면서, 외국 석유회사들의 자산이 모두 PDVSA를 비롯한 베네수엘라 회사 소유로 넘어갔다. 1980년대 중반까지는 베네수엘라의 석유 생산이 계속 증가했다. 1990년대 경기 침체로 인해 석유 생산으로 얻는 수익은 줄었으나 석유 생산량은 1998년까지 계속 늘어났다. 1998년 베네수엘라의 석유 생산량은 345만 배럴에 이르렀으며, 석유로 인한 수익이 국가 재정의 무려 70퍼센트를 차지할 정도였다.[11]

그러나 석유 수입으로 인한 세입 증대는 베네수엘라의 경제 발전에 오히려 악영향을 끼쳤다. 석유산업은 부패의 온상이 되었으며 재정 수입 증대로 사회적 지출이 늘어난 반면 석유 외 다른 산업이 발전할 동력은 얻지 못했다.

세계 최대 확인매장량 국가

베네수엘라는 보통의 석유는 물론, 특히 API 비중이 10도 이하로 점성도가 높고 무거운 초중질유extra-heavy oil가 많이 매장된 국가다. 베네수엘라 중앙에 있는 오리노코강을 따라 5만 5000제곱킬로미터에 달하는 넓은 면적에 동서로 길게 자리한 오리노코 벨트에는 엄청난 양의 초중질유가 매장되어 있다.

오리노코 초중질유가 생성된 것은 베네수엘라의 주요 석유 분지 중의 하나인 동베네수엘라 분지의 석회질 셰일에서 생성된 석유가 남쪽으로 150킬로미터 이동하면서 생분해작용을 거쳐 점성과 비중이 높은 초중질유로 변환되어 오리노코 지역에 모였기 때문이다.[12] 이 지역의 초중질유는 1930년대 최초로 보고되었지만, 이들의 상업적 개발은 1990년대에 이르러 비가열식 생산기법을 적용하면서 본격화되었다. 초기에는 비가열식 생산기법으로 초중질유를 생산하였으나 회수율이 높지 않아, 최근에는 캐나다 오일샌드 개발과 같이 열을 가

그림 3-2. 베네수엘라 오리노코 벨트

출처: Geopolitical Intelligence Services

하는 스팀 순환 자극cyclic steam stimulation, CSS 기법으로 주로 생산하고 있다. 오리노코 벨트에서 대규모 초중질유가 개발되면서 베네수엘라는 2008년부터 자국의 초중질유 보유량을 정식 매장량으로 등록하게 되어, 지금은 베네수엘라가 세계 최대의 석유 확인매장량 보유 국가가 되었다. 베네수엘라의 석유 확인매장량은 2021년 기준으로 3040억 배럴로서 440억 배럴인 미국보다 일곱 배나 많다.[13]

포퓰리즘에 의한 석유 생산량 감소

1999년 차베스 대통령이 이끄는 포퓰리즘 정권이 들어서고 나서, 2003년 총파업 당시 정부는 국영석유회사 PDVSA의 직원 1만 9000명을 해고하고 그 빈자리를 친정부 성향의 인원으로 교체했다. 또한 차베스 정부는 석유산업에서 얻은 이익을 재투자하지 않고 사회보장 비용으로 대부분 써버렸다. 결국 자국 내 석유산업은 급격히 위축되었다.[14] 한때는 초중질유 개발의 어려움을 해결하기 위해 해외 기업의 투자를 유치하기도 했다. 그런데 2007년 유가가 배럴당 100달러 이상으로 상승하자 정부가 베네수엘라의 사회주의 정책에 반대하는 미국 부시 행정부와의 투쟁을 선언하면서, 오리노코 벨트에 투자하고 있는 여섯 개 외국 회사, 엑손모빌·셰브런·코노코필립스·BP·토탈·스타트오일의 석유 자산을 국유화하였다. 이에 따라 외국 기업이 철수하고 베네수엘라의 석유산업은 내리막길을 걷게 되었다.[15]

초중질유는 전통적인 방식으로 생산하는 원유와 달리 생산 비용이 많이 들어 높은 기술력을 바탕으로 효율적으로 생산해야 하는 유종이다. 베네수엘라는 외국 기업이 대부분 철수한 후 국영기업의 기술력 부족과 비효율적인 운영으로 석유생산량이 급격히 감소할 수밖에 없었다. 1998년 345만 배럴에 이르렀던 베네수엘라의 석유 일일생산량은 2022년에는 74만 배럴에 불과했다. 세계 최대의 확인 매장량 보유 국가로서는 매우 초라한 생산량이다.

캐나다 오일샌드보다 유리한 초중질유

베네수엘라의 초중질유는 비중이 높고 점도가 높다는 점에서 캐나다의 오일샌드에서 생산되는 석유와 비슷하지만, 오일샌드에서 나오는 비튜멘과는 다른 석유다. 비중과 점도가 높은 베네수엘라의 초중질유 역시 캐나다의 오일샌드와 같이 개발 비용이 많이 든다는 점에서는 불리하다. 그러나 캐나다의 오일샌드가 앨버타의 넓은 지역에 분포하고 있는 데 반해, 베네수엘라의 초중질유는 오리노코 벨트 지역에 밀집되어 있어 생산한 석유를 한데 모으기 수월하다. 게다가 유전 지역이 해안에서 멀지 않을 뿐만 아니라 세계 최대의 석유 소비처인 미국 멕시코만으로 수송하기에도 유리한 위치에 있다.

지질학적으로도 초중질유는 오일샌드에 비해 얕은 지층에 매장되어 있다는 장점이 있다. 따라서 캐나다의 오일샌드에 비해 오리노코의 초중질유가 개발하기에 더 유리하다는 것이다.[16] 오리노코 벨트의 초중질유 외에 전통적 방식으로 생산하는 유전도 상당히 많이 분포되어 있어 베네수엘라는 마음만 먹으면 석유 생산량을 대폭 늘릴 수 있지만, 안타깝게도 차베스 사망 이후 집권한 마두로 대통령 역시 포퓰리즘 정책을 이어가고 있다. 베네수엘라가 적극적인 외국투자 유치를 통해 석유산업을 재건해 자국에 매장되어 있는 엄청난 양의 석유를 효율적으로 생산할 수 있다면, 세계 최대 매장량을 바탕으로 세계 최강 산유국 중의 하나로 거듭날 것이다.

비전통 석유의 잠재력

전 세계 석유 확인매장량은 꾸준히 증가해 왔으며 몇 차례 점프를 했다(자료 3-2 참조). 1980년대 후반에는 중동 산유국들이 매장량을 등록하면서 매장량이 대폭 늘어났다. 2000년대 초반에는 캐나다 오일샌드에 의해, 2010년 전후로는 베네수엘라 초중질유 덕분에 매장량이 대폭 늘어났다. 캐나다 오일샌드와 베네수엘라 초중질유는 세계 확인매장량 증가에 크게 기여했으나, 이들 지역의 비전통 석유는 아직 활발히 개발되지 않고 있다. 2016~2017년의 매장량 증가는 미국의 셰일혁명에 의한 것으로, 세계 확인매장량 전체에서 볼 때 증가 폭이 크지는 않다.

19세기 중반, 미국에서 최초로 상업적 시추에 성공해 석유를 생산한 이래 오일맨oil man이라고 불리는 석유 탐사가들이 전 세계를 샅샅이 뒤지면서 열심히 석유를 찾아왔다. 그동안 석유를 탐사하고 생산하는 기술 또한 꾸준히 개발되어 세계 석유 생산량은 끊임없이 늘어왔다. 그런데 10장에서 자세히 언급되겠지만, 기후변화에 대한 위협에도 세계 석유 소비량은 좀처럼 줄어들 기세를 보이지 않는다. 이에 반해 땅속에 매장되어 있는 석유는 계속 생성되는 것이 아니라 한정되어 있다. 2010년 이후 미국의 셰일혁명에도 불구하고 석유 확인매장량 증가 추세는 눈에 띄게 완화되었다. 수요는 꾸준히 증가하는데 공급이 수요를 따라가지 못하면 수급 불균형으로 유가가 오를 수밖에 없다.

아직은 캐나다의 오일샌드가 경쟁력을 갖추지 못하고 있지만, 고유가 시대가 되면 오일샌드 개발이 활성화될 것이다. 엄청난 잠재력이 있는 베네수엘라의 초중질유도 세계적으로 석유 수급에 문제가 발생하면 내부에 어떤 정치적 상황이 있더라도 지금보다 생산량이 훨씬 늘어날 것이다. 그러므로 더 이상 생산량이 늘어날 여지가 많지 않은 전통적 방식의 석유보다 비전통 방식 석유의 잠재력이 더 크다고 할 수 있다.

캐나다 앨버타주 오일샌드 광산에서의 석유 채굴작업

오일샌드로부터 석유를 본격적으로 생산하면서
캐나다의 석유 생산이 1970년대 들어
폭발적으로 증가하기 시작했다.

에너지 수출 통로 문제만 해결된다면
캐나다는 다가오는 에너지 부족 시대에
에너지 패권 강자로 부상할 것이다.

2부

천연가스 전쟁

러시아에서 발트해를 가로질러 독일로 가는 노르트스트림 가스관이 완공되자 유럽 천연가스 시장에서 장악력을 높인 러시아가 2022년 2월 우크라이나를 전면 침공했다. 이에 따라 유럽의 에너지 시장에 큰 혼란이 일어, 천연가스 가격이 2022년 8월에 2020년 최저가 대비 무려 50배나 상승했다. 에너지 무기화로 인한 위험을 전 세계가 새삼 느끼는 계기가 된 것이다.

20세기 중반부터 서서히 사용되기 시작한 천연가스는 이제 석유 못지않게 중요한 에너지 자원이 되었으며, 더 나아가 앞으로는 석유보다 더 없어서는 안 될 중요한 에너지 자원 역할을 할 것으로 전망된다. 에너지 다양화 시대에 왜 천연가스의 역할이 더욱 중요해졌을까? 천연가스 패권으로 인해 러시아와 미국의 위상은 어떻게 바뀌어왔으며, 천연가스 시대에 중동 산유국은 어떤 위치에 서게 될까?

4장

에너지 다양화 시대

각광받는 천연가스

1970년대 1·2차 석유파동이 일어나 전 세계가 에너지난에 시달리고 극심한 경기 침체를 경험했다는 사실을 언급한 바 있다. 에너지 수입국들은 중동 산유국의 강력한 영향력 아래 있는 석유에만 의존해서는 안 되겠다는 경각심을 지니게 되었다. 석유 대신 난방·취사·동력·발전용 연료로 천연가스 사용이 늘어났으며, 이에 따라 유전 못지않게 가스전 탐사가 적극적으로 추진되기 시작했다. 이에 더해 선진국을 중심으로 원자력발전소 건설 붐이 일어났으며, 태양광·풍력·바이오연료 등 재생에너지에 관한 연구와 개발 역시 활발히 진행됐다.

천연가스는 석유와 마찬가지로 과거 지질시대에 살던 식물이나 플랑크톤 같은 유기물이 오랜 시간 고온·고압에 의해 화학작용을 일으켜 생성된다. 식물 성분의 유기물이 많은 근원암˚에서는 처음부터 천연가스가 만들어진다. 플랑크톤과 같은 유기물이 퇴적된 근원암은 화학작용이 일어나는 과정에서 처음에는 석유가 되었다가 시간이 지나면서 천연가스로 바뀌기도 한다. 따라서 석유나 천연가스를 생성해 내는 근원암이 많은 축복받은 산유국에서는 유전과 가스전이 같이 존재하는 경우가 많다.

˚ 근원암(source rock)은 석유나 천연가스를 만들어내는 유기물질이 풍부한 암석을 말한다. 근원암에서 만들어진 석유가 이동해 모여 있는 저류암(reservoir rock)은 모래로 된 사암인데, 근원암은 대부분 진흙으로 된 셰일(shale)이다.

LNG로 이룬 천연가스 수송 혁신

유전과 함께 가스전이 많이 발견된 소비에트연방에서 생산하는 천연가스가 가스관을 통해 유럽으로 수출되고, 미국과 캐나다에서도 가스전이 많이 발견되어 가스관을 통해 북미 여러 지역에 보급되고 있다. 중국을 비롯한 세계 여러 곳에 유전 못지않게 가스전이 많이 분포하고 있다. 그런데 액체로 되어 있는 석유는 유조선을 통해 어디든지 수송할 수 있으나, 천연가스는 기체 상태이기 때문에 가스관을 통해서만 수송할 수 있었다. 그동안 유전을 찾기 위해 시추하는 과정에서 가스전을 많이 발견했지만, 개발하지 못하는 경우가 많았다. 수요처가 멀어 장거리 가스관을 건설해야 하므로 대규모 가스전이 아니면 경제성이 없었기 때문이다.

그러다 천연가스를 섭씨 영하 162도의 아주 낮은 온도에서 액화하는 LNGliquefied natural gas 기술이 개발되어 그동안 개발하지 못했던 많은 가스전이 개발되기 시작했다. 인근에 수요처가 없어도 액화해서 멀리 보낼 수 있는 LNG 기술을 통해 천연가스 수송에 일대 혁신이 일어난 것이다. 1959년 LNG 화물을 실은 배가 미국 루이지애나만을 떠나 영국으로 항해함으로써 천연가스를 석유처럼 선박을 통해 운반하는 길이 처음으로 열렸다.[1] LNG 수송이 가능해지면서 천연가스 수요는 1970년대부터 서서히 증가하기 시작했다. 그 후 2000년대 들어 LNG 플랜트와 저장 기술이 더욱 발전하고 대규모로 수송할 수 있는 LNG 선박이 개발되면서, 2000년대 중반 이후 천연가스 수요와 공급이 급격히 늘어났다.

또한 그동안은 LNG 설비를 육지에서만 할 수 있었으므로 해상 가스전의 경우에는 육지의 LNG 플랜트까지 가스관을 건설해야 했다. 그런데 얼마 전부터 해상에서 바로 액화하는 부유식 LNG 기술이 개발되어 먼바다의 가스전에서 LNG를 직접 생산할 수 있게 되었다. 이에 따라 이전에 개발하지 못했던 많은 해상 가스전이 개발되어 전 세계에 천연가스 공급이 활발해졌고, 세계 가스 시장이 급속도로 성장했다.

천연가스가 더욱 중요해지는 미래

LNG 기술이 개발되면서 가장 혜택을 본 나라는 동아시아의 한국·일본·타이완이다. 그동안 중동산 석유에만 의존해 왔는데 동아시아에서 그리 멀지 않은 호주·인도네시아·말레이시아 등으로부터 LNG가 공급되면서 한국과 일본의 에너지 시장에 일대 혁신이 일어났다. 우리나라에서는 1983년 천연가스 사업을 전담하는 한국가스공사가 설립되고 1986년부터 LNG를 도입하기 시작했다. 이전에는 가정에서 프로판 용기에 들어 있던 LPG를 주로 사용했는데, 전국적으로 가스관이 깔리고 도시가스가 공급되면서 가정에서 편리하고 값싼 가스를 사용하게 된 것이다.

지금은 전 세계 여러 나라에서 LNG를 수입하고 있다. 2022년 러시아-우크라이나 전쟁의 발발로 이전처럼 러시아로부터 가스관을 통해 천연가스를 원활히 공급받지 못하는 유럽의 LNG 수요가 늘긴 했지만, 여전히 한국과 일본이 LNG 주요 수입국이다. 얼마 전부터 중국도 LNG를 도입하기 시작해 2023년 기준으로 세계 LNG의 절반 이상을 한국·일본·중국·타이완 등 동아시아에서 수입하고 있다.

천연가스는 난방이나 취사용으로도 많이 활용되나, 천연가스 소비에서 가장 큰 부분을 차지하며 가장 빠른 속도로 증가하는 것은 바로 발전 부문이다. 이미 전 세계에서 석탄발전을 퇴출하려는 움직임은 일어나고 있으며, 일부 국가에서는 원자력발전도 점차 줄여나가고 있는데, 그로 인한 전력 생산분 감소를 재생에너지가 충당하지 못하다 보니 가스발전이 늘어나는 것이다. 또한 재생에너지는 연속적으로 전기를 생산하지 못하며, 전력 생산을 임의로 조정할 수 없는 경직성 발전이라는 치명적인 약점이 있다. 그런데 기저부하 발전인˙ 원자력발전과 석탄발전 역시 발전량을 쉽게 조절할 수 없으므로 이를 보완할 수 없다. 그동안 필요할 때 언제라도 전기를 생산할 수 있는 가스발전이 계절에 따른 발전량 수요 변동을 보완하는 역할을 해왔는데, 이에 더해 재생에너지발전의 간헐성을 보완해 전력 시스템의 안정을 유지하는 역할까지 도맡게 된 것이다. 재생에너지가 확대될수록 가스발전이 늘어날 수밖에 없는 이유다.

발전 분야 다음으로 천연가스 소비가 많은 부문은 산업 부문이다. 산업 부문에서 천연가스는 난방과 동력용으로 쓰이며 비료·메탄올·수소 등의 제조 원료로도 사용되고 있다. 천연가스도 화석에너지의 일종이므로 이산화탄소를 상당량 배출하지만 배출량이 석유보다

＊   기저부하(base load) 발전은 기저 발전이라고도 하며 24시간 연속으로 운전되어 전력 생산의 기반을 이루는 발전이다. 원자력발전과 석탄발전이 이에 해당한다.

적으며 석탄보다는 훨씬 더 적다는 장점이 있다.[*2] 석탄발전을 가스발전으로 대체하고 수송 연료로서 천연가스 사용을 늘리는 것은 천연가스가 석탄과 석유에 비해 환경에 미치는 영향이 적기 때문이다.

원자력 활용 시대

제2차 세계대전을 종식하기 위해 일본 히로시마와 나가사키에 원자폭탄을 투하한 이후 미국을 비롯한 소비에트연방과 프랑스, 영국 등이 엄청난 위력을 내는 핵분열을 에너지로 활용하는 방안을 연구하기 시작했다. 핵무기 개발과 더불어 핵에너지를 활용하는 연구를 진행한 것이다. 1953년 아이젠하워 대통령이 UN 총회에서 '평화를 위한 원자력 선언Atoms for Peace' 연설을 한 이후 민간 부문에서 평화적 이용을 위한 핵 연구가 가능해졌고 원자력발전 또한 본격적으로 개발되기 시작했다.[3]

원자력발전소 건설, 핵을 에너지로 사용하다

최초의 원자력발전소는 소비에트연방 오브닌스크에 건설된 것으로 알려졌다. 세계 최초로 순수하게 상업적 목적을 띠고 만든 원자력발전소는 1958년 건설된 미국의 쉬핑포트 원자력발전소다. 미

---

*   연료당 이산화탄소 배출계수는 석탄이 백만 BTU당 96킬로그램, 경유가 74킬로그램, 휘발유가 67킬로그램, 천연가스가 53킬로그램이다.

국은 최초의 원자력발전소를 건설한 이래 꾸준히 원자력발전소를 건설해 왔기에 현재 원자력발전소가 가장 많다. 2023년 8월 기준으로 28개 주 54개 원자력발전소에서 93기의 원자로가 가동 중이다. 2012년 발전 설비용량*이 102기가와트에 이르렀지만, 그 후 조금씩 감소해 2022년 말 기준으로 설비용량은 95기가와트다.[4] 2023년 미국이 원자력발전으로 생산한 발전량**은 775테라와트시로 이는 세계에서 가장 많은 원자력발전량이다.[5]

미국 다음으로 원자력발전을 적극적으로 추진한 나라는 프랑스다. 제2차 세계대전이 끝난 직후 핵의 위력을 실감한 프랑스 드골 대통령은 원자력청을 설치하고 원자력 에너지 개발에 나섰다. 프랑스는 1960년 알제리 사하라 사막에서 핵 실험에 성공해 미국·소비에트연방·영국에 이어 네 번째 핵보유국이 되었다. 드골 정권은 군사적 측면과 아울러 원자력을 활용하겠다는 경제적 측면을 고려해 원자력 기술 개발에 주력했다.[6] 그러다 1973년 중동 산유국에 의한 제1차 석유파동으로 국제 유가가 네 배로 치솟는 상황이 벌어지자, 퐁피두 대통령이 원자력발전을 국책사업으로 채택하고 원자력발전소 건설을 추진하기 시작했다. 미국이나 소비에트연방과 달리 화석에너지를 전적으로 수입해야 하는 에너지 빈국 프랑스는 진

---

*   발전 설비용량은 발전소가 시간당 최대로 생산할 수 있는 전력 용량을 의미하며, 단위로 메가와트(MW) 또는 기가와트(GW)를 사용한다.

**   발전량은 현재 설치되어 있는 전력 생산 설비에서 일정 기간 동안 생산한 전력의 양을 말한다. 테라와트시(terrawatt-hour, TWh)는 대규모 발전량을 나타내는 단위로서, 1 테라와트시는 10^{12}와트시이자 1000기가와트시다.

작부터 원자력발전을 통해 에너지 문제를 해결하겠다는 전략적 정책 결정을 내린 것이다. 이때부터 프랑스는 원자력발전을 적극적으로 활용하고 있으며, 이러한 정책 기조는 오늘날까지도 계속되고 있다. 2022년 말 기준으로 프랑스에는 원자로가 56기 있어, 미국에 이어 두 번째로 많으며 총 설비용량은 61기가와트다.[7] 2023년 프랑스의 원자력 발전량은 336테라와트시에 달한다. 프랑스 전기믹스에서의 원자력 비율은 무려 65퍼센트로 이는 세계 평균 9퍼센트에 비해 매우 높은 비율이며 전 세계에서 가장 높은 비율이다. 프랑스는 또한 핵폭탄 보유국으로서 국민들도 원자력에 대한 거부감이 거의 없어 원자력 정책이 성공을 거둘 수 있었다.

에너지 자원이 부족한 우리나라는 진작부터 원자력을 국가 주요 전력원으로 삼아왔다. 한국은 1956년 미국과 한미원자력협정을 체결하고 1958년 원자력법을 제정하면서 원자력발전소 건설 준비를 시작했다. 1964년 원전 부지 선정 업무에 착수해 경상남도 고리를 첫 원전 건설지로 선정했고, 1978년 고리 1호기가 최초로 상업 운전을 시작했다.[8] 우리나라는 2024년 8월 현재 다섯 개의 원자력발전소에서 발전기 26기를 운영 중이며 총 설비용량은 26기가와트다.[9] 2023년을 기준으로 원자력 발전량은 180테라와트시다.[10]

세계 원자력발전 현황

원자력발전소는 건설 비용이 많이 들고 건설하는 데 보통 10년 이상이 걸린다. 그래서 경제적으로 여유가 있거나 국가의 에너지 주요 정책으로 원자력발전을 강력하게 추진하는 나라가 주로 건설을 시도한다. 과거에는 미국과 유럽 선진국 그리고 소비에트연방이었거나 소비에트연방 영향권에 있던 동유럽 국가가 주로 건설했다. 핵보유국인 중국·인도·파키스탄도 원전이 있다. 그 외 원전이 있는 국가로는 한국·일본·대만·멕시코가 있다.

최근에 중동 산유국을 비롯해 여러 나라에서 원전 건설을 추진하고 있지만, 여전히 원자력발전은 핵에 대한 거부감, 다른 발전에 비해 값비싼 건설 비용, 오랜 건설 기간 등의 이유로 일부 국가에 국한되어 있어 세계의 주요 에너지원 역할을 하지는 못하고 있다. 원자력이 에너지믹스에서 차지하는 비율은 4퍼센트에 불과하며 전기믹스에서 차지하는 비율은 9퍼센트다. 핵보유국이 아니며 1950년대 당시 최빈국에 속했던 우리나라는 미국에 적극적으로 요청해 원자력발전을 국가의 주요 전력원으로 삼았기에 비교적 안정적으로 전력을 생산할 수 있었다.

풍력과 태양광으로 전기를 만들다

우리가 자연으로부터 얻는 다섯 가지 에너지인 석유·천연가스·석탄·원자력·재생에너지 중 재생에너지를 제외한 네 가지 에너지는 한번 쓰면 소멸하는 에너지다. 재생에너지란 자연이 계속해서 다시 만들어내는 에너지로서 인류가 지구상에 출현한 이후 오랫동안 써

온 전통적 생물자원traditional biomass이라고 불리는 나무를 비롯해 수력·풍력·태양광·바이오에너지·지열·조력 등이 있다.

나무를 제외한 재생에너지 중 우리가 가장 많이 활용하는 것은 수력이며 다음으로 풍력, 태양광 순이다. 재생에너지 중 바이오연료를 항공 연료 등 수송 연료로 활용하기도 하지만 재생에너지는 대부분 전력 생산용으로 쓰인다. 수력발전도 꾸준히 증가하고 있으나, 산악 지형에서만 가능하므로 할 수 있는 나라가 제한되어 있어 확장하는 데 한계가 있다. 그래서 재생에너지 중 가장 대표적이며 확장 가능성이 큰 것으로는 풍력과 태양광을 꼽을 수 있다.

육지에서 해상까지, 풍력발전

바람을 에너지로 활용한 역사는 상당히 오래되었다. 풍차는 바람을 동력으로 전환하는 장치로서 9세기에 페르시아에서 만든 풍차 유적이 이란 동부 레자비호라산주에 남아 있다.[11] 풍차는 10세기 무렵에 유럽에 전파되어 곡식을 찧는 용도로 쓰였으며, 네덜란드에서는 간척용으로 물을 퍼 올리는 데 사용되었다.

풍력발전은 바람의 에너지를 회전 에너지로 변환해 발전기를 구동시켜서 전기에너지를 만든다. 20세기 초반에는 풍력발전의 아버지라 불리는 덴마크의 폴 라쿠르Poul la Cour가 1891년에 만든 풍력발전기가 덴마크를 비롯한 유럽에 널리 보급되었다. 그러다 1941년 미국에서 메가와트급 규모의 제품이 등장했다. 그 후 1970년대 두 차례 일어난 석유파동과 1986년 체르노빌 원전 사고를 거치면서 재생

에너지의 필요성이 대두되어 미국과 유럽을 중심으로 풍력발전이 늘어났다.[12]

풍력발전기는 크게 바람개비 부분인 블레이드, 전기를 만드는 터빈, 지지대 역할을 하는 타워로 구성되어 있다. 초창기에는 소규모로 시작했으나 점점 규모가 커져 지금은 발전기 하나의 규모가 거의 200미터에 달한다. 풍력발전은 대규모 발전기를 여러 대 설치해야 하므로 넓은 땅을 필요로 한다. 풍력발전을 하기 위해서는 무엇보다 바람이 좋아야 한다. 바람의 세기뿐만 아니라 품질이 좋은 곳, 즉 바람이 일정한 방향으로 연속적으로 부는 지역이 유리하다. 그러므로 풍력발전이 활발한 국가는 영토가 넓어 대규모 풍력발전 설비를 갖출 수 있거나 바람이 아주 좋은 곳이다. 2023년 기준으로 세계 풍력발전 전력량은 2304테라와트시로 재생에너지발전 중에서는 풍력이 수력 다음으로 전력을 많이 생산하고 있다. 그렇지만 풍력발전을 활발히 하는 나라는 미국·캐나다·중국·인도와 같이 국토가 크거나 북해 연안의 유럽 국가가 대부분이다. 풍력발전을 할 수 있는 나라에서는 빠른 속도로 확대되고 있지만 풍력발전이 가능한 나라는 제한되어 있다.

국토가 넓지 않아 부지 확보가 쉽지 않은 나라는 육지에서 풍력발전을 활발히 하기가 힘들다. 대신 바다를 끼고 있다면 자국의 해역에 풍력발전을 확대해 나갈 수 있다. 그동안은 바람이 좋은 해안가에 풍력발전기를 설치해 왔으나 최근에는 해상으로 많이 진출하고 있다. 육지에 비해 바다에는 대체로 바람이 많이 불며 넓은 바다에 얼마든지 확장해 나갈 수 있는 데다, 소음 등의 민원 문제에서 비교적 자유롭기 때문이다. 해상 풍력발전이 활발해지면서 가까운 연안 지역은 물론이고 먼바다에 설치하는 부유식 해상 풍력발전이 늘어나고 있다. 석유 생산을 위해 바다에 해상 구조물을 설치한 경험이 있는 석유회사들이 부유식 해상 풍력발전을 적극적으로 추진하는 것 또한 흥미롭다. 프랑스의 토탈에너지스(이전 토탈), 노르웨이의 에퀴노르(이전 스태트오일) 등이 이런 사업을 활발히 벌이고 있으며 우리나라 동해 해상에서도 한국석유공사를 비롯한 외국 석유회사들이 부유식 해상 풍력발전소의 건설을 추진하고 있다.

태양광발전의 증가세와 한계

태양에서 나오는 에너지로는 태양열과 태양광을 활용할 수 있는데, 태양광발전은 태양에서 나오는 빛을 이용해 전기를 생산하는 방식이다. 태양 입자인 광자가 금속 물질에 닿아 전자가 방출되는 현상을 광전효과라고 한다. 이러한 광전효과를 이용해 실리콘 반도체로 만들어진 태양전지로 태양광을 받아 전기를 생산한다. 태양전지(셀)가 결합되어 태양광 패널을 구성하고 이러한 패널들이 연결되어 태양광발전 시스템을 구성한다.

우리나라는 물론이고 세계 곳곳에서 태양광발전이 많이 늘어나고 있다. 한번 설치하면 연료비가 들지 않으며 화석에너지와 같이 연소할 때 발생하는 이산화탄소 배출이 없는 친환경 에너지이므로 태양광발전이 화석에너지를 대체할 미래 에너지로 주목받고 있다. 기후변화의 위기가 강조되면서 최근 태양광발전이 빠른 속도로 늘어나고 있다. 바람이 좋은 지역에만 설치할 수 있는 풍력발전과 달리 태양은 세계 어디나 비추므로 세계 여러 나라에서 태양광발전 시설을 많이 늘리고 있다. 2010년에 32테라와트시에 그쳤던 세계 태양광발전량이 2023년 1630테라와트시로 무려 50배나 증가한 것이 그 방증이다.

태양광발전은 소규모라면 비교적 간편하게 어디든지 설치할 수 있다. 그렇지만 발전소급 규모로 발전 시설을 갖추려면 넓은 부지가 필요하다. 또한 일조량이 많은 지역이 유리하며, 그렇지 않은 지역은 발전 효율성이 떨어져 정부의 지원 없이는 경쟁력을 갖추기가 어렵다. 태양광발전이 확대되고는 있지만, 이런 이유로 지역에 따라 대폭 확대하는 데에는 한계가 있을 수밖에 없다.

포기할 수 없는 태양광과 풍력

풍력과 태양광이 빠르게 확대되고 있으나 기대만큼 전력 에너지원으로서 비율은 크게 높아지지 않고 있다. 지난 10년간 전 세계적으로 풍력발전과 태양광발전을 확대하기 위해 노력했지만, 2023년 기준으로 세계 전력 생산에서 차지하는 비율인 전기믹스에서 수력발전이 차지하는 비율은 14.3퍼센트인데 비해 풍력발전은 7.8퍼센트, 태양광발전은 5.5퍼센트에 불과하다. 여전히 화석에너지가 차지하는 비율이 61퍼센트로 매우 높다.

풍력발전과 태양광발전을 하기에는 여러 제약이 있고 발전 단가가 상대적으로 높기 때문이다. 그러나 여러 제약에도 기후 위기에 대응하기 위해서는 풍력과 태양광을 최대한 확대해야 한다. 화석에너지를 대체할 수단으로 원자력이 있지만 여전히 논란의 대상이며, 원자력을 제외하고는 풍력과 태양광 외 마땅한 대안이 없다. 게다가 앞으로 RE100*, 탄소국경조정제도** 등 선진국의 압력은 갈수록 더 세질 것이므로 풍력과 태양광을 대폭 확대할 수밖에 없다. 정부도 재정 부담을 감수하고 여러 제약을 극복하면서 풍력과 태양광을 확대해 나가도록 힘써야 한다.

*   RE100(Renewable Energy 100%)은 기업이 필요한 전력량의 100퍼센트를 태양광·풍력 등 친환경 재생에너지로 사용하겠다고 공표하는 글로벌 캠페인이다. RE100에 가입하지 않은 기업의 제품을 사용하지 않겠다는 국제사회의 압력이 우려되어 우리나라 대기업들도 가입하고 있으나, 재생에너지 전기 생산에 불리한 우리나라 여건상 쉽지 않은 목표이므로 기업들의 고민이 큰 상황이다.

**   탄소국경조정제도(Carbon Border Adjustment Mechanism, CBAM)는 EU로 수입되는 제품의 탄소 배출량에 대해, 수입자에게 EU 탄소배출권거래제와 연계된 탄소 가격을 부과하는 제도다. 이 제도는 탄소 배출이 탄소 배출량 감축 규제가 강한 국가에서 상대적으로 규제가 덜한 국가로 이전되는 탄소 유출 문제를 해결하고자 EU가 도입한 무역관세의 일종이다.

5장

천연가스로 재편되는
에너지 패권 판도

러시아의 영광을 되살린 천연가스와 석유

러시아의 석유·가스산업 재건

1991년 1월 하나의 독립 국가로 첫 출발을 한 러시아에 초대 대통령으로 보리스 옐친이 취임한다. 옐친 대통령은 러시아의 미래를 위해서는 사회주의 체제에서 벗어나야 한다고 여기고 민영화를 강력히 추진했는데, 여기에는 석유산업도 포함되어 있었다. 루코일·수르구트·유코스·시브네프트·TNK·시단코 등이 민간 석유회사로서 체계를 갖춰나갔으며, 국영기업으로는 로스네프트와 가스프롬이 여전히 남아 있었다.

러시아가 석유산업의 민영화를 추진하자, 러시아에 엄청난 석유와 천연가스 자원의 잠재력이 있다는 사실을 아는 서방 석유회사들이 본격적으로 진출하기 시작했다. 코노코가 루코일의 지분을 취득해 러시아의 여러 프로젝트에 참여했으며, BP는 TNK와 합작회사 TNK-BP를 설립하고 서시베리아 사모틀로르 유전을 보유한 시단코를 인수했다. 엑손모빌은 국영기업인 로스네프트와 함께 사할린-1 프로젝트에 참여해 개발에 성공하고, 셸과 일본 파트너들은 가스프롬과 함께 사할린-2 프로젝트에서 LNG를 개발하는 데 성공해, 여기서 생산한 LNG를 아시아 시장은 물론이고 유럽까지 수출한다.

에너지의 중요성을 진작부터 인식한 푸틴

러시아의 권력을 쥐고 장기 집권까지 성공한 블라디미르 푸틴은 소비에트연방 시절 KGB 간부로 근무하면서 국제 정세와 경제에 대해 폭넓은 안목을 지니게 되었으며, 국제 무대에서 에너지가 얼마나 중요한지 진작부터 인식하고 있었다. 푸틴은 냉전이 종식되던 시기에 고향인 상트페테르부르크에 와서 부시장으로 잠시 근무하다가 광산연구소에서 박사과정을 이수했다. 그는 이때 발표한 논문에서 "러시아의 석유와 가스 자본은 러시아를 세계경제에 편입시키고 세계경제 강국으로 만들어줄 가장 중요한 자원이다"라고 언급했다. 이처럼 일찍이, 누구보다 석유와 천연가스의 중요성을 잘 알았던 그는 석유 자본을 적절히 활용해 세력을 키우기 시작했다.

푸틴은 유코스 회장을 지내면서 자신에게 대적했던 호도르코프스키를 탈세 혐의로 수용소에 보내고, 유코스 지분을 국영석유회사인 로스네프트가 인수하게 함으로써 러시아 정부가 러시아에서 가장 큰 석유업체의 대주주가 되게 했다. 푸틴은 국제 에너지 시장에서 더욱 영향력을 발휘하기 위해 과감히 에너지사업들을 추진했다. 여러 난관을 극복해 가면서 사할린 프로젝트와 북극해 프로젝트를 추진했으며, 미국의 견제에도 독일과 노르트스트림 건설을 강행했다.

에너지 강자로 부활해 전쟁까지 일으키다

1970년대부터 서서히 늘어가던 세계 천연가스 수요가 소비에트연방이 해체된 1990년대 이후 점점 더 증가했다. 이에 따라 석유는 물론이고 천연가스까지 러시아가 유럽으로 수출하는 물량이 많아졌다. 게다가 2000년대 들어 석유 가격과 함께 천연가스 가격이 급등했다. 1990년대에 1배럴당 20달러 대에 머물렀던 브렌트 유가가 2008년 100달러에 근접했으며, 백만 BTU당* 1달러 대에 머물던 NBP** 천연가스 가격이 2008년 10달러 대로 급등했다(자료 5-1 참조).[2]

이 시기에 러시아는 많은 부를 축적했다. 그리고 이는 푸틴이 장기 집권하는 데 큰 도움을 준 것은 물론 러시아가 세계의 새로운 강자로 부상하는 데 결정적인 힘이 되었다. 자국의 풍부한 에너지로 자신감을 얻게 된 러시아는 2022년 우크라이나 전쟁을 일으키는 모험을 감행했고, 국제적인 제재에도 여전히 건재함을 과시하고 있다.

유럽으로 가는 육상 가스관

20세기 후반 들어 LNG 공급이 증가하긴 했지만, 유럽 국가들은 중동이나 아프리카에서 오는 LNG보다는 러시아산 천연가스에 더 의존했다. LNG의 경우 가스전에서 생산되는 천연가스를 액화해서 LNG로 만든 후 장거리를 이동해 유럽으로 오게 되므로 러시아에서 가스관을 통해 들어오는 천연가스에 비해 가격이 높을 수밖에 없었기 때문이다.

---

*   BTU(British thermal unit)는 영국과 미국에서 열에너지 값으로 사용하는 단위로서, 1BTU는 물 1파운드를 화씨 1도 올리는 데 필요한 에너지다. 천연가스 가격은 주로 백만 BTU당 가격으로 표시한다.

**   NBP(Natural Balancing Point)는 영국의 천연가스 가상 거래소를 의미한다. NBP 가스 가격이 네덜란드의 TTF(Title Transfer Facility)와 함께 유럽의 가스 가격을 나타내는 지표로 사용되고 있다.

그림 5-1. 유럽의 주요 가스관

출처: CBC News

소비에트연방으로 하나의 국가로 있을 당시 러시아는 우크라이나를 지나가는 브라더후드와 소유즈 가스관을 건설해 유럽으로 천연가스를 수출했다. 2005년 말 기준으로 서유럽으로 수출되는 러시아산 천연가스의 80퍼센트는 우크라이나를 거쳐 갔다. 그러나 우크라이나를 지나는 가스관에 지나치게 의존한다고 생각한 러시아는 그 이후 야말반도와 유럽을 연결하는 야말-유럽 가스관과 흑해를 거쳐 튀르키예 북부로 가는 블루스트림 가스관을 건설했다. 한편, 동유럽 국가들과 오스트리아로 가스를 공급하는 사우스스트림 가스관 건설을 추진했으나, 2013년 11월 벌어진 유로마이단 사태*와 2014년 2월 러시아의 크림반도 합병으로 유럽에서 제재가 가해져 건설 계획을 철회하고, 대신에 흑해 해저를 지나 튀르키예와 유럽으로 가는 튀르크스트림 가스관을 건설해 2022년부터 가동을 시작했다.

독일로 향하는 노르트스트림 해저 가스관

유럽으로 가는 가스관 중 가장 큰 이슈가 된 것은 노르트스트림Nord Stream 가스관이다. 탈원전 정책을 채택한 독일로서는 러시아로부터 천연가스를 안정적으로 공급받는 것이 무척 중요한 과제였다. 독일은 러시아의 영향력이 커질 것을 우려한 미국과 동유럽의 집요한 반대에도, 발트해 해저를 통해 러시아와 직접 연결되는 100억 달러 규모의 노르트스트림-1 가스관 건설을 강행했고, 2011년부

---

* 유로마이단은 우크라이나에서 우크라이나와 유럽연합과의 통합을 지지하는 시민들의 요구로 시작된 대규모 시민혁명이다.

그림 5-2. 노르트스트림 가스관

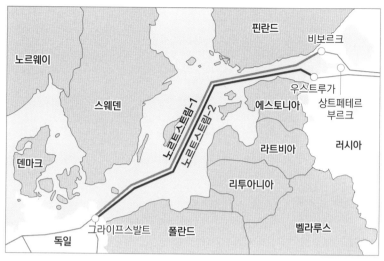

출처: 알자지라

터 가동을 시작했다. 노르트스트림-1의 수송 용량은 연간 550억 세제곱미터인데, 러시아가 우크라이나 가스관 의존도를 줄이기 위해 그 전에 건설한 세 개의 가스관, 즉 야말-유럽, 블루스트림, 튀르크스트림보다 더 큰 규모다.

또한 독일과 러시아는 같은 규모의 두 번째 해저 가스관 노르트스트림-2를 2018년부터 만들기로 하고 건설에 착수했다. 그러나 노르트스트림-2는 2022년 완공했음에도 우크라이나 전쟁으로 인해 아직 개통하지 못하고 있다.

서방의 제재와 천연가스·석유 수출

노르트스트림-1 가스관을 폐쇄했지만 유럽의 러시아산 천연가스 수입이 줄지 않은 것은 노르트스트림-1 외 유럽으로 들어오는 다른 가스관과 항구를 통해 LNG로 EU에 들어오는 러시아산 천연가스 수입에 대해서는 서방에서 제재를 가하지 않았기 때문이다. 러시아에 대한 제재로 러시아산 석유 수입을 금지하고 있지만, 천연가스의 경우 직접적인 제재를 가하지 않고 있다. 유럽 국가들이 러시아로부터 수입하는 천연가스를 전량 다른 공급원으로 대체하기는 사실상 어려운 실정이다. 천연가스가 부족할 경우 유럽 국가들의 경제에 막대한 타격이 오는 현실을 무시할 수 없기 때문이다.

2023년 1월부터 7월까지 EU의 러시아산 천연가스 수입액은 52억 9000만 유로로 2022년 동 기간 대비 40퍼센트 증가한 것으로 나타났다.[3] 2022년 9월에 러시아 제재의 하나로 러시아산 가스 도입 가격에 상한제를 두는 방안이 논의되었지만, 일부 국가들이 러시아산 천연가스가 완전히 끊길 것을 우려해 반대함으로써 합의가 불발됐다. 2022년 12월 EU의 제재가 가해진 이후 2024년 3월까지 러시아 파이프라인 가스 수출의 38퍼센트를 EU가 수입했으며, LNG 수출의 49퍼센트를 EU가 수입했다.[4] 2024년 6월에는 EU 회원국들이 러시아에서 수입한 LNG를 다른 나라로 재수출하는 것을 금지하는 데 합의했다. 겨울철에는 북극해 항로를 이용하기가 어렵기 때문에 유럽 항구로 LNG를 실어 온 뒤 환적을 통해 중국, 일본 등 동아시아로 수출할 것을 겨냥한 조치다. 가스 시장 전문가들은 유럽이

러시아산 LNG의 직접적인 구매자이므로, 이번 조치가 러시아에 큰 영향을 미치지는 않으리라 예상한다.[5]

　석유의 경우, 서방에서 수출을 제재하는데도 러시아가 건재할 수 있는 것은 유럽으로 갈 물량이 중국과 인도로 갔기 때문이다. 전쟁 전에는 유럽으로 향하던 석유가 러시아 석유 수출의 40~45퍼센트를 차지했으나, 2023년 말에는 4~5퍼센트로 떨어졌다. 그런데 러시아 석유에 대한 서방의 제재를 성공적으로 회피해 중국과 인도로 우회 수출한 물량이 대폭 늘어나 전체 러시아 석유 수출의 90퍼센트에 달하게 되었다.[6] 중국과 인도로서는 국제 유가보다 저렴한 가격으로 살 수 있는 러시아산 석유를 마다할 이유가 없었다. 미국을 비롯한 서방 국가들이 러시아 석유 수출에 제재를 가하고 있지만, 정작 러시아는 거의 피해를 보지 않고 유럽 국가들만 석유 수입선을 대체하느라 분주할 따름이다.

극동으로 가는 송유관과 가스관

　러시아는 동시베리아 지역에서 생산하는 석유와 천연가스는 아시아 시장에 수출하는 것이 유리하다고 판단해 동쪽으로 가는 장거리 송유관과 가스관을 건설하기로 결정했다. 첫 번째 사업으로 시작한 동시베리아-태평양 송유관은 동시베리아 이르쿠츠크주 타이셰트에서 스코보로디노를 거쳐 태평양 연안 나홋카 인근에 있는 코즈미노까지 가는 총 4800킬로미터 길이의 송유관이고 2012년 완공했다(2장 그림 2-3 참조).[7] 이 송유관과 함께 스코보로디노에서 중국 다칭으로 가는 1000킬로미터에 이르는 중국 지선 송유관도 건설해 2010년부터 중국으로 석유를 수출하고 있다.

러시아는 또한 동시베리아에서 생산하는 엄청난 양의 천연가스를 극동으로 수출하고자 오랫동안 노력해 왔다. 2014년 크림반도 합병에 이은 돈바스 전쟁으로 서방과의 관계가 악화되자 중국과 우호적인 관계를 형성하고 양국 간의 에너지 협력을 추진했다. 푸틴과 시진핑이 여러 차례 정상회담을 할 때마다 에너지사업 협력을 중요 의제 중 하나로 다뤘다. 양국은 동시베리아 야쿠츠크에서 중국으로 가는 '시베리아의 힘' 가스관을 건설하기로 합의하고 2014년 공사를 시작해 2019년부터 가스관을 가동하고 있다. 총길이 3968킬로미

그림 5-3. 시베리아의 힘 가스관

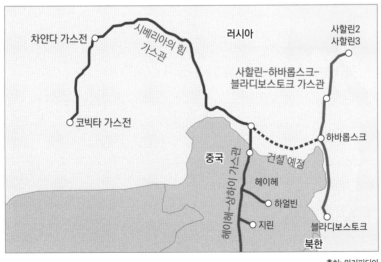

출처: 위키피디아

터에 직경이 56인치인 이 가스관은 연간 610억 세제곱미터의 천연 가스를 공급할 수 있는 용량으로, 헤이헤-상하이 가스관을 통해 상하이까지 천연가스를 공급하고 있다. 시베리아의 힘 가스관을 통해 2022년을 기준으로 연간 150억 세제곱미터가 중국으로 수출되었으며, 2023년에는 수출 물량이 220억 세제곱미터로 늘어날 예정이다.[8] 러시아는 시베리아의 힘 가스관을 동부 해안에 있는 사할린-하바롭스크-블라디보스토크 가스관과도 연결할 계획이다.

주인이 바뀐 사할린 프로젝트

사할린 프로젝트는 러시아 사할린주에서 진행되는 유전과 가스전 개발 프로젝트다. 광구는 사할린섬과 인근 해상에 1~8구역으로 나뉘어 있으며, 그중 사할린-1 프로젝트와 사할린-2 프로젝트는 개발이 완료되어 현재 생산 중이다. 사할린-1 프로젝트는 1996년에 엑손모빌을 비롯한 일본, 인도의 회사가 참여했다. 2007년에 석유 일일 25만 배럴과 천연가스 일일 1억 4000세제곱피트의 생산량에 도달하였으나, 우크라이나 전쟁 이후 2022년에 엑손모빌은 철수한 상태다. 엑손모빌 철수 이후 생산량이 급감하긴 했지만 러시아 회사 로스네프트가 사업을 인수해 현재는 이전 생산량을 회복했다고 알려져 있다.[9] 사할린-1 프로젝트에서 석유 생산을 위해 시추한 생산정生産井의 길이는 대부분 11킬로미터 이상이며, 무려 15킬로미터에 달하는 세계에서 가장 긴 생산정도 있다.[10]

1992년 미국의 마라톤과 맥더모트, 일본의 미쓰비시가 광권을 취득한 후 1994년 셸이 사할린-2 프로젝트에 추가로 참여했다. 초기에 사업을 시작한 마라톤과 맥더모트는 1997년과 2000년 각각 철수했고, 2003년 LNG 사업을 추진하기로 한 뒤 러시아 가스프롬이 사업에 참여했다. 사할린-2 프로젝트에서는 1999년부터 석유를 생산했으며 2009년부터 LNG 생산을 시작했다. 우크라이나 전쟁 발발 이후에는 셸이 철수하고 현재는 러시아 회사 가스프롬이 운영 중인데, 사할린-2 프로젝트에서 LNG를 수입하는 일본의 회사 미쓰이와 미쓰비시는 여전히 사업에 참여하고 있다. 사할린주 정부에 따르면 중국을 비롯한 아시아 시장 구매자들과의 장기 계약과 현물시장에서의 판매 증가로 우크라이나 전쟁 이전에 비해 매출이 두 배로 뛰었다고 한다. 석유 생산도 당초 예상보다 증가해 현재 일일 39만 5000배럴에 달한다.[11]

사할린-3 프로젝트는 사할린 해상의 광구 네 개를 개발하는 프로젝트다. 네 개의 광구 중 베니스키 유전이 있는 2광구에 로스네프트와 중국의 사이노펙이 참여 중이며, 나머지 세 개의 광구는 가스프롬이 2009년 광권을 취득해 운영 중이다. 가스프롬이 보유한 4광구의 키린스코에서 가스전 개발이 진행 중으로 2025년부터 생산이 시작될 예정이다.[12]

우크라이나 전쟁으로 인한 러시아 제재를 이유로 푸틴 대통령이 사할린-1과 사할린-2의 국유화를 주장하면서 보복 조치에 나섰으나, 일본 회사들은 러시아 정부와의 교섭을 통해 권리를 유지하고 있다. 일본에서 가장 가까운 지역에 있는 유전과 가스전에 참여하고 있는 일본으로서는 사할린 프로젝트가 에너지 안보 차원에서도 포기할 수 없는 사업이기 때문이다.

북극해 LNG와 북극 항로 개척

러시아 북부 북극권 야말반도 북동부에 있는 유즈노-타베이스코에서 1974년 최초로 가스전을 발견한 이래 연이어 막대한 양의 천연가스가 발견되었다. 그러나 엄청난 양의 가스전이 발견되었음에도 야말반도 북부의 얼어붙은 땅 아래 매장되어 있는 천연가스는 운송 문제 때문에 개발할 수 없다고 여겨졌다. 러시아 정부는 야말반도 북부에 LNG 시설을 건설하기로 하고 투자자를 모집했다. 엑슨모빌·코노코필립스·셸 등 여러 외국 회사가 사업 제안서를 제출했지만, 러시아 가스회사인 노바테크가 2010년 최종 사업자로 선정되었다. 노바테크는 그 후 프랑스의 토탈과 중국의 CNPC를 파트너로 영입해 극지방의 혹독한 기후 조건을 극복하고 시설을 완공했으며 2017년부터 LNG를 생산하기 시작했다.[13]

야말 LNG는 연간 550만 톤의 액화 천연가스를 생산하는 LNG 트레인을 세 대 갖추고 있어 총량 1650만 톤을 생산할 수 있다. 야말 LNG는 북극해의 빙하를 뚫고 LNG를 수송하기 위해 쇄빙 LNG 선박 열다섯 대를 운행한다. 2018년 8월 야말 LNG는 북극해 항로를 뚫고 북극 연안을 따라 중국으로 가는 첫 가스선을 출항시켰다. 야말 LNG 생산이 시작되고 때마침 지구온난화로 북극해에서 많은 양의 빙하가 사라지자, 러시아는 북극해 항로를 적극적으로 개척하기 시작했다. 러시아로서는 LNG 수출뿐만 아니라 유럽과 아시아를 중계하는 새로운 북극해 항로가 열리게 되어 일석이조의 효과를 얻은 셈이다. 유럽 국가들은 우크라이나 전쟁에도 북극 LNG를 수입하고 있어 2022년 12월부터 2023년 10월까지 러시아 LNG 수출의 절반인 83억 유로어치에 해당하는 LNG가 유럽으로 판매되었다.[14] 북극 LNG가 에너지 강국 러시아에 새로운 날개를 달아준 셈이다.[15]

북극해의 두 번째 LNG 프로젝트는 북극해 LNG-2 프로젝트로서 야말반도 동쪽에 있는 기다반도 부근 바다에 부유식 플랫폼에 LNG 트레인 세 대를 설치해 연간 1980만 톤의 LNG를 생산할 계획이다. 북극해 LNG-2에는 러시아의 노바테크, 프랑스의 토탈, 중국의 CNPC, 일본 북극해 LNG 컨소시엄이 참여하고 있다.[16] 러시아 정부의 발표에 따르면, 미국의 제재에도 개발이 순조롭게 진행되어 2024년 1사분기에 생산을 시작할 것이라고 하지만,[17] 최근 미국의 제재로 LNG 관련 기술과 장비 등이 서방 국가들의 제재 품목에 들어가면서 사업이 위기를 겪고 있다는 말도 있어 앞으로의 사업 추진 여부가 주목된다.[18]

미국을 에너지 강국으로 부활시킨 셰일혁명

셰일혁명이란 무엇인가?

석유나 천연가스는 유기물질이 많이 든 진흙이 굳어 형성된 셰일에서 생성되었다가 모래로 만들어진 사암으로 이동해 모인다. 셰일에도 석유나 천연가스가 많이 들어 있지만, 암석 입자 사이의 공간이 워낙 좁아 유체가 빠져나올 수 없는 탓에 쉽게 생산할 수 없었다. 그러던 차에 1998년 미국의 조지 미첼George Mitchell이 텍사스 북부 지역에 있는 바넷셰일 지층에서 수압파쇄hydraulic fracturing로 셰일층을 깨 천연가스를 생산하는 데 성공함으로써 석유·가스 생산에 일대 전기를 마련했다. 수압파쇄법이란 강한 압력으로 물을 분출해 암석을 깨뜨려서 석유나 천연가스가 빠져나오게 하는 기술이다. 이전에 이루어지던 전통적 방식의 생산에서도 단단한 암석에서 천연가스나 석유를 생산하려고 할 때 사용했던 방법이다. 미첼은 이 수압파쇄 기술을 응용해 셰일층에 모래와 화학물질을 섞은 다량의 물을 강한 압력으로 분출해서 천연가스를 생산하도록 한 것이다. 이후 미국에서 지층을 따라 시추하는 수평시추 기술을 선도하는 데본에너지가 수평시추horizontal drilling와 수압파쇄 기술을 결합함으로써 셰일층에서 더욱 효과적으로 많은 양의 천연가스를 생산할 수 있게 되었다.[19]

수압파쇄 기술의 성공이 성공하면서 바넷셰일뿐만 아니라 이글포드·바켄셰일 등 텍사스주의 셰일층이 있는 여러 곳에서 천연가스를 생산하기 시작했다. 또한 뉴멕시코·오클라호마·루이지애나 등 미국 남부는 물론이고 미국 북동부 뉴욕주의 셰일층에서까지도 이 기술을 적용해 천연가스를 생산하기 시작했다. 수압파쇄 기술은 날이 갈수록 발전해 기체인 천연가스뿐만 아니라 액체 상태라 셰일이나

단단한 사암으로부터 생산하기 어려웠던 석유도 생산할 수 있게 되었다. 세계 석유 개발 역사상 그 유례를 찾아볼 수 없는 획기적인 셰일혁명이 일어난 것이다. 전통적 방식에 의한 생산이 한계에 부딪쳐 줄어들고 있던 미국의 석유와 천연가스 생산량이 셰일혁명을 계기로 2000년대 중반부터 급격히 증가하기 시작했다.

다시 세계 최대 에너지 강국으로 등극하다

1970년부터 미국은 석유 생산량이 줄어들기 시작했다. 미국 메이저 석유회사들이 세계 곳곳에 진출해 수많은 유전을 발견했지만, 석유 생산의 획기적인 국면은 바로 미국 내에서 일어났다. 셰일혁명으로 천연가스 생산이 2006년부터 대폭 증가하기 시작했으며, 석유 생산은 그보다 조금 뒤인 2009년부터 증가하기 시작했다(자료 2-1 참조). 오바마 대통령은 2010년 신년사에서 "우리에게는 100년 동안 사용할 셰일가스가 있다"라고 언급했다. 최대 소비국이자 수입국으로 전락했던 미국이 셰일혁명으로 화려하게 부활했음을 알린 것이다. 1970년 이후 석유 생산량이 감소하던 미국이 셰일오일 생산으로 사우디아라비아를 제치고 세계 최대의 석유 생산국이 되었다. 2022년 말 기준으로 미국은 일일생산량이 2038만 배럴에 달해 2위인 사우디아라비아의 일일생산량 1213만 배럴을 훨씬 뛰어넘었다.[20] 석유 소비의 지속적인 증가로 석유 수입을 늘려왔던 미국이 이제는 셰일에서 나온 석유를 수출까지 하고 있는 상황이다.

천연가스 연간 생산량 또한 2022년 기준 1조 294억 세제곱미터로 세계 1위다. 셰일혁명 이전에 미국은 천연가스 생산에 비해 소비가 훨씬 많아 캐나다로부터 가스관을 통해 천연가스를 수입하고 LNG 수입 또한 계속해서 늘리고 있었다. 미국은 늘어나는 LNG 수요를 충당하기 위해 LNG를 수입하려고 텍사스 남부 프리포트 항구에 대규모 LNG 인수기지 건설을 추진 중이었다. 그런데 셰일혁명으로 인해 천연가스 생산량이 급증하게 되어 애당초 수입용 LNG 인수기지로 사용하려던 이 지역을 LNG 수출 터미널로 전환했다. 그리고 2016년부터는 LNG를 수출하는 반전의 상황까지 벌어진 것이다. LNG를 수입하던 미국은 LNG 생산 설비를 대폭 늘려 수출에 나서더니, 2023년에는 마침내 카타르를 제치고 세계 최대의 LNG 수출국으로 등극했다.[21]

　미국은 오랫동안 세계 최강 국가로서 정치·외교·경제 분야에서 전 세계를 호령해 왔다. 그러나 자국 내 석유 생산이 감소하면서 안정된 석유 공급이 국가의 중요한 과제가 되어, 한동안 중동의 평화 유지에 외교 역량을 집중해야만 했다. 게다가 2000년대 초반에는 유례없는 경기 침체와 산업 정체로 인해 여러 산업 분야에서 다른 선진국들에게 추월당하며 미국 제국이 몰락하고 있다는 얘기까지 나오곤 했다. 그러던 미국이 수압파쇄 기술을 적용해 기존에 생산할 수 없었던 셰일층에서 엄청나게 많은 천연가스와 석유를 생산함으로써 에너지 강국으로 세계시장에 다시 등장했다. 에너지 분야뿐만 아니라, 저가의 풍부한 석유와 천연가스를 바탕으로 다른 산업들도 활기를 띠게 되어 미국은 다시 전성기를 맞은 것은 물론 세계

무대에서 최강국의 위치에 우뚝 서게 되었다.

오래가지 않을 셰일혁명의 효력

그런데 2000년대 들어 셰일혁명으로 에너지 최강국으로 거듭난 미국의 기세가 그리 오래 가지는 않을 것 같다. 미국의 정부 기관으로서 미국을 비롯한 전 세계 에너지에 관한 정보를 제공하는 미국 에너지정보청은 각 에너지 분야에 관해 사례별로 다양하게 전망하고 있다. 미국 에너지정보청 '기준 사례'*의 석유와 천연가스 장기 공급 전망에 따르면 2010년대 가파르게 증가하던 미국의 석유 생산량이 2022년 이후에는 거의 정체 상태를 보인다.[22] 천연가스 생산량은 2022년 이후에도 여전히 증가하나 2010년대에 비해 훨씬 증가 폭이 둔화하고 있으며, 2040년 이후에는 정체 상태를 보인다(자료 5-2 참조).[23] 일반적으로 석유 생산량은 일일생산량으로 표시하며, 천연가스 생산량은 연간 생산량으로 표시한다.

물론 '유가 상승 사례'나 '석유·가스 공급 증가 사례'에서는 석유와 천연가스 생산량이 상당 폭 늘어난다고 하지만, 실현 가능성이 가장 큰 '기준 사례' 전망으로는 미국의 향후 석유와 천연가스 생산량이 크게 늘지 않는다.

OPEC은 미국 에너지정보청보다 미국의 석유 생산을 더 비관적

---

* 　기준 사례(Reference case)란 현재의 에너지 경향과 연관성, 현존하는 법과 제도, 경제성장과 기술 발전을 고려한 전망으로 현재의 여러 가지 상황을 충분히 반영한 가장 보편타당한 경우의 전망이다.

으로 전망하고 있다. 미국 석유 생산이 2028년까지는 계속 증가해 일일 2260만 배럴을 생산할 것으로 예상하지만, 그 이후에 쭉 하락세를 보여 2045년에는 2022년 생산량인 2038만 배럴보다 적은 일일 1830만 배럴로 줄어들 것으로 본다.[24] 셰일오일 생산이 가장 많이 줄어들며, 전통적 방식으로 생산하는 알래스카와 멕시코만 지역의 석유 생산량도 줄어든다. 비전통 방식으로 생산하는 천연가스액unconventional NGL*을 제외하고는 모든 석유 종류가 감소한다. 오바마 대통령이 100년을 장담했던 셰일혁명으로 석유와 천연가스 생산이 급격히 늘어난 지 불과 십수 년이 지났을 뿐인데 100년은커녕 채 50년도 되지 않아 생산량이 정체 또는 감소할 것으로 전망되는 것이다.

러시아 가스에 의존한 독일의 탈원전

독일은 왜 탈원전 정책을 유지하는가?

우크라이나 전쟁으로 인해 에너지 위기를 겪었음에도 독일은 2023년 4월부로 원자력발전소 가동을 멈췄다. 독일이 탈원전을 추

---

* 천연가스액(natural gas liquid, NGL)은 지하에서 기체 상태로 있던 천연가스가 지표로 올라와 생산되는 과정 또는 가스 처리 공정에서 액체 상태의 석유로 바뀐 것을 말한다. NGL 중 생산하는 과정에서 액체로 바뀐 것을 콘덴세이트(condensate)라고 하며, 가스 처리 공정에서 액체로 바뀐 것을 천연가스공정액(natural gas plant liquid, NGPL)이라고 한다.

진한 가장 큰 이유는 핵에너지의 위험이다. 1986년 당시 소비에트연방에 속했던 지금의 우크라이나 동북부 체르노빌 원자력발전소에서 핵물질이 노출되는 대형 참사가 벌어졌다. 사망자만 9000명 정도로 추정된다. 이 사고로 서유럽 국가 중 체르노빌에 가장 가까운 독일이 받은 충격은 무척 컸을 것이다. 메르켈 정부 들어 현실적인 문제로 한때 탈원전 정책을 폐기하기로 했으나, 또다시 2011년 후쿠시마 원전 사고가 발생하자 독일은 방사선 노출 위협으로부터 안전하지 못한 원전을 완전히 폐쇄하는 것으로 결론을 내렸다.

　한편 독일은 전력 생산량이 자체 수요를 초과해 전력을 인근 유럽 국가에 수출하기도 했다.[25] 2000년대 초반부터 재생에너지발전을 확대해 나가고 있어 전력량이 많이 늘어났기 때문이다. 독일 정부로서는 탈석탄과 탈원전을 동시에 추진해도 국가 전력 수급에 문제가 없으리라는 나름의 자신감이 있어 탈원전을 적극적으로 추진했다.

　무엇보다도 메르켈 정부가 탈원전을 결정하게 된 데는 에너지 공급에 대한 믿음이 있었다. 러시아로부터 가스관을 통해 천연가스를 공급받던 독일은 더 안정적으로 가스를 공급받기 위해 발트해 해저를 가로지르는 노르트스트림-1을 건설해 2011년부터 가동 중이었다. 안정적인 러시아산 천연가스를 활용한 가스발전과 늘어나는 재생에너지발전으로 자국 내 전력 공급은 충분히 해결할 수 있다고 여긴 것이다. 독일이 노르트스트림 가스관 건설을 협의하기 시작하자, 미국을 비롯한 동유럽 국가들은 에너지를 무기로 한 러시아의 영향력이 커질 것을 심각하게 우려했다. 이들이 독일에 경고했음에도 메르켈 총리가 노르트스트림-1은 물론이고 노르트스트림-2 가스관 건설까지 강력히 추진했다. 결국 러시아의 에너지 무기화에 대한 미국과 주변 국가들의 우려가 우크라이나 전쟁을 계기로 현실로 드러났다.

노르트스트림을 둘러싼 갈등의 역사

2011년 11월, 독일의 휴양지 루브민에 독일 총리 메르켈, 당시 러시아 대통령이었던 메드베데프, 전임 독일 총리이자 노르트스트림의 CEO인 슈뢰더가 한자리에 모였다. 러시아 상트페테르부르크 북서쪽 항구도시 비보르크에서 출발해 발트해 해저를 거쳐 독일 그라이프스발트 인근 항구 루브민까지 이르는 1230킬로미터 길이의 노르트스트림 가스관을 통과한 러시아산 천연가스가 처음으로 독일로 들어오는 날을 기념하기 위해서였다(그림 5-2 참조). 2011년 당시에는 러시아산 천연가스의 80퍼센트가 우크라이나를 지나서 왔으므로, 러시아와 우크라이나 사이에 갈등이 있을 때마다 러시아는 물론 독일을 비롯한 유럽도 우려할 수밖에 없었다. 그러한 우려 속에서 이 가스관의 완공으로 러시아산 천연가스의 우크라이나 의존도가 많이 줄어들게 되었다.

그러나 미국으로서는 러시아가 에너지를 언제라도 무기화할 수 있는 상황에서 노르트스트림 가스관 건설을 반길 수만은 없었다. 미국은 1950년대 말과 1960년대 초반 소비에트연방 석유의 유럽 수출량이 급증하자 크게 우려했다. 당시 《뉴욕타임스》에 "소비에트연방의 석유, 서방 측을 분열시키다"라는 제목의 기사가 나올 정도였다. 미국은 서독이 소비에트연방에 대형 송유관을 판매하려던 계획을 무산시킴으로써 송유관 건설을 지연시켰다. 그러나 결국은 소비에트연방이 자체적으로 대형 송유관을 제작 및 설치하는 기술을 개발하자 송유관 건설 자체를 막을 수 없게 되었다. 1980년대 초 레이건 행정부 시절에 미국과 소비에트연방 사이에서 에너지를 둘러싼 갈등이 다시 불거졌다. 서유럽 기업들이 정부의 지원을 받아 시베리아 서부로부터 천연가스를 수입하기 위한 가스관을 건설하려고 대규모 거래를 준비 중이었다. 당시 치열한 냉전 상황에서 미국으로서는 소비에트연방이 유럽으로 천연가스를 수출해 얻은 수익으로 군사력을 늘리는 것을 보고만 있을 수 없었다. 독일을 비롯한 다른 국가들이 미국의 뜻을 따를 의지를 보이지 않자, 미국은 가스관 건설에 필요한 기술 및 정보가 유럽 밖으로 수출되는 것을 막아버렸다. 하지만 우여곡절 끝에 가스관 건설은 진행되었고 미국은 이러한 조치들이 오히려 소비에트연방이 자체적으로 장비나 기술적 역량을 발전시키는 계기를 마련한 것이 아니냐는 비판을 받기도 했다.[26]

레이건 정부 시절 가스관 문제로 독일을 비롯한 유럽이 미국과 갈등을 겪은 지 20년이 지나 노르트스트림 가스관 건설과 관련해 이전과 똑같은 갈등을 겪게 된다. 소비에트연방은 해체되었지만, 미국은 여전히 러시아를 적대국으로 여기는 상황이라 나토 우방인 유럽 국가들이 러시아의 에너지에 지나치게 의존하는 것을 우려했다.

그러나 유럽 국가들, 그중에서도 특히 독일은 유럽이 일방적으로 러시아에 의존하는 것이 아니라 러시아 역시 유럽으로 수출함으로써 얻을 수 있는 수익 문제로 유럽에 의존할 수밖에 없다고 주장하면서 사업 추진 의사를 굽히지 않았다. 게다가 독일로서는 가스관 건설에 따른 투자 수익, 장비와 인력 공급 등 여러 가지 점에서 유리한 면이 많았다. 결국은 미국의 우려에도 가스관 건설을 진행해 2011년 11월에 첫 가스 송출 기념행사를 하게 된 것이다. 노르트스트림-1 가스관을 통해 수송할 수 있는 천연가스의 양은 연간 550억 세제곱미터에 달했는데 이는 독일의 한 해 가스 사용량의 절반 정도에 해당했다.[27]

노르트스트림-1 완공 이후 독일과 러시아는 노르트스트림-1과 나란한 경로로 지나가는 노르트스트림-2를 건설하기로 했다. 건설 공사는 2018년 시작되어 2021년 완공되었고 독일 정부와 EU의 최종 승인을 기다리는 상태였다. 그러나 우크라이나를 둘러싸고 서방과 러시아 간의 군사적 긴장이 고조되자 노르트스트림-2가 러시아 제재의 핵심으로 부상하게 되었다. 2022년 2월 7일, 조 바이든 미국 대통령과 메르켈의 후임 올라프 숄츠 총리가 정상회담을 한 후 바이든 대통령은 러시아가 우크라이나를 침공하면 노르트스트림-2 사업이 백지화될 것이라고 공언했다.[28] 그 후 얼마 지나지 않아 러시아가 우크라이나를 침공했다. 독일은 결국 사업 승인을 하지 않았고, 스위스에 본사를 둔 노르트스트림-2 주관사는 파산 절차에 들어갔다. 2022년 2월 러시아가 우크라이나를 침공한 이후 노르트스트림-1 가스관 역시 전쟁의 여파로 가동이 중단 되었다. 러시아와 유럽 국가들이 200억 달러 이상을 투자해 건설한 두 개의 노르트스트림 가스관이 현재는 무용지물로 전락했다.

독일은 에너지 위기를 극복할 수 있을까?

러시아로부터 천연가스를 충분히 공급받을 수 있다고 생각했던 독일은 LNG 수입은 전혀 고려하지 않고 있었다. 그러나 노르트스트림-1을 통한 천연가스 공급이 중단되고 노르트스트림-2는 시작조차 못 하게 되자 LNG를 수입하기로 결정했다. 독일 정부는 LNG 수입을 위한 제반 설비 준비에 서둘러 나서서, 단기적으로는 부유식 터미널을 대여해 사용하고 장기적으로는 육상에 LNG 터미널을 건설하려고 한다.[29] 천연가스 가격이 어느 정도 안정세를 보이고 LNG 도입을 위한 준비도 진행 중이니 가스 공급 자체에는 큰 차질이 생기지 않으리라 생각된다. 그러나 노르트스트림-1과 노르트스트림-2 가스관을 거쳐 러시아로부터 대량의 천연가스를 수입하려고 했던 독일로서는 타격이 만만치 않다. LNG 가스는 가스관을 통해 들여오는 천연가스에 비해 액화 공정, LNG 선박을 통한 수송, 저장 및 기화 공정을 거쳐야 하므로 가스 가격이 파이프라인 가스에 비해 높을 수밖에 없다. 독일로서는 우크라이나 전쟁이 조속히 끝나고 두 개의 가스관을 통해 다시 러시아로부터 안정적으로 천연가스를 공급받기만을 절실히 바라는 상황이다.

독일이 적극적으로 추진하는 재생에너지발전의 단가는 예전에 비해 많이 내려갔다. 하지만 재생에너지발전 비용이 원전보다 저렴할 수는 없다. 2023년 12월 기준 독일의 전기요금은 메가와트시MWh당 402유로로 유럽에서 가장 높으며, 이웃 프랑스에 비해서도 70퍼센트가량 높은 수준이다.[30] 높은 전기요금에다 독일 정부가 지원하던 전기차에 대한 보조금마저 줄어들어, 독일이 전기차 산업은 물론 산업 전반에서 경쟁력이 약해지지 않았냐는 우려가 제기되고 있다.[31]

탈원전 정책을 추진하는 독일은 기후변화 대응에 발맞추기 위해 2020년 7월 석탄발전을 2038년까지 폐쇄하기로 한 탈석탄법을 통과시켰으나, 천연가스 부족으로 인한 전력 부족 사태를 우려해 여전히 석탄발전을 대폭 줄이지는 못하고 있다. 기후변화 대응 못지않게 중요한 것이 바로 에너지 안보이기 때문이다. 게다가, 2024년 12월에 스웨덴 정부가 독일에게 탈원전 정책 기조를 바꾸지 않으면 스웨덴의 전기를 수출하지 않겠다는 엄포를 놓기도 해서 독일은 그야말로 사면초가에 놓이게 되었다.[32] 탈원전과 탈석탄을 동시에 추진할 수 있다는 자신감은 러시아로부터 안정적으로 가스가 공급되는 상황을 전제로 한 것이었다. 그런데 지금처럼 러시아로부터의 천연가스 공급이 원활하지 못한 상황이 계속된다면, 과연 독일이 탈석탄을 이룰 수 있을지 의문이다. 독일의 탈석탄 성공 여부는 러시아의 가스 공급 재개가 가장 중요한 변수로 작용할 것이다.

우크라이나 전쟁과 유럽 가스관

2022년 2월 13일 러시아가 우크라이나를 침공하면서 시작된 우크라이나 전쟁이 끝날 기미를 보이지 않고 장기화되고 있다. 푸틴 대통령은 우크라이나 침공 이유가 러시아계 주민들을 우크라이나 내에서의 괴롭힘과 집단 학살로부터 보호하고, 우크라이나의 비무장화, 비나치화를 추진하고자 함이라고 말했다. 그러나 그의 변명과 달리 이 전쟁은 우크라이나가 친서방 정책을 이어가며 나토 가입을 추진하는 것을 오랫동안 반대해 온 러시아가 우크라이나를 무력으로 제압하기 위해 일으킨 것이었다.[33]

오랜 갈등 관계에 놓여 있는 우크라이나와 러시아

한때 소비에트연방에서 러시아 다음으로 강력한 공화국이었던 우크라이나는 러시아와 오랜 애증 관계를 맺고 있다. 러시아와 우크라이나는 모두 자신들의 민족적 근간이 9세기부터 13세기에 걸쳐 오늘날의 우크라이나·벨라루스·러시아 서부를 지배했던 키이우 루스 공국이라고 생각한다. 따라서 두 나라는 조상이 같은 동일 민족이다. 그러다가 13세기 초 몽골 원정군이 세운 킵차크한국의 침략으로 키이우 루스 공국이 분리되었다가, 16세기 들어 북쪽의 러시아가 모스크바 대공국으로 세력을 확장하면서 우크라이나를 정복해 하나의 나라로 다시 합친다. 비록 하나의 나라가 되었지만, 우크라이나인들은 러시아인들부터 차별당하고 2등 국민 취급을 받으면서 오랫동안 갈등을 겪어왔다.

특히 소비에트연방의 스탈린 치하에서 우크라이나 대기근이 발생하면서 러시아인들과 우크라이나인들 사이에서 치명적인 갈등이 발생했고, 제2차 세계대전 때는 스탈린의 차별에 불만을 품은 우크라이나인들이 나치 편을 들기도 했다. 이렇듯 러시아와의 오랜 갈등으로 인해 우크라이나는 소비에트연방이 분리될 때 발트 3국과 더불어 소비에트연방으로부터의 독립을 가장 적극적으로 추진했다.[34]

1991년 소비에트연방이 해체된 이후에 과거 소비에트연방의 영향권에 있던 폴란드·체코·헝가리 등 동유럽 공산권 국가들은 물론 소비에트연방에 속했던 발트 3국까지 나토에 가입하는 상황에서 러시아로서는 어떻게든 우크라이나를 러시아의 영향권 아래에 묶어두고 싶었을 것이다. 2010년부터 우크라이나 대통령이던 빅토르 야누코비치는 대표적인 친러시아 정치인이었다. 그런데 2013년 친러 정책에 반대하는 대규모 시위인 유로마이단이 일어나 야누코비치 대통령이 축출되고 우크라이나는 내전 상태와 같은 위기에 처했다. 이에, 러시아는 친러시아계 주민이 많이 사는 크림반도에서 주민 투표를 추진해 우크라이나로부터의 분리 독립을 결정하게 한 후 2014년 3월에 크림 공화국을 러시아로 합병해 버렸다.

러시아가 크림반도를 합병하는데도 우크라이나가 적극적으로 대처하지 못하는 것을 본 러시아는 2014년 4월 친러시아 우크라이나 반군을 통해 우크라이나와 전쟁을 일으키는데 이를 돈바스 전쟁이라고 한다. 전통적인 농업 강국이던 우크라이나의 남동부에 위치한 돈바스는 석탄이 풍부한 지역으로 스탈린 시절에 공업화를 통해 크게 발전해 우크라이나 공업화의 상징이나 마찬가지였다. 소비에트연방 시절 러시아인이 이 지역으로 대거 이주해 러시아계 혹은 친러시아 우크라이나인 비중이 다른 지역에 비해 높다. 돈바스 전쟁은 그 후 8년간 이어졌는데 2022년 2월 결국 러시아가 우크라이나를 전격적으로 침공함으로써 러시아와 우크라이나 간의 전면전으로 확대된 것이다.

친러시아 정치인이던 야누코비치 대통령이 물러난 후 취임한 포로셴코 대통령은 친서방 정책을 강력히 추진했다. 그는 EU와 나토 가입을 국가적 목표로 명시화하는 개헌을 추진했고 2019년 2월 우크라이나 의회의 승인까지 받았다. 2019년 대통령 선거에서는 희극 배우 출신 젤렌스키가 반부패를 기치로 내세워 포로셴코 대통령을 물리치고 대통령에 당선되었다. 젤렌스키는 대선 운동 기간에 러시아와 우크라이나 간의 장기적인 분쟁을 종식하겠다고 공언했다. 그런데 당선되고 나서는 나토 가입을 추진하겠다고 밝히며 친서방 정책을 계속 펼치자, 러시아가 2022년 2월 우크라이나 여러 지역에 공격을 가하면서 결국 전면전에 돌입하게 된 것이다.

노르트스트림으로 인한 러시아의 자신감

하나의 국가였던 소비에트연방은 우크라이나를 지나 유럽으로 가는 브라더후드와 소유즈 가스관을 건설했다. 2005년 말 기준으로 이 가스관을 통해 서유럽으로 수출하는 천연가스의 80퍼센트가 우크라이나를 지나고 있었다. 그런데 소비에트연방 해체 이후 우크라이나가 가스관의 소유권이 자국에 있다고 주장하면서 분쟁이 일어났다. 우크라이나의 소유권 주장에 더해, 러시아는 과거 연방 시절 책정한 가격 정책탓에 우크라이나에 시장 가격 3분의 1에 해당하는 저렴한 가격으로 천연가스를 판매하는 데 불만을 품고 있었다. 양측의 첨예한 이익 다툼으로 러시아와 우크라이나는 가스관을 둘러싸고 일어나는 갈등을 피할 수가 없었다. 가스관을 둘러싼 협상 결렬과 우크라이나의 가스 대금 체납 등으로 인해 2006년과 2009년 두 차례에 걸쳐 러시아에서 우크라이나를 거쳐 유럽으로 가는 천연가스 공급이 제대로 이루어지지 않아 유럽 국가들의 공장이 가동을 멈추는 사태가 발생하기도 했다.[35]

2011년에 노르트스트림-1을 가동하기 시작하고 2022년 당시 노르트스트림-2 완공을 눈앞에 두게 된 러시아로서는 가스관 문제로 더 이상 우크라이나의 눈치를 볼 필요가 없어졌다. 노르트스트림을 통해 천연가스를 공식적으로 처음 내보내던 날, 푸틴은 "노르트스트림은 우크라이나가 가스관에 관한 독점적 지위를 이용해 이익을 취하려는 시도를 끝장낼 것이다"라고 말했다.[36] 노르트스트림 가스관 건설이 바로 러시아가 우크라이나 침공을 감행한 결정적인 이유 중의 하나였다.

비록 2019년 대비 2022년에 공급 물량이 28퍼센트 줄었지만, 여전히 러시아의 천연가스는 우크라이나를 지나는 가스관을 통해 유럽으로 공급되고 있다. 우크라이나 정부는 2024년 말 만료되는 러시아와의 '가스 통과 거래Gas Transit Deal'를 더 이상 연장하지 않겠다고 2024년 6월 발표했다. 이에 따라 그동안 우크라이나를 경유해 천연가스를 공급받던 유럽 여러 국가는 대체 공급원을 분주히 찾아야만 하는 상황이 되었다. 러시아는 연간 45억 달러에 달하는 우크라이나 경유 가스관을 통한 재정 수입 감소를 대체하고자, 시베리아의 힘 가스관을 통한 중국으로의 가스 공급과 LNG 수출을 늘리려 노력하고 있다.[37]

천연가스도 풍부한 중동

LNG 생산 대국 카타르

아라비아반도 남동부 작은 반도에 있는 카타르는 삼면이 페르시아만에 접해 있으며 면적은 우리나라의 경기도만 한 작은 국가다. 카타르는 국토 대부분이 사막으로 이루어져 있어 어업 외에는 산업이 거의 없는 중동의 조그만 나라였으나, 초대형 가스전이 하나 발견되면서 나라의 운명이 엄청나게 뒤바뀌게 되었다.

1971년 셸이 카타르 북부 페르시아만 해상에서 초대형 가스전을 발견했다. 카타르와 이란 해역에 걸쳐 있는 이 가스전은 세계 최대 규모이자 가채매장량이 무려 36조 세제곱미터로 피트 단위로 환산하면 1260조 세제곱피트에 해당한다. 가스전이 차지하는 총면적은 9700제곱킬로미터이며 이 중 6000제곱킬로미터는 카타르 해역

그림 5-4. 노스돔/사우스파 가스전

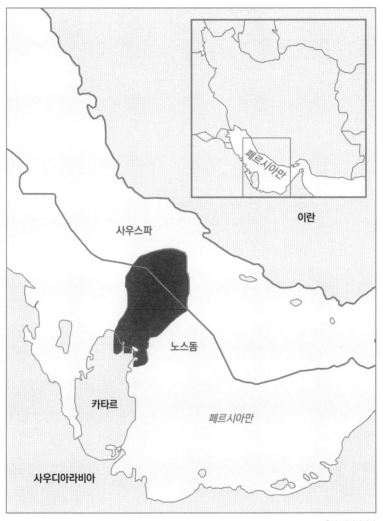

출처: 위키피디아

에 있고 3700제곱킬로미터는 이란 해역에 있다.[38] 카타르 해역에 속하는 가스전을 노스돔North Dome이라고 하며 노스돔 가스전의 매장량이 이란 해역에 속하는 사우스파South Pas 가스전의 거의 두 배에 달한다.

카타르는 1991년부터 노스돔 가스전에서 천연가스를 생산하기 시작했고, 생산량을 꾸준히 늘려오다가 세계적인 LNG 시장 확대 추세에 발맞춰 1997년부터는 LNG를 생산해 수출하고 있다.[39] 노스돔 가스전의 LNG 생산이 빠른 속도로 늘면서 2006년에 인도네시아를 제치고 세계 최대의 LNG 수출국으로 우뚝 섰다. 최근에는 미국과 호주가 LNG 수출 강국으로 급부상해 지금은 미국, 호주와 함께 LNG 3대 수출국이지만, 풍부한 천연가스 매장량을 보유하고 있는 카타르가 조만간 다시 LNG 수출국 1위를 탈환할 것으로 보인다.

2022년 말 기준으로 카타르의 천연가스 연간 생산량은 1694억 세제곱미터로 세계 6위이며 확인매장량은 23조 8570억 세제곱미터로 러시아, 이란에 이어 세계 3위에 해당한다. 이 가스전에서는 천연가스뿐만 아니라 초경질 석유에 해당하는 콘덴세이트도 상당량 생산되고 있다. 가스전의 규모가 워낙 방대하다 보니 노스돔 가스전에서 생산되는 콘덴세이트는 일일생산량이 무려 175만 배럴로 웬만한 중급 규모의 산유국보다 더 많다.

불과 30년 전만 하더라도 아라비아반도 귀퉁이 돌투성이 모래 언덕에 있는 국가로서 국제사회에서 존재감이 거의 없던 카타르는 해상에서 발견된 단 하나의 가스전으로 인해 경제대국으로 성장했다. 국제사회에서 목소리를 높일 뿐만 아니라 2022년에는 카타르 월드컵까지 유치했다. 인구 300만이 채 되지 않는 조그만 나라가 월드컵을 유치하면서 넓은 축구장 여러 개에 냉방시설까지 설치하는 것을 본 세계인들은 다시 한번 천연가스의 막강한 힘을 느꼈을 것이다. 카타르는 친서방 국가이며 수니파가 다수지만, 사우디아라비아와는 다른 노선을 추구하면서 이란과 교류하고 이슬람 근본주의 선교 단체도 지원하고 있다. 비록 소국이지만 자원 부국으로서 국제적 존재감을 키워나가고 있는 것이다. 중동 산유국의 파워를 가장 적나라하게 과시하는 국가가 아닐 수 없다.

세계 최대 가스전을 공유한 이란

이란은 석유와 함께 천연가스도 많이 생산하는 국가다. 1990년 이란 국영석유회사가 이란 해역에서 사우스파 가스전을 발견했는데, 나중에 평가해 본 결과 이는 카타르 해역의 노스돔과 연결된 가스전으로 세계에서 가장 규모가 큰 가스전이었다. 이란은 사우스파 가스전을 필두로 여러 가스전에서 천연가스를 생산하고 있어 천연가스 생산량이 2022년 2608억 세제곱미터로 세계 3위며 확인매장량은 2021년 말 기준 33조 9600억 세제곱미터로 러시아에 이어 세계 2위다.

이란은 1990년대 중반 이후 천연가스 생산을 빠른 속도로 늘리고 있다. 또한 사우스파 가스전에서 생산되는 천연가스를 활용한 LNG 사업을 오래전부터 추진해 왔으나 서방의 제재로 2024년 말에도 생산 설비를 완공하지 못했다. 이란이 여러 난관을 극복하고 생산 설비를 완공해 LNG 수출을 시작하게 된다면 조만간 세계 LNG 시장의 중요 공급원으로 등장하리라 예상된다.

천연가스도 많이 생산하는 사우디와 UAE

사우디아라비아와 아랍에미리트 또한 석유뿐만 아니라 천연가스도 많이 생산하고 있다. 이들 산유국은 유전과 함께 가스전을 상당히 많이 보유하고 있으며, 석유가 나오는 유전에서도 많은 양의 수반가스*를 생산하고 있다. 2022년을 기준으로 사우디는 1219억 세제곱미터의 천연가스를 생산하는 세계 8위의 생산국이며, 아랍에미리트는 547억 세제곱미터를 생산하는 세계 12위의 생산국이다. 아랍에미리트는 이미 LNG를 수출하고 있으며, LNG 설비를 계속해서 확장해 나가고 있다.[40] 사우디는 아직 LNG를 수출하고 있지 않지만, 최근 상업성이 불확실한 수소 대신에 LNG 수출을 추진하겠다고 밝힌 바 있다.[41]

---

* 수반가스(associated gas)는 유전에서 원유를 생산하는 동안 원유층 상부 가스층에 있거나 원유에 녹아 있던 천연가스가 원유와 같이 생산되는 것이다.

카타르 LNG 운반선

카타르는 미국, 호주와 함께 LNG 3대 수출국이다.

불과 30년 전만 하더라도 돌투성이 모래 언덕에 있는 국가였던
카타르는 해상에서 발견된 단 하나의 가스전으로 인해
경제대국으로 성장했다.

3부

탄소 전쟁

2023년 두바이에서 열린 유엔기후변화협약 당사국 총회에서는 '화석연료의 퇴출'이라는 문구를 넣느냐 마느냐 하는 문제로 논란을 빚었다. 산업화 이후 인류가 내뿜는 이산화탄소로 지구가 몸살을 앓고 있기 때문이다. 기후 위기 시대를 맞아 유럽에서 시작된 탄소 감축 움직임이 전 세계로 확산되고 있으며, 재생에너지 활용이 대폭 늘어나고 있다. 한편으로는 원자력의 중요성이 강조되기도 하며, 수소와 바이오에너지가 미래의 주요 에너지 자원이 되리라는 예측도 있다.

지구온난화의 주요 원인인 화석에너지 사용을 대폭 줄여야 하는데, 인류 문명 발전에 획기적으로 기여한 화석에너지 사용이 과연 줄어들 것이며, 미래에는 저탄소 에너지가 화석에너지를 대체하게 될 것인가? 탄소 전쟁 시대에 에너지 패권은 누가 쥘 것인가?

6장

기후 위기에 대응하기 위한
미래 에너지

인류를 위협하는 기후변화

지구온난화로 매년 뜨거운 여름이 계속되고 있다. 극지방과 고산 지대의 빙하가 빠른 속도로 녹고 있으며, 우리나라와 같은 온대 지방의 기온이 아열대 지방처럼 올라가고 있는 등 지구촌 전반에 기후변화가 일어나는 것이 피부로 느껴진다. 온난화 현상뿐 아니라, 지구촌 곳곳에서 그동안 경험해 보지 못한 여러 기상이변이 일어나고 있다. 집중호우와 폭설이 빈번하게 발생하고, 기온 상승으로 지구 대기가 건조해져 세계 곳곳에 대형 산불이 끊임없이 발생하고 있다. 심지어 이상 한파조차도 지구온난화로 인해 지구 대기 시스템이 불안정해져 일어나는 현상이라는 연구 결과가 있다. 지구온난화가 자연현상의 일환일 뿐 인간에 의해 야기된 게 아니라고 주장하는 이들도 있으나, 이제는 지구온난화가 인간이 만들어낸 온실가스에 의해 일어난다는 것을 많은 사람이 인정한다.

'기후변화에 관한 정부 협의체'가 2021년 발표한 제6차 평가보고서는 지구의 기온 상승이 자연현상에 의한 영향이 아니라 인간 활동에 의한 것임을 뚜렷이 보여주고 있다. IPCC가 2018년에 발간한 보고서에서는 산업화 이전에 비해 기온이 섭씨 1.5도 상승하는

   기후변화에 관한 정부 협의체(Intergovernmental Panel on Climate Change, IPCC)는 세계기상기구와 유엔환경계획이 주축이 되어 1988년 출범한 범세계적인 기구다. IPCC는 1990년부터 기후변화가 지구 환경과 생태계에 미치는 영향을 과학적으로 분석한 보고서를 발간하고 있다.

시점을 2052년으로 예측했다. 그런데 2021년 발간된 제6차 보고서에서는 지구온난화가 예상보다 더 빠르게 진행되어, 기온 상승 도달 시점이 2052년보다 12년이나 빠른 2040년으로 당겨졌다고 경고하고 있다.[1]

세계 이산화탄소 배출 현황

2023년 세계 온실가스 배출량은 이산화탄소 환산 기준으로 538억 톤이다. 2000년의 408억 톤 대비 무려 32퍼센트 증가한 양이다. 온실가스에는 이산화탄소·메탄가스·아산화질소 등이 있는데 그중 화석연료와 산업체에서 발생하는 이산화탄소 배출량이 378억 톤으로 가장 많아 전체 온실가스의 70퍼센트를 차지한다.[2] 지구온난화의 주범인 이산화탄소를 줄여서 탄소라고 하는데, 이때의 탄소는 원소 C를 의미하는 것이 아니라 이산화탄소CO_2를 줄여서 부르는 것이다.

제2차 세계대전이 끝나고 본격적으로 산업화가 시작된 1950년부터 이산화탄소 배출이 매우 빠른 속도로 증가하고 있다(자료 6-1 참조). 2023년 세계 이산화탄소 배출량 378억 톤 중 중국이 119억 톤으로 배출량이 가장 많으며, 다음으로 미국이 49억 톤, 인도가 31억 톤, 중국과 인도를 제외한 아시아가 76억 톤을 배출한다. 유럽은 배출량이 줄어들고 있고 미국은 정체 상태를 보이며 남미와 아프리카는 배출량이 많지 않을 뿐 아니라 거의 증가하지도 않고 있다.[3] 유독 아시아 지역의 이산화탄소 배출량이 많으며 그 증가 속도도 매우 빠르다. 산업화가 가장 활발히 진행되기 때문이다.

기후변화에 대응하기 위한 세계의 노력

지구온난화의 위험은 1970년대부터 거론되었고 그로부터 20년 뒤 기후변화에 전 세계가 공동으로 대응하고자 하는 움직임이 시작되었다. 1992년 6월에 브라질 리우데자네이루에서 열린 '환경 및 개발에 관한 유엔 회의'에는 세계 185개국 정부 대표단과 118개국 정상이 참석했다. 이 회의에서 채택한 '유엔기후변화협약'은 각국 정부가 온실가스에 관한 정보를 수집하고 공유하며, 온실가스 감축 정책을 담은 국가보고서를 제출하기로 한다는 내용을 담고 있다.

유엔기후변화협약이 발효된 뒤로 1995년부터 매해 당사국 총회Conference of Parties, COP가 열리고 있다. 1997년 일본 교토에서 열린 COP3에서 교토의정서가 채택되었으며, 2015년 파리에서 열린 COP21에서 파리협정이 채택되었다. 파리협정에는 지구온난화로 인한 기온 상승을 산업화 이전 대비 섭씨 1.5도로 제한하도록 노력하고, 이를 위해 모든 국가가 온실가스에 대한 국가감축목표Nationally Determined Contributions, NDC를 정해서 이를 실천하자는 내용을 담고 있다. 미국을 포함한 세계 대부분의 나라가 파리협정을 비준하였으나, 기후변화 대응에 대해 대단히 부정적인 견해를 밝혀왔던 도널드 트럼프가 2017년 11월 미국 대통령에 당선된 후 파리협정 탈퇴를 일방적으로 선언했고, 그 후 2020년 11월에 공식적인 절차를 거쳐 파리협정을 탈퇴해 버렸다. 2021년 바이든 대통령이 취임하면서 재가입했지만, 2024년 미국 대통령 선거에 트럼프가 당선되었으니 아마도 다시 탈퇴할 것으로 보인다.

우리나라는 박근혜 대통령 때인 2016년 파리협정을 비준했고 2021년 문재인 대통령은 애초에 2018년 대비 2030년까지 26.3퍼센트 감축하기로 한 국가감축목표를 40퍼센트로 상향 조정하겠다고 발표했다. 2022년 취임한 윤석열 대통령은 탈원전 등 에너지 정책에 대해 문재인 정부와 대척점에 있음에도, 이전 정부가 제시한 국가감축목표를 유지하겠다고 밝혔다.

재생에너지의 확대와 한계

급격히 늘어나는 풍력과 태양광

이처럼 기후변화에 대응하고자 하는 세계적인 흐름에 동참하려는 각국 정부의 노력으로 전 세계적으로 재생에너지 산업이 빠른 속도로 발전하고 사용량 또한 증가하고 있다. 풍력의 경우 전기믹스에서 2000년에 0.2퍼센트에 불과했는데 2023년 7.8퍼센트로 늘어났고, 태양광은 2000년에 0.1퍼센트도 되지 않았으나 각국 정부의 재생에너지 지원 정책에 힘입어 5.5퍼센트로 늘어났다(자료 6-2 참조). 세계에서 풍력발전의 비율이 가장 높은 지역은 북해의 강한 바람을 이용할 수 있는 북해 연안의 유럽 국가들이다. 또한 태양광발전이 가장 활발한 곳은 일조량이 풍부한 지중해 연안의 유럽 국가들이며, 국토가 넓은 호주·브라질·미국 같은 나라에서도 태양광발전이 많이 이루어지고 있다. 한편 풍력과 태양광을 가장 많이 확대한 나라는 중국이다. 세계 최대의 이산화탄소 배출국인 중국이 넓은 국토에 풍력발전과 태양광발전을 대폭 확대해, 이제는 세계에서 풍력발전과 태양광발전을 통해 전력을 가장 많이 생산하는 국가가 되었다.

재생에너지 중 가장 큰 비중을 차지하는 수력은 2000년 17퍼센트에서 2023년 14퍼센트로 줄었다. 수력발전량 자체는 2000년 대비 2023년에 60퍼센트 늘어났으나, 전체 전력 생산량이 2000년 대비 2023년에 두 배 가까이 대폭 늘어났으므로, 전력 생산에서 차지하는 비율은 오히려 줄어들게 된 것이다.[4] 수력발전량이 꾸준히 늘어나고는 있지만, 수력발전은 산악 지형이 있는 나라에서만 가능하므로 세계적으로 대폭 확대되기는 어렵다. 재생에너지 중 하나인 바이오에너지도 상당히 증가하긴 했으나, 바이오에너지가 친환경이냐 아니냐에 대한 논란이 있으며 바이오에너지의 특성상 대폭 늘어나기는 쉽지 않아 보인다. 현실적으로 봤을 때 재생에너지 중 그동안 가장 많이 증가했고, 앞으로도 계속 확대해야 하는 재생에너지는 풍력과 태양광이다.

풍력과 태양광의 제약성

풍력과 태양광을 최대한 확대하기 위해서는 먼저 풍력과 태양광에 어떠한 한계가 있는지 정확히 이해해야 한다. 그래야만 이에 대한 대책을 제대로 세울 수 있기 때문이다. 풍력과 태양광은 지리적, 기후적 여건이 좋은 국가에서만 저렴하게 전력을 생산할 수 있다. 넓은 땅이 필요하고, 바람과 일조량 등 기후 조건이 좋아야 유리하다. 기술이 계속 발전해 전력 생산 단가가 많이 낮아졌음에도, 풍력과 태양광은 여전히 자연 여건이 좋은 일부 국가를 제외하고는 정부의 전력 요금 지원이 있어야만 경쟁력을 지닌다. 재생에너지 단가가 내려가서 충분히 경쟁력이 있다고 주장하는 이들도 있는데, 경쟁력이 있으면 기업들이 앞다투어 사업을 확대해 나갈 것이다. 실제로 재생에너지는 정부의 지원 없이는 경쟁력을 갖추기 힘들기 때문에 기업들이 투자를 망설인다. 정부 지원 정책이 지속적으로 이루어질지 확신할 수 없기에 안심하고 투자할 수 없는 것이다.

또한 풍력과 태양광은 전기를 연속적으로 생산하지 못하는 간헐성과 필요할 때 전력을 생산할 수 없는 경직성이라는 문제를 안고 있다. 풍력이나 태양광으로 생산하는 전기를 에너지저장장치energy storage system, ESS에 저장해서 필요할 때 쓸 수도 있지만, ESS는 단가가 높아 발전 비용보다 ESS 비용이 오히려 더 많이 드는 실정이다. 따라서 풍력과 태양광으로 생산하는 전기를 국가 전력계통electric power system에 연결하고, 전력계통을 통해 국가가 공급하는 전기를 연속적으로 공급받아야 한다. 그런데 출력 시간이 한정되어 있는 풍력과 태양광으로 한꺼번에 많은 전기를 생산하면 전력계통에 부하가 걸리므로, 풍력이나 태양광의 발전량을 무턱대고 늘릴 수는 없다. 전력계통의 수용 능력에 따라 풍력과 태양광발전량의 한계가 있기 때문이다. 유럽은 국가 간에 전력계통이 서로 연결되어 있고, 국가별로 서로 다양한 전력 에너지원을 지니고 있어 전력계통의 안정을 유지하는 데 큰 어려움이 없으나, 우리나라와 같이 단일 국가 전력계통을 가지고 있는 국가에서는 풍력과 태양광을 확대하는 데 근본적인 제약이 있다.

풍력과 태양광이 지닌 또 하나의 제약은 송전선로가 있어야만 전기송출이 가능한 에너지라는 것이다. 풍력이나 태양광으로 아무리 많은 전기를 생산하더라도, 유럽이나 북미와 같이 송전선로로 전력계통이 서로 연결되어 있지 않으면 전기를 송출할 수 없으므로 국가 간의 거래가 불가능하다.

원자력은 확대될 것인가?

논란의 대상 원자력

우리가 자연에서 얻어 사용하는 다섯 가지 1차 에너지 중에서 가장 논란의 대상이 되는 것은 바로 원자력이다. 원자력발전에 대해서는 국가마다 정책이 다르며, 한 국가 내에서도 정권이 바뀔 때마다 원전에 대한 정책이 바뀌는 경우가 빈번히 발생한다. 원자력은 다른 에너지에 비해 발전 단가가 저렴하며(물론 이에 대한 반대 의견이 없지는 않지만), 이산화탄소 배출이 거의 없어 친환경 에너지라고 할 수 있다. 그러나 체르노빌과 후쿠시마 원전 사고에서 보듯이 방사능 물질 누출 위험에서 벗어날 수 없다는 문제를 안고 있기도 하다. 특히 후쿠시마 원전 사고 이후, 원자력발전소를 폐쇄하는 국가가 늘었다. 그러나 한편으로 에너지 안보를 원전의 위험성보다 더 중요시하는 국가는 원전을 계속 가동하거나 새롭게 건설하기도 한다.

세계적으로 볼 때 원자력발전량은 2010년 대비 2023년에 거의 변화를 보이지 않는다. 2010년에 2726테라와트시였던 발전량이 2023년 2686테라와트시로 1.5퍼센트 소폭 감소했다. 탈원전을 추진하는 국가가 있는 반면에, 중동 국가들과 같이 새롭게 원전을 건설하는 국가도 있어 발전량에 큰 차이가 없는 것이다. 전력 생산에서 원자력이 차지하는 전기믹스 비율은 2010년 13퍼센트에서 2023년 9퍼센트로 발전량 감소보다 더 많이 줄어들었는데, 이는 전체 발전량이 증가했기 때문이다.

원자력발전의 미래는 어떻게 될 것인가?

EU 국가 중 독일과 이탈리아는 여전히 탈원전 정책을 고수하고 있다. 그렇지만 EU 의회는 천연가스와 원자력을 환경친화적인 에너지로 포함하자는 유럽 집행위원회의 제안을 수락했다. 이에 따라, 2022년 7월에 원자력이 EU 분류표taxonomy에 '녹색 투자' 에너지로 포함되었다.[5] 원자력의 안정성에 대한 우려를 내세워 반대하는 여론도 많지만, 기후변화에 당장 대응하기 위해서는 저탄소 에너지인 원자력발전을 확대해야 한다는 주장이 유럽에서 더 받아들여지고 있다. 프랑스는 원자력의 위험성에 아랑곳하지 않고 원자력을 주에너지원으로 삼는 에너지 정책을 고수하고 있다. 원전을 폐쇄하기로 한 일본도 전력난 문제로 다시 원전 재사용으로 선회했다.[6] 이처럼 현재의 추세로 보아 탈원전보다 원전을 확대하려는 나라가 더 많아 보인다. 에너지 소비가 계속 늘고 있는 상황에서 석탄은 이산화탄소 배출의 주범이므로 늘려서는 안 되고, 재생에너지의 확장에는 한계가 있으며, 천연가스 가격은 계속 오를 가능성이 크기 때문이다. 국가의 에너지 수급을 해결하기 위해서 점점 더 원자력발전을 배제하기 어려운 상황이 되어가고 있다.

물론 최근에는 환경문제가 심각한 데다 정책을 결정할 때 여론의 움직임이 많이 반영되다 보니, 국가별로 원전 사업 추진 과정에 차이가 있다. 정부가 강력히 통제권을 행사하는 국가에서는 민원 문제없이 원전 사업을 추진할 수 있지만, 원전 사용에 대한 찬반 여론이 강하게 대립하고 민원의 힘이 강한 나라에서는 원전을 추진하기가 만만치 않다. 기후 위기에 대응하기 위해 저탄소 에너지인 원자력을 확대해야겠지만, 원전 부지에 대한 주민 수용성과 핵폐기물 처리에 대한 염려 등 여러 이슈가 있는 만큼 원자력을 대폭 확대하기는 쉽지 않아 보인다.

저탄소 에너지가 대세가 될 것인가?

에너지믹스 비율이 낮은 저탄소 에너지

화석에너지와 달리 이산화탄소 배출이 거의 없는 저탄소 에너지인 수력·풍력·태양광과 같은 재생에너지와 원자력은 전기만을 생산할 수 있는 에너지다. 그런데 우리가 사용하는 최종 에너지* 중 전기가 차지하는 비율은 20퍼센트에 불과하다. 수송 연료, 석유화학제품의 원료, 도시가스 등 전기 외 형태로 최종 사용되는 에너지가 무려 80퍼센트에 달하는 것이다.

미래는 재생에너지에서 생산하는 전기를 주로 쓰는 '전기의 시대'가 될 거라고 주장하는 이들이 있다. 국제에너지기구[**]가 에너지와 탄소 감축에 대해 제시한 몇 가지 시나리오를 살펴보건대, 그중 '이행가능정책 시나리오'[***]가 그나마 실현 가능성이 있는 시나리오로 보인다. 이행가능정책 시나리오에 따르면 2050년이 되어도 최종 에너지에서 전기가 차지하는 비율은 30퍼센트에 그친다.[7] 물론 국제에너지기구의 다른 시나리오에서는 전기의 비율이 조금 더 높아질 거라 전망하지만, 전망이라기보다는 희망 사항을 반영한 비현실적인 시나리오에 가깝다.[8] 미래에도 인류는 전기가 아닌 다른 형태의 에너지를 훨씬 많이 쓰게 될 것이다.

인류가 생활을 유지하기 위해서는 전기만을 생산할 수 있는 저탄소 에너지인 재생에너지와 원자력 외 여러 가지 다른 에너지를 자연으로부터 얻어야 한다. 2023년 기준으로 세계 1차 에너지에서 차

---

[*]   최종 에너지(final energy)는 산업, 수송, 가정, 서비스 분야 등에서 최종 소비자에 의해 마지막 단계에서 사용되는 에너지로 전기, 자동차 연료, 도시가스, 수소 등이 있다.

[**]   국제에너지기구(International Energy Agency, IEA)는 OECD 회원국들이 OPEC에 대응하기 위해 1974년 설립한 기구로서, 탄소 감축에 대해 매우 적극적인 태도를 보인다.

[***] 이행가능정책 시나리오(Stated Policies Scenario)는 탄소 감축을 위해 각국 정부가 실제로 시행 중인 정책과 친환경 에너지 공약 중 이행 가능한 정책을 반영한 경우의 시나리오이다.

지하는 에너지믹스 비율은 수력 6퍼센트, 풍력 4퍼센트, 태양광 3퍼센트, 기타 재생에너지 2퍼센트로 재생에너지의 합계가 15퍼센트이고 원자력이 4퍼센트다. 원자력과 재생에너지 모두를 포함한 저탄소 에너지가 19퍼센트로 화석에너지가 무려 81퍼센트를 차지한다.[9]

지난 10년간 재생에너지와 원자력을 매우 빠른 속도로 확대한 나라는 중국을 들 수 있다. 중국의 2023년 에너지믹스는 수력 7퍼센트, 풍력 5퍼센트, 태양광 3퍼센트, 기타 재생에너지 1퍼센트로 풍력과 태양광이 1차 에너지에서 차지하는 비율은 8퍼센트다. 세계에서 풍력과 태양광을 가장 빠르게 확대해 현재 세계 풍력발전과 태양광발전 설비용량의 3분의 1 이상을 점유하고 있는 중국의 풍력과 태양광이 1차 에너지에서 차지하는 비율이 겨우 8퍼센트에 불과한 것이다. 재생에너지 전체가 16퍼센트이고 원자력이 2퍼센트이므로, 저탄소 에너지가 차지하는 비율은 세계 평균과 비슷한 18퍼센트다.[10]

전기믹스에서 재생에너지 비율이 2023년 무려 52퍼센트를 차지하는 독일은 1차 에너지에서의 재생에너지 비율이 어떨까? 독일의 에너지믹스는 수력 2퍼센트, 풍력 12퍼센트, 태양광 5퍼센트, 기타 재생에너지 5퍼센트로 재생에너지의 합계가 24퍼센트이며 원자력이 1퍼센트이므로, 화석에너지 비율이 여전히 75퍼센트를 차지한다.[11] 독일이 2023년 52퍼센트인 전력 생산에서의 재생에너지 비율을 2030년까지 80퍼센트로 올리겠다고 하니, 조만간 독일은 화석에너지를 쓰지 않을 거라고 말하는 이들도 있다. 하지만 이는 전기믹스를 에너지믹스로 착각해서 하는 이야기다. 독일의 전기믹스 재생에너지 비율이 80퍼센트가 되어도 에너지믹스에서의 비율은 30~40퍼센트에 불과하며, 이 경우 화석에너지 비율이 여전히 60~70퍼센트에 달한다.

에너지 패권과 무관한 재생에너지와 원자력

재생에너지와 원자력은 전기만을 생산할 수 있는 에너지이므로 우리가 필요로 하는 에너지 중의 일부에 불과할 뿐만 아니라, 앞에서 언급한 바와 같이 재생에너지와 원자력으로 생산하는 전기는 전력계통이 연결되지 않은 다른 나라로 송출할 수 없다. 그러므로 재생에너지와 원자력으로 전력을 대량으로 생산할 수 있는 전력 강국이라 해도 중동 산유국과 같은 에너지 패권을 누릴 수는 없다. 전력계통이 연결되지 않은 한, 아무리 많은 전력을 생산해도 자국 내나 권역 내에서만 소비할 수 있기 때문이다. 따라서 기후변화 시대에 재생에너지와 원자력 확대를 통한 에너지 전환으로 새로운 패권 시대가 열리지는 않을 것이다. 석유·천연가스·석탄과 같이 거래할 수 있는 에너지 자원이 아니므로, 자국 내에서 재생에너지와 원자력 확대를 통한 에너지 다변화에 기여할 수 있을 따름이다.

미래 에너지로서의 수소

대부분 전기에너지로 쓰이는 수소

흔히 사람들은 수소 에너지라고 하면 수소폭탄을 연상하면서 강력한 힘을 지닌 효율적인 에너지일 거라고 오해한다. 그러나 수소는 지나치게 연소가 잘되는 기체라 직접 연료로 사용하기에 적합하지 않은 에너지다. 현재 활용하는 수소 에너지 중 직접 연소해 연료로 활용하는 것은 일부에 그치고, 대부분 수소로 전기를 만들어 쓰고 있다. 수소가 공기 중의 산소와 결합할 때 발생하는 전기에너지를 활용하는 것이다. 수소를 이용해 전기를 만드는 것을 수소연료전지fuel cell라고 한다. 수소 자동차는 수소를 연소할 때 나오는 추진력을 활용하는 것이 아니라, 수소연료전지에서 만드는 전기에너지를 동력으로 이용하는 전기자동차의 일종이다. 수소 발전이란 수소를 태워서 발전하는 것이 아니고 수소연료전지를 여럿 연결해 발전을 하는 것이다.

수소를 직접 연소해 에너지로 활용하기도 한다. 가스터빈 발전에서는 수소와 천연가스를 혼합해 연료로 사용한다. 그러나 기술적·경제적인 한계로 인해 수소 혼소* 발전은 흔하지 않으며, 수소 혼소발전을 하더라도 수소의 비율이 그리 높지 않다. 빠르게 연소하는 수소의 특성으로 인해 발생하는 화염 역화flashback 현상을 제어해야 하며, 연소 과정에서 발생하는 대기오염 물질인 질소산화물NOx 배출 문제를 해결해야 하기 때문이다. 우리나라에서 세계 최초로 50퍼센트 수소 혼소 가스터빈을 개발 중이라고 하는데, 상용화가 되기까지는 아직 시간이 걸릴 것으로 보인다.[12]

---

*   혼소(混燒)는 두 가지 연료를 혼합해 연소한다는 의미다.

수소를 내연기관의 연료로 사용하는 기술도 상용화를 추진 중이다. 2000년대 초 BMW가 수소 동력 자동차를 선보였으며, 2023년 2월에는 페라리가 미국 특허청에 수소 내연기관차를 등록했다.[13] 현대차와 토요타도 수소 내연기관 자동차를 개발 중이다. 하지만 수소는 휘발유나 경유에 비해 에너지 밀도가 낮으므로, 수소 내연기관차는 일반 내연기관차에 비해 더 큰 연료 저장 장치를 확보해야 한다는 단점이 있다. 수소 내연기관차가 상용화되면 내연기관 자동차이면서도 공해물질이 배출되지 않는 신개념의 자동차가 되겠지만, 상용화하고 대중화하기까지는 갈 길이 멀어 보인다.

수소의 종류에는 어떤 것이 있나?

친환경 수소는 물을 전기분해해서 얻을 수 있다. 재생에너지 전기로 생산한 수소를 그린수소라고 하며, 원자력 전기로 생산한 수소를 핑크수소라고 한다. 친환경 수소에는 그린수소와 핑크수소 외에도 블루수소가 있다. 천연가스인 메탄$_{CH_4}$에서 열이나 촉매를 이용해 수소를 추출할 수 있다. 그런데 수소를 추출하는 과정에서 수소 양의 약 열 배에 해당하는 이산화탄소가 발생한다. 이때 발생하는 이산화탄소를 지하 지층에 주입해 제거한 수소를 블루수소라고 하며, 이산화탄소를 제거하지 못한 수소를 그레이수소라고 한다. 갈탄에서 석탄 가스화 공정을 통해 생산하는 수소를 브라운수소라고 하며, 이때 발생하는 이산화탄소를 제거한 수소도 블루수소라고 한다. 그린수소와 핑크수소가 이산화탄소 발생이 없는 무탄소 수소임에 반해, 블루수소는 이산화탄소를 모두 제거하지 못하고 80~90퍼센트만 제거하므로 저탄소 수소로 분류한다. 그리고 인위적으로 생산하는 수소가 아니라, 석유화학 생산과정에서 부수적으로 생산하는 수소를 부생수소라고 한다.

친환경 수소는 얼마나 생산될까?

수소가 친환경 에너지로 주목받고 있지만, 실제로는 현재 사용되고 있는 수소 중 극히 일부만이 친환경 수소다. 2021년 기준으로 전 세계 수소 생산량은 연간 9400만 톤으로 그중 그레이수소가 62퍼센트, 브라운수소가 9퍼센트, 부생수소가 18퍼센트를 차지한다. 생산되는 수소 대부분이 친환경과 거리가 먼 수소이며, 수소 생산 시 방출되는 이산화탄소가 무려 연간 9억 톤에 이른다. 이렇게 생산되는 수소는 탈황, 중질유 개질 등 정유 공정에 사용하거나 암모니아와 메탄올 등을 제조하는 원료로 사용한다. 일부는 수소 자동차 연료나 수소연료전지 발전용으로 쓴다.

2021년 블루수소 생산량은 연간 100만 톤으로 전체 수소 생산량의 0.7퍼센트이며, 그린수소 생산량은 연간 3만 5000톤으로 0.04퍼센트다. 현재 생산되는 친환경 수소는 아주 적은 양에 불과하다. 특히 우리나라에서는 친환경 그린수소나 블루수소는 전혀 생산되지 않고 있으며, 생산되는 수소는 모두 부생수소이거나 그레이수소다. 우리나라에서 운행되는 수소 자동차가 친환경 자동차라고 생각하겠지만, 실제로는 부생수소이거나 생산과정에서 많은 이산화탄소를 배출하는 그레이수소로 운행되는 것이므로 무공해 자동차라고 할 수 없다. 더구나 우리나라에서는 수소 사회로 가는 과도기라고 하면서, 천연가스에서 추출하면서 이산화탄소를 제거하지 않은 그레이수소를 이용하는 수소연료전지발전까지 장려하고 있다. 그레이수소를 이용한 수소연료전지발전은 공정 과정에서 수소의 열 배나 많은 이산화탄소를 배출하며, 경제적으로도 불필요한 비용을 추가로 부담해야 하는 등 매우 비효율적이면서도 환경에 역행하는 발전이다.

그래도 왜 수소인가?

수소가 미래 에너지로 주목받는 이유 중 하나는 전기에 비해 저장이 쉽기 때문이다. 전기는 저장이 어려운 데다, 재생에너지 전기는 전기 생산이 일정하지 않고 필요할 때 생산하지 못한다는 약점을 지니고 있다. 그런데 그린수소나 블루수소를 만들어 저장해 두면 재생에너지의 이러한 단점을 보완해, 필요할 때 언제라도 전기를 생산할 수 있다. 또한 수소 전기자동차는 탱크에 저장된 수소로 계속해서 전기를 만들어내므로, 배터리를 이용하는 전기자동차보다 장거리를 갈 수 있다. 따라서 배터리 용량 문제로 장거리를 갈 수 없는 버스나 대형 트럭의 경우 수소 전기자동차가 더 유리하다. 수소 전기자동차가 늘어나면 탄소 감축은 물론이고 수송 연료로서의 석유 수요 감축에도 이바지할 수 있을 것이다.

무엇보다 수소의 가장 큰 장점은 전기와 달리 송전선로가 없어도 해외로 보낼 수 있다는 점이다. 수소는 친환경 에너지이며 물자 거래가 가능한 에너지 자원이므로, 에너지를 수입해서 사용하는 나라는 그린수소나 블루수소를 저렴하게 생산하는 국가로부터 수소를 도입해 쓸 수 있다. 기후 위기 시대에 수소가 미래 에너지로 각광받는 가장 중요한 이유다. 호주와 같은 나라는 땅이 넓어 풍력과 태양광발전을 하기에 절대적으로 유리해 그린수소를 저렴하게 생산할 수 있다. 또한 유전과 가스전이 많은 호주는 천연가스 추출 시 발생하는 이산화탄소를 주입할 퇴적층이 많으므로 블루수소를 생산할 여력도 충분하다. 최근 수소가 미래 에너지로 부상하자, 호주 정부는 수소 산업 육성에 매우 적극적으로 나서고 있다. 친환경 수소 도입에 관심이 많은 한국과 일본을 대상으로 수소 산업의 밸류체인value chain 구성을 추진해 나가고 있으며, 수소 산업 관련 인프라를 건설하고 실증 규모의 수소 공급 허브를 구축하기로 하는 등 수소 산업 육성을 위해 정부가 적극적으로 지원하고 있다. 그런데 일본의 경우 수소 도입을 매우 적극적으로 추진하고 있지만, 우리나라는 아직 고가의 수소를 적극적으로 도입하려고 나서는 기업이 거의 없어 상용화에 나서지 못하고 연구·개발 단계에만 그치고 있는 실정이다.

수소 산업의 발전을 위한 과제

친환경 수소가 활성화되기 위해서는 현재 대부분 전기에너지로 쓰이는 수소의 용도가 확대되어야 한다. 가스터빈 발전에서의 혼소 비율을 높이고 발전 단가가 더 낮아지도록 기술을 개발해 경쟁력을 갖춰야 한다. 또한 수소 내연기관 자동차가 상용화되어야 수송 분야에서 친환경 수소 사용이 대폭 늘어날 것이다. 수소는 에너지로 쓰는 것 외에 제철 과정에도 활용할 수 있다. 석탄을 사용해 철강을 생산할 때는 많은 양의 이산화탄소가 발생하지만, 석탄 대신 수소를 환원제로 활용하면 친환경적으로 철강을 생산할 수 있다. 수소 환원 제철 공정은 비용이 많이 들어 아직은 거의 활용되고 있지 않지만, 탄소 감축에 대한 국제사회의 압력이 증가하면 제철용 수소 사용이 늘어날 것으로 전망된다.

무엇보다 가장 중요한 과제는 수소 수송의 상용화다. 기체 상태인 수소를 가스관으로 수송하는 데는 별 어려움이 없으나, 선박을 통해 해외로 수송하기 위해서는 변환 과정을 거쳐야 한다. 천연가스는 섭씨 영하 162도에서 액화되는데 수소는 그보다 훨씬 낮은 섭씨 영하 253도에서 액화되므로, 천연가스보다 액화하기가 기술적으로 더욱 어려우며 초저온 상태로 저장해야 되기 때문에 비용이 많이 든다. 수소를 액화하는 기술은 이미 개발되었으나, 선박을 통해 액화수소를 대량으로 수송하는 것은 아직 상용화되지 않았고, 실증화가 진행 중이다. 조만간 액화수소의 초저온 대량 저장이 가능한 수송선박이 상용화되리라 기대해 본다.

수소를 액화하는 대신에 질소와 결합해 암모니아로 액상화하는 것은 이미 상용화되어 있다. 블루수소를 이용해 암모니아로 액상화한 것을 블루암모니아라고 한다. 그런데 블루암모니아에서 다시 수소를 분리하는 것이 기술적으로 쉽지 않고 비용이 많이 들어, 수소를 활용하는 대신에 암모니아를 석탄과 혼소해 석탄발전의 연료로 활용하고 있다. 암모니아에서 수소를 분리하는 기술의 상용화를 서두르고 있으므로 머지않은 장래에 암모니아 형태로 수송한 수소를 본격적으로 활용할 수 있게 될 것이다.

수소를 액화해 저장하는 기술과 암모니아로 액상화한 다음 수소를 분리하는 기술은 아직 상용화되지 않았지만, LOHC˚로 액상화하고 여기에서 수소를 분리하는 기술은 이미 상용화되었다. 암모니아에 비해 LOHC 액상 화합물의 수소 밀도가 낮다는 단점이 있으나, 유럽에서는 이미 LOHC에서 분리한 수소를 활용하고 있다. 또한 최근 독일에서 재생에너지 전기로 LOHC를 만들어 인근 수요처에 공급하는 프로젝트에 대한 투자가 활발히 일어나고 있다.[14]

친환경 수소가 미래 에너지로 활용되기 위해 해결해야 할 과제를 정리해 보자. 우선 수요 측면에서는 전기에너지 외 다른 용도로 쓰이는 수소 활용이 더 늘어나야 수소 수요가 확대될 것이다. 공급 측면에서는 액화수소를 저장해 수송할 대용량 선박의 상용화와 암모니아에서 수소를 분리하는 기술의 상용화가 이루어져야, 친환경 수소 공급 국가로부터 수소 도입이 활발히 이루어질 것이다.

친환경 에너지 중 수소가 유일하게 유통이 가능한 에너지다. 물론 아직은 해결해야 할 과제가 여럿 있지만, 친환경 수소를 효율적으로 생산할 수 있는 나라를 중심으로 수소 생산이 확대될 것이다.

˚   LOHC는 액체 유기물 탄화수소 운반체(liquid organic hydrocarbon carrier)를 의미하며, 수소를 톨루엔과 결합해 MCH(methylcyclohexane)로 액상화한 것이다.

재생에너지를 확대하고 있는 영국이나 독일에서는 재생에너지의 취약점을 보완하는 그린수소를 생산해 활용을 늘려가고 있다. 그린수소나 블루수소를 경쟁력 있게 생산할 수 있는 호주나 중동 산유국서의 수소 생산도 늘어날 것이다. 또한 언젠가 수소 대량 수송 문제가 해결되면, 우리나라나 일본과 같이 에너지가 절대적으로 부족한 국가가 친환경 수소 도입을 서두를 것이다. 탄소 감축에 대한 국제사회의 압력이 높아질수록 친환경 수소 사용은 상당량 늘어날 수밖에 없으며, 친환경 수소 산업이 활성화되면서 수소 밸류체인에 대한 투자 또한 늘어나리라 전망된다. 우리나라도 수소 산업에 계속 관심을 가지고 수소 액화와 액상화, 액화수소 수송 등에 대한 연구와 실증을 통해 기술적 역량을 키워나감과 동시에 수소 밸류체인에 적극적으로 참여해야 한다.

수소 시대는 올 수 있을까?

얼마 전 자동차 회사가 수소 자동차 광고에서 "물에서 얻는 무한한 자원, 수소"라는 카피를 썼다. 우리가 쉽게 구할 수 있는 물에서 수소를 생산할 수 있으므로 수소는 무한한 자원이며, 수소를 인류의 미래 에너지로 활용할 수 있으리라 생각하게끔 하는 광고다. 그러나 친환경 수소를 경쟁력 있게 생산할 수 있는 나라는 제한되어 있고, 수소를 수입해야 하는 나라로서는 수소가 무한한 자원이 아닌, 에너지 중 가장 고가의 에너지일 뿐이다. 화석에너지의 경우 1차 에너지를 한 번 가공해서 전기를 생산하지만, 친환경 수소는 재생에너지로 전기를 만든 다음 그 전기를 이용해 수소를 만들고 그 수소로 다시 전기를 만드는 등 여러 번의 에너지 변환을 거친다. 게다가 천연가스에 비해 액화와 저장이 어려워 아직 상용화되지 않았고, 상용화가 되더라도 초저온을 유지해야 하므로 수송 비용이 많이 들 것이다. 따라서 재생에너지 비용이 저렴한 국가에서 친환경 수소를 생산하더라도, 액화(또는 액상화), 수송, 기화(또는 수소 분리) 등 여러 과정을 거치는 동안 최종 소비자가 부담해야 할 비용이 상당히 늘어날 수밖에 없다.

미래에 친환경 수소가 에너지에서 차지하게 될 비중에 대해서는, 탄소 감축에 대단히 낙관적인 전망을 하는 국제에너지기구조차도 매우 낮은 수요를 전망하고 있다. 국제에너지기구의 이행가능정책 시나리오에서는 2050년 최종 에너지 소비 536엑사줄* 중 수소 소비가 1엑사줄로 0.2퍼센트에 불과하며, 발표공약달성 시나리오**에서는 2050년 최종 에너지 소비 429엑사줄 중 수소 소비가 10엑사줄로 2퍼센트다.[15] 발표공약달성 시나리오가 현실적으로 실현 가능성이 별로 없는 시나리오라는 것을 고려하면, 수소가 2050년이 되어도 에너지 소비의 1퍼센트 이상을 차지할 가능성은 거의 없다고 하겠다.

최근에는 자연수소natural hydrogen가 관심을 받고 있다. 지구 내

---

* 엑사줄(exa-joule)은 대량의 에너지를 표현할 때 쓰는 단위로서 1엑사줄은 10^{18}줄이다.

** 발표공약달성 시나리오(Announced Pledged Scenario)는 전 세계 모든 정부가 발표한 친환경 공약을 기한 내에 완전히 달성하는 경우의 시나리오다.

부 맨틀에 있는 수소가 올라오거나, 마그마에서 정출한 감람석이 물과 반응해 사문석화化하는 과정에서 발생하는 수소가 지하 지층에 저장되어 있는 경우가 간혹 있다. 그런데 인류가 수천 년 동안 쓸 수 있을 만큼 엄청나게 많은 자연수소가 지하에 매장되어 있다고 하는 논문을 2022년 10월 미국지질조사소가 발표했다.[16] 백색수소 또는 골드수소라고도 불리는 자연수소는 2023년 2월 《사이언스》에 소개되면서 전 세계에 알려졌다. 한국에서도 언론 매체나 인터넷을 통해 소개되었다. 빌 게이츠가 9100만 달러를 투자했고, 호주나 미국 등의 몇몇 벤처 회사가 자연수소 탐사를 실제로 진행하고 있다고 한다. 자연수소는 석유·가스가 지하 지층에 저장된 것과 같은 원리로 지층에 저장되어 있다고 하는데, 정작 땅속 지질에 대해 가장 많이 알고 있으며 에너지 확보에 전념하는 석유회사들은 거의 관심이 없다. 수많은 지질 전문가를 보유하고 있는 석유회사가 해상풍력 등 대체 에너지 개발에 투자하면서도 땅속에 수천 년 동안 쓸 수 있는 수소가 저장되어 있다는 데 관심이 없다는 것은 자연수소의 상업적 개발 가능성을 믿지 않는다는 뜻일 터다. 탄소 감축과 대체 에너지에 매우 관심이 많은 국제에너지기구도 '2023년 세계수소보고서'에서 자연수소 개발은 불확실성이 크며 경제적으로 개발하기 어렵게 산발적으로 매장되어 있을 가능성이 크다고 이야기하고 있다.[17]

탄소 감축 에너지로 주목받고 있는 친환경 수소가 2050년이 되어도 최종 에너지 소비의 1퍼센트에 채미치지 못한다는 점을 고려하면, 미래에 수소 시대가 열리거나 수소가 화석에너지를 대체할 미래

에너지의 한 축을 담당하기는 어려워 보인다. 따라서 친환경 수소를 많이 생산하는 국가라 하더라도 에너지 패권 판도를 좌우하는 역할을 할 수는 없을 것이다. 에너지에 관한 베스트셀러를 여러 권 출간한 바 있는 다니엘 예긴은 저서 『뉴맵』에서 새로운 에너지 공급원 중 하나는 전체 에너지 수요의 10퍼센트 이상을 충족할 수 있는 수소라고 주장했다.[18] 그러나 수소의 현주소와 국제에너지기구의 전망을 고려하면, 그가 언급한 10퍼센트는 현실과 동떨어진, 수소의 미래에 대한 막연한 추정값이지 않을까 생각된다.

바이오에너지는 친환경일까?

전통적 생물자원

바이오에너지란 생명체로부터 얻는 모든 종류의 에너지를 총칭하는 말이다. 인류가 지구상에 출현한 이후 가장 많이 활용한 전통적 생물자원traditional biomass은 연료용 장작으로 활용한 나무다. 나무 외에도 한때 조명용으로 많이 활용되었던 고래기름과 같이 동식물에서 채취한 기름이나 동물의 배설물 등도 전통적 생물자원에 해당한다. 동식물로부터 얻는 바이오에너지는 성장하고 번식하는 유기체로부터 나오므로, 모두 재생에너지의 일종이라고 할 수 있다. 전통적 생물자원의 소비량은 정확한 통계가 나와 있지는 않지만, 여전히 전 세계에 걸쳐 난방과 취사용으로 많이 쓰이고 있다.

최신 바이오연료

생명체로부터 얻는 유기물질을 직접 에너지로 활용하는 전통적 생물자원 외에 최근에는 동물이나 식물을 가공해 바이오연료로 활용하는 최신 바이오연료modern biofuel가 많이 쓰이고 있다. 최신 바이오연료 중 고체 바이오연료에는 임업 잔여물forestry residues, 우드칩wood chip, 우드펠렛wood pellet 등이 있다. 우드칩은 폐기된 나무를 연소하기 쉽게 칩 형태로 분쇄한 것이며, 우드펠렛은 톱밥을 건조해 고온·고압으로 압축 가공한 것이다. 액체 바이오연료로는 바이오디젤, 바이오에탄올, 지속가능 항공연료sustainable aviation fuel, SAF가 있다. 바이오디젤은 식물성 기름이나 동물성 지방을 가공해 경유를 대체하는 연료로 쓰기 위해 개발한 바이오연료다. 바이오에탄올은 식물을 발효해 얻는 연료인데 휘발유와 섞어 자동차 연료로 활용한다. SAF는 옥수수, 사탕수수, 폐식용유, 동물성 지방 등 바이오자원을 항공기 연료용으로 가공한 것이다. 마지막으로 기체 바이오연료로는 바이오가스, 바이오메탄 등이 있다.

바이오연료는 확대될 수 있을까?

바이오연료는 재생에너지임이 분명하지만, 친환경이냐 아니냐에 대해서는 논란이 많다. 탄소를 함유한 유기물질을 태우므로 화석에너지 못지않게 이산화탄소를 많이 배출하기 때문이다. 바이오연료가 이산화탄소를 배출하는데도 친환경이라고 주장하는 근거는 바이오에너지로 사용되는 식물이 자라는 동안 광합성 작용을 하면서 이산화탄소를 제거하므로, 연소할 때 나오는 이산화탄소를 상쇄하는 역할을 한다는 것이다. 그러나 광합성 과정에서 식물이 흡수하는 이산화탄소가 연소 과정에 발생하는 이산화탄소를 상쇄할 정도의 양이냐를 두고는 많은 환경론자가 이의를 제기한다.

또한 바이오연료용 식물을 재배하기 위해 산림을 파괴해서 이산화탄소 흡수가 줄어들므로 이산화탄소 순배출이 늘며, 바이오연료를 생산하고 가공하는 과정에서 화석에너지를 활용한다는 것도 바이오연료가 친환경이 아니라고 주장하는 이유다. 전 세계 과학자와 경제학자 500명이 "바이오연료는 친환경이 아니니 각국 정부가 지원을 중단하라"라는 공동 성명을 내고 주요국 정상에게 이러한 취지의 성명서를 보내기도 했다.[19]

2023년 9월, 유럽 의회가 EU 내 공항에서 급유하는 항공기에 대한 SAF 의무화를 통과시켰다. 이 규정에 따라, EU 비행기는 2025년 SAF를 2퍼센트 혼합하는 것으로 시작해서 2050년에 70퍼센트까지 혼합 비율을 올려야 한다.[20] 이번 규정에서는 SAF에 바이오연료뿐 아니라 수소와 이산화탄소를 결합해 만드는 합성 연료도 포함하기로 했다. 합성 연료가 화석연료에 비해 이산화탄소 배출이 적어탄소 감축에 이바지한다고 봤기 때문이다. 우리나라도 앞으로 국제선 노선 비행기에 SAF를 혼합한 항공유를 활용하기로 했으며, 2027년까지 SAF를 1퍼센트 혼합하는 것을 의무화하겠다고 정부가 2024년 8월 발표했다.[21]

친환경이냐 아니냐는 논란에도, 화석에너지에 비해 이산화탄소 배출이 적다는 이유로 바이오연료의 활용은 증가할 것이다. 국제에너지기구는 이행가능정책 시나리오에서 2050년 전체 1차 에너지 725엑사줄 중 최신 바이오연료가 74엑사줄로 10퍼센트를 차지할 것으로 전망했다. 최신 바이오연료 중에는 고체 바이오연료가 57엑사줄로 가장 많으며, 액체 바이오연료와 기체 바이오연료가 각각 9엑사줄, 8엑사줄을 차지한다.[22]

그런데 바이오연료 중 가장 큰 비중을 차지하는 것은 버려질 폐목재 등을 재활용하는 고체 바이오연료이며, 자동차나 비행기의 연료로 활용되는 액체 바이오연료는 전체 1차 에너지에서 차지하는 비중이 1퍼센트에 불과하다. 2050년 석유 공급이 187엑사줄인데 석유를 대체할 액체 바이오연료 공급이 9엑사줄이므로 석유를 대체하기에는 턱없이 부족하다. 전 세계적으로 엄청나게 많이 활용되는 수송 연료로서의 석유 수요를 대체할 바이오연료의 재료로 재배할 수 있는 식물의 양이 제한되어 있기 때문일 것이다. 바이오연료용 식물을 재배할 엄청난 크기의 경작지를 확보하기가 쉽지 않을 뿐 아니라, 식물을 재배해 먹거리가 아닌 연료로 활용하면 세계적으로 식량 문제가 발생하지 않을까 염려도 된다. EU 의회가 2050년까지 SAF 혼합 비율을 70퍼센트로 올리겠다고 했으나, 실현 가능성에 의문이 들 수밖에 없다. 무엇보다 화석에너지보다는 적게 나온다지만, 연소하는 과정에서 바이오연료가 상당량의 이산화탄소를 발생시킨다는 점도 바이오연료를 대폭 확대할 수 없는 중요한 이유다.

7장

오락가락하는
미국의 에너지 정책

세계에서 가장 에너지 소비가 많은 나라

클린턴 대통령 시절 미국 부통령을 지냈던 앨 고어Al Gore는 환경 문제에 관심이 많았다. 부통령 재직 시절인 1997년 교토의정서 채택을 주도했으며, 온실가스 배출 최소화 등 지구 환경보호에 누구보다 앞장선 인물이었다. 그는 2000년 대통령 선거에 출마해 조지 부시에게 석패한 후 환경 운동에 전념하기 시작했다. 2006년 지구온난화에 관한 다큐멘터리 영화 「불편한 진실」에 출연했고, 동명의 책도 출간했다. 지구온난화와 그에 따른 환경 파괴의 위험성을 환기시킨 데 대한 공로로 2007년 기후변화에 관한 정부 협의체와 함께 노벨 평화상을 수상하기도 했다.[1]

세계 어느 나라든지 보수 정권은 경제 발전과 안정에 중점을 두고, 진보 정권은 환경과 인권 문제에 관심을 많이 보인다. 미국도 예외가 아니다. 민주당이 집권할 때는 기후변화에 관심을 가지고 정책적인 지원을 하지만, 공화당에서는 상대적으로 관심을 덜 보인다. 물론 공화당 내에서도 기후변화 대응에 적극적으로 동참하는 의원들이 있지만, 2013년 캘리포니아 공화당 의원 데이너 로라바커Dana Rohrabacher와 같이 "기후변화란 진보주의자들이 만들어낸 완전한 사기"라고 주장하는 의원도 있다.[2]

미국의 에너지 소비와 탄소 배출 현황

미국은 세계에서 석유와 천연가스를 가장 많이 소비하는 국가다.

1차 에너지 소비와 전력 소비는 중국 다음으로 많은 세계 2위다. 미국의 1인당 에너지 사용량은 7만 7000킬로와트시로 노르웨이와 캐나다에 이어 세계 3위다. 미국의 1차 에너지 소비에서 화석에너지가 차지하는 비율은 81퍼센트로 세계 평균과 같은 수준이다. 미국은 독일·프랑스·영국 등 EU 선진국들의 1차 에너지 소비가 빠른 속도로 줄어드는 것과 달리, 여전히 1차 에너지 소비가 크게 줄어들지 않고 있다. 석탄 소비는 줄어들지만, 가스 소비는 큰 폭으로 증가하고 있기 때문이다. 미국은 유럽과 달리 재생에너지의 확대 속도가 빠르지 않다 보니, 발전 분야에서의 석탄 소비가 줄어드는 만큼 천연가스 소비가 늘어나는 것이다. 석유 소비는 2000년대 후반 소폭 감소하였으나 그 이후에는 거의 줄지 않고 있다.

미국은 2023년 49억 톤의 이산화탄소를 배출해, 119억 톤을 배출한 중국에 이어 세계에서 두 번째로 이산화탄소를 많이 배출하는 국가가 되었다. 2007년 서브프라임 모기지 사태로 인한 경제 불황으로 에너지 소비가 줄었으나 그 이후 거의 줄지 않은 데다 화석에너지 비율이 높다 보니 여전히 이산화탄소를 많이 배출하고 있다. 그나마 셰일가스의 생산 증가로 2006년부터 석탄발전을 줄이고 가스발전을 늘리다 보니, 2006년부터 이산화탄소 배출이 조금씩 줄고 있다(자료 6-1). 에너지 소비와 이산화탄소 배출이 현격히 줄어들고 있는 유럽과 달리, 에너지 소비가 세계 2위이며 이산화탄소 배출 역시 세계 2위인 에너지 과소비국으로서 미국은 탄소 감축을 강력하게 주장할 수 없는 상황이다.

트럼프 1기의 에너지 정책

대통령에 당선된 후 2017년 파리협정 탈퇴를 선언한 도널드 트럼프는 2016년 대선 기간 중 "기후변화와 지구온난화는 중국이 꾸며낸 '거짓'이다"라고 줄곧 얘기했다.[3] 2024년 대선을 앞두고 선거운동을 하는 동안에도 바이든의 친환경 경제성장 정책이 '사상 최대의 사기'라며 강력히 비판하는 기조를 그대로 유지했다. 유럽에 비해 미국에 유독 지구온난화를 부정하는 사람이 많은 이유는 미국이 처한 에너지 상황과 무관하지 않다. 앞서 말했듯 미국은 중국 다음으로 세계에서 두 번째로 에너지 소비가 많은 나라다.

트럼프 대통령은 미국의 제45대 대통령으로 당선된 후, 2017년 6월에 기온 상승을 섭씨 1.5도로 제한하겠다는 의지를 담은 파리협정을 탈퇴하겠다고 일방적으로 선언해 버렸다. 탄소 감축을 강조하면 아무래도 미국의 산업이 영향을 받고 비용이 많이 들게 되므로, 미국 우선 정책을 추구하고 경제적 타산을 따지는 트럼프로서는 참을 수 없었던 것이다. 트럼프는 재임 시절 '미국 우선 에너지 계획'을 제시했다. 당시 트럼프의 에너지 정책은 첫째, 화석연료를 비롯한 미국 내 에너지 자원을 최대한 활용하며 둘째, 에너지 생산 및 수출 증대를 통한 에너지 독립을 달성하고 셋째, 오바마 정부가 만든 에너지 관련 규제를 축소하거나 폐지하는 것으로 요약할 수 있다.[4] 오바마 이전에 집권한 공화당의 조지 W. 부시 행정부는 세계적인 탄소 감축 흐름에 부응하기 위해 나름대로 노력했으나, 트럼프는 파리협정 탈퇴라는 초강수를 둔 것이다.

바이든의 인플레이션 감축법

트럼프의 뒤를 이어 미국 대통령에 당선된 민주당의 바이든 대통령이 인플레이션 감축법Inflation Reduction Act, IRA에 서명함으로써 2022년 8월 16일부로 이 법이 발효되었다. IRA는 바이든 대통령의 대선 공약인 국가 재건 법안Build Back Better, BBB을 수정한 법이다. 법인세를 늘려 마련한 재원으로 에너지 안보, 기후 위기 대응, 서민 의료 지원 등에 집중적으로 투자해 치솟는 에너지 비용과 의료 서비스 가격을 잡아 물가 상승을 막겠다는 취지로 만들어진 법이다.[5] 그중 '청정에너지' 부문에서는 에너지 비용 감소, 청정에너지 경제 구축, 환경오염의 감소 등이 주요 목표로 설정되어 있다.[6] 즉, 에너지 안보를 위해 청정에너지 사용을 확대하고 탄소 연료 사용을 줄이겠다는 것이다.

그런데 특이한 것은 세계 최대의 원유 생산국이며, 천연가스를 LNG로 만들어 수출하는 미국이 인플레이션 감축 방안으로 에너지 안보를 강조했다는 것이다. 미국의 에너지 소비 추세로 보아 석유와 천연가스 소비는 쉽게 줄지 않으며, 5장에서 살펴본 바와 같이 석유 생산도 더 이상 증가하지 않으리라 예상되므로, 미국 정부로서는 석유 소비를 최대한 줄이는 것이 국가적으로 중요한 정책 과제가 되었다. 전기차와 재생에너지에 여러 세금 혜택과 지원을 제공해 미국 내 석유와 천연가스 수요를 최대한 줄임으로써, 에너지 안보와 함께 탄소 감축의 성과도 동시에 달성할 수 있는 정책을 적극적으로 시행하게 된 것이다.

미국의 천연가스 생산량의 상승 폭은 조금씩 줄어들고 있지만, 석유와 달리 앞으로도 상당 기간 생산량은 증가할 것이다. 미국은 그동안 천연가스 생산 증대에 힘입어 아시아권은 물론 유럽을 구매자로 보고 LNG 설비를 대거 확장해 왔다. 그런데 바이든 행정부의 미국 에너지부가 2024년 1월에 비FTA 국가에 대한 미국산 LNG의 수출계약 승인 절차를 잠정 중단해 버렸다. 정확한 배경은 알려지지 않았으나, 미국 정부가 화석연료 퇴출을 주장하며 LNG 수출 증대 정책에 반대하는 환경론자의 요구에 반응하기 위해서 그랬다는 주장이 있다.[7]

미국과 아직 FTA를 체결하지 않은 일본·중국·인도뿐만 아니라 우크라이나 전쟁 이후 미국산 LNG를 적극적으로 도입하던 유럽 국가 중에서도 미국과 FTA를 체결하지 않은 국가가 많아 LNG 구매 국가들은 고민에 빠질 수밖에 없었다. 이들 국가가 서둘러 LNG 공급원을 찾게 되어, 미국의 이러한 결정이 그동안 지지부진했던 캐나다 서부 LNG와 같은 신규 LNG 프로젝트들의 개발을 추진하는 데 동력이 되어줄 것이라는 시각도 있었다.

트럼프 2기 에너지 정책

2024년 미국 대통령 선거에서 에너지 정책이 첨예하게 대립했다. 해리스 부통령은 대선 캠페인에서 바이든 대통령의 에너지 정책

기조를 그대로 유지하겠다고 했다. 탄소 감축이라는 세계적인 흐름에 호응해 화석에너지 사용을 줄이고 재생에너지를 확대하며 전기자동차로의 전환을 계속 장려한다는 것이었다.

그런데 공화당의 트럼프가 미국의 제47대 대통령에 당선되면서 에너지와 환경 분야에 큰 변화가 예상된다. 미국 제조업을 활성화해 경제를 부흥시키겠다는 의지가 워낙 강하다 보니, 트럼프 1기 때와 같이 화석에너지를 최대한 활용해 미국의 국가 경쟁력을 높이려는 에너지 정책을 추진할 것이다. 대선 공약으로 이미 파리협정 탈퇴를 선언한 트럼프는 2024년 7월 19일 공화당 전당대회 후보 수락 연설에서 "전기차 의무화를 폐지하고 미국 자동차 제조업을 활성화하겠다"라고 공약했다.[8] 또한 2024년 9월 5일 뉴욕의 이코노믹 클럽에서 행한 연설에서 바이든 행정부의 그린 뉴딜(친환경 경제성장 정책)을 '사상 최대의 사기'라고 칭하며 집권하면 이를 종료할 것이라고 말했다. 그는 시추 독려를 의미하는 구호인 '드릴, 베이비, 드릴drill, baby, drill'을 외치며 석유와 가스에 대한 대대적인 시추에 나설 것이라고 공언했다.[9] 트럼프가 다시 집권하게 되어 미국 행정부는 탄소 감축 속도를 조절하며, 셰일오일과 셰일가스 생산 장려 등 적극적인 에너지 개발 정책을 추진할 것으로 예상된다.

무엇보다 전기차 산업에 귀추가 주목된다. 전기차로 대표되는 테슬라의 CEO 일론 머스크가 트럼프 당선에 크게 기여를 한 상황에서 트럼프가 전기차에 대해 어떤 정책을 펼 것인지는 아무도 장담할 수 없다. 전기차 보조금을 줄이더라도 이미 경쟁력을 갖춘 테슬라는 큰 영향을 받지 않을 것이고 자율 주행 등에 관한 규제가 줄어들면 테슬라의 경쟁력은 더욱 올라갈 거라 기대할 수도 있다. 미국 전기차산업의 전망에 대해서는 대형 자동차 회사들도 이미 전기차에 상당한 투자를 한 상황이고 세계적인 전기차 확대 흐름을 거스르기 힘든 상황에서 트럼프가 전기차 지원을 대폭 줄이기는 어렵지 않을까 조심스레 예측해 본다.

트럼프는 석유·가스 생산을 대폭 증대해 에너지 요금을 낮춤으로써 미국의 산업 경쟁력을 높이겠다고 했으므로 미국의 석유·가스 생산이 상당 폭 늘어날 것이며, 이에 따라 트럼프 정부가 미국산 석유·가스 수출을 늘리기 위해 노력할 것이다. 그런데 석유·가스는 그 어떤 자원보다 수요와 공급에 대단히 민감하게 요동치는 상품이다. 앞에서 언급한 바와 같이 미국은 역사적으로 석유의 공급 과잉으로 여러 차례 어려움을 겪었다. 특히 미국의 석유 생산업자들은 2014년 이후 국제 유가가 크게 하락한 주요 원인이 세계적인 경기 침체였다 해도 미국의 셰일오일 생산 증가가 유가 하락을 부채질했다는 것을 분명히 기억하고 있다. 트럼프가 석유산업에 대한 지원을 강화해 생산을 늘리겠다고 했으니, 미국의 셰일오일·셰일가스 생산이 어느 정도 늘어날 것은 자명한 사실이다. 그러나 미국의 석유업계가 유가 하락이라는 위험을 감수하고 석유·가스의 생산을 대폭 늘리려고 하지는 않을 것으로 전망된다.

한편 트럼프가 석유·가스 생산을 대폭 늘리겠다고 공언하는 것은 미국에 셰일오일과 셰일가스가 풍부하게 매장되어 있다는 사실을 전제로 하는 것인데, 과연 그가 미국의 에너지 상황을 제대로 이해하고 있는지도 의문이다. 미국의 석유와 천연가스 생산 전망을 보면 중단기적으로는 생산이 늘어날 수 있지만, 장기적으로는 줄어들 수밖에 없는 상황이다. 한정된 에너지 자원을 더 많이 생산하면 고갈 시기가 더 빨리 올 수밖에 없다. 탄소 감축 측면은 물론이고 장기적인 에너지 안보를 고려할 때 석유·가스 생산을 대폭 늘리겠다는 것은 결코 현명한 선택이라 할 수 없겠다.

8장

탄소 감축을
주도하는 유럽

유럽은 왜 탄소 배출이 줄어드는가?

줄어드는 에너지 소비

유럽 선진국들의 특징은 GDP가 계속 성장하면서도 1차 에너지 소비가 줄고 있다는 것이다. 일반적으로 에너지 소비가 증가하는 가장 큰 요인은 인구 증가와 경제성장이다. 그런데 유럽 선진국의 경우, 독일·프랑스·이탈리아·영국 모두 경제가 성장하면서도 1차 에너지 소비가 상당히 줄어들고 있다. 유럽의 에너지 소비가 감소한 이유는 에너지 절약으로 소비가 줄고 있으며, 산업 구조에서도 에너지 소비가 적은 첨단산업이나 서비스 산업이 늘어났기 때문이다. 여전히 제조업의 비중이 적지는 않지만, 에너지를 많이 쓰는 기업이 에너지 강도가 낮은 기업으로 탈바꿈해 나가고 있으며, 정부도 기업이 저에너지로 전환할 수 있도록 적극적으로 지원하고 있다.

유럽의 1차 에너지 소비가 줄어드는 데다, 그중에서도 특히 화석에너지 소비가 줄어들고 있으므로 세계 다른 나라들에 비해 당연히 이산화탄소 배출량이 감소할 수밖에 없다. 유럽 국가들의 화석에너지 소비가 줄어드는 것은 전력을 생산할 때 재생에너지를 많이 활용하기 때문이기도 하다.

재생에너지에 유리한 여건

유럽은 풍력발전과 태양광발전을 하기에 유리한 지리적, 기후적 여건을 갖추고 있다. 유럽 남부에 있는 스페인·포르투갈·이탈리아·

그리스 등은 태양광이 풍부해 태양광발전을 하기 유리하다. 또한 유럽이 풍력발전을 많이 할 수 있는 이유는 바람이 늘 부는 북해가 있어서다. 북해 연안의 독일·영국·덴마크·네덜란드·스웨덴에서는 풍력발전이 활발히 이루어지고 있다.

유럽에서 풍력발전과 태양광발전이 활발한 또 다른 이유는 유럽이 국가별로 고립된 전력계통이 아니라, 유럽 전체가 서로 연결된 전력계통을 활용하고 있어 국가 간에 전기를 주고받는 것이 가능해서다. 풍력발전으로 전기를 많이 생산하는 독일이 인근 폴란드로 전력을 수출하는 등 잉여 전력을 수출할 길이 있으므로 자국에서 소비하는 것보다 많은 전력을 재생에너지로 생산할 수 있는 것이다.

우리나라와 같이 고립된 전력계통을 가진 국가에서는 같은 시간대에 재생에너지발전이 집중되면 전력계통의 안정에 무리가 생겨 출력을 제한할 수밖에 없으므로 재생에너지 확대에 한계가 있다. 유럽은 수력·원자력·태양광·풍력·가스 등 다양한 에너지원으로 생산되는 전력이 서로 연결된 전력계통을 통해 여러 국가로 송출되므로 전력계통을 안정적으로 유지할 수 있다. 또한 유럽 여러 국가가 경도상으로 넓게 분포하고 있어, 시간에 따른 국가별 전력 공급량과 수요량이 다르므로 상호 보완적인 관계를 통해 전력계통의 수용성 및 유연성을 유지할 수 있다. 여러모로 풍력과 태양광을 확대하기에 유리한 환경이다.

탄소 감축에 목소리를 높이는 유럽

전 세계가 탄소 감축의 필요성을 느끼고 있다. 그중 EU 국가들이 중심이 되어 기후변화에 대한 대응을 주도하고 있으며 RE100, 탄소국경조정제도 등을 통해 개발도상국에 탄소 감축 압력을 넣고 있다. 유럽이 탄소 감축을 주도하는 것은 유럽에 전통적으로 환경 운동을 하는 진보 성향의 인사가 많기 때문이기도 하겠지만, 무엇보다 유럽 국가들이 이미 국가적으로 탄소 감축을 성공적으로 실천하고 있기 때문이다.

제1차 산업혁명 이후 한때 영국과 독일 등 유럽에서 배출하는 이산화탄소가 세계 이산화탄소 배출량의 대부분을 차지하는 때도 있었다. 그러나 지금은 산업화가 어느 정도 완성되어 탄소 감축을 얼마든지 실현할 수 있는 유럽이 현재 산업화가 활발히 진행 중인 개발도상국을 포함한 전 세계 여러 나라에 탄소 감축을 요구하는 상황이다. 지구의 미래와 환경에 대해 아무리 걱정한다고 하더라도, 유럽이 중국이나 인도와 같이 산업화가 활발히 진행되고 있어 이산화탄소 배출이 대폭 늘어나는 상황이라면 과연 지금과 같이 탄소 감축을 강력히 주장할 수 있을까 하는 생각이 든다.

트럼프 행정부가 파리협정을 탈퇴한 이유는 유럽에 비해 미국은 여전히 에너지 소비가 줄지 않고 있으므로 탄소 감축을 무리하게 시행하면 산업 발전에 영향을 미쳐서다. 유럽 국가들이 지구 환경을 걱정하는 마음으로 탄소 감축을 주장하고 있지만, 트럼프는 이미 탄소 감축을 실행하기에 좋은 조건을 갖춘 유럽의 장단에 맞출 수 없다는 미국의 현실적인 여건을 고려하고 있다. 물론 파리협정을 탈퇴하면서까지 탄소 감축에 대놓고 반대하는 트럼프가 옳다고 할 수는 없다. 그러나 미국보다 에너지 소비가 훨씬 더 가파르게 증가하고 있어 탄소 감축을 실현하기 어려운 여건에 처한 우리나라로서는 참작해야 할 부분이 없지 않다.

9장

탄소가 늘어만 가는
중국과 인도

중국의 화석에너지 소비는 줄지 않는다

2023년 중국이 화석연료와 산업체에서 배출한 이산화탄소량은 119억 톤으로 전 세계 배출량 378억 톤의 31퍼센트를 차지한다(자료 9-1 참조).[1] 1970년대 5퍼센트에 불과했던 중국의 이산화탄소 배출이 경제성장에 박차를 가하기 시작한 1980년대부터 매우 빠른 속도로 증가한 것이다. 전 세계 이산화탄소 감축의 성공 여부는 중국에 달려 있다고 해도 과언이 아니다.

세계 최대 석탄 생산국이자 수입국

중국은 2022년 기준으로 44억 3000만 톤의 석탄을 생산해 전 세계 생산량 86억 8700만 톤의 무려 51퍼센트를 차지했다. 석탄 소비 또한 45억 5400만 톤으로 전 세계 소비량 84억 6200만 톤의 54퍼센트를 차지한다.[2] 기후변화에 대처하기 위한 세계적인 탄소 감축 노력에도, 중국의 2022년 석탄 소비는 2021년 대비 9퍼센트나 증가한 것이다. 중국은 세계에서 가장 많은 양의 석탄을 생산하지만, 자체 생산으로 늘어나는 석탄 소비를 충족할 수 없어 세계에서 가장 많은 양의 석탄을 수입하는 국가이기도 하다. 2023년에는 역대 최대량인 4억 7400만 톤을 수입했다.[3]

중국 전력 생산에서 가장 큰 비중을 차지하는 에너지원은 석탄이다. 중국의 2007년 전기믹스에서 석탄이 무려 81퍼센트를 차지했으며, 그 후 재생에너지와 원자력발전을 대폭 늘렸으나 2023년 기준으로 61퍼센트로서 여전히 주에너지원 역할을 하고 있다. 주목할 점은 전기믹스에서 석탄의 비율이 2007년 81퍼센트에서 2023년 61퍼센트로 감소하였으나, 석탄을 이용한 발전량 자체는 2.1배 증가했다는 사실이다. 이는 중국 전체의 발전량이 2007년 대비 2023년 2.7배나 증가했기 때문이다. 2007년 1퍼센트가 되지 않던 풍력발전과 태양광발전이 2023년 16퍼센트로 대폭 늘었지만, 큰 폭으로 늘어나는 전체 발전량을 충족하기에는 턱없이 부족해 석탄발전이 늘어날 수밖에 없었다. 중국은 전력 생산에서 석탄을 가장 많이 사용할 뿐 아니라, 발전 외 난방과 취사용 연료로도 다른 나라에 비해 석탄을 많이 사용한다. 따라서 전체 에너지 소비량 증가와 함께 석탄 소비량은 계속 증가하리라 전망된다.

탄소 감축의 열쇠를 쥔 중국

중국은 석탄뿐 아니라 석유와 천연가스 수요도 빠른 속도로 증가하고 있다. 세계 전기자동차 시장의 60퍼센트를 점할 정도로 전기자동차 생산을 대폭 늘리고 있지만 한편 내연기관 자동차 수 또한 계속 증가하고 있으며, 특히 전기차로의 전환이 쉽지 않은 트럭이나 버스도 역시 계속 늘어나고 있다. 따라서 전기자동차 증가에 따라 석유 수요량의 상승 폭이 다소 둔화한다 해도 수요량 자체는 계속 증가할 수밖에 없다. 또한 항공기·선박 연료와 석유화학 원료로서의 석유 수요도 늘어날 것이다. 석유수출국기구는 2022년 일일 1490만 배럴인 중국의 석유 수요가 2023년 일일 1580만 배럴 2028년에

는 일일 1750만 배럴로 늘어나 매년 3퍼센트가량 꾸준히 증가하리라 전망한다.[4]

　중국은 재생에너지와 원자력 외에도 늘어나는 전력 수요를 충당하기 위해 가스발전을 늘리고 있다. 중국의 천연가스 수요는 2010년 대비 2023년에 무려 3.7배 증가해, 같은 기간 석유가 74퍼센트 증가한 데 비해 훨씬 빠른 속도로 증가했다. 중국에서는 석탄이 여전히 난방과 취사 연료로 많이 사용되고 있으므로, 이를 대체하기 위한 도시가스의 사용 또한 많이 늘어나, 천연가스 수요가 앞으로도 큰 폭으로 증가하리라 예상된다.

　2023년 기준 중국 1차 에너지에서 화석에너지인 석유·천연가스·석탄이 차지하는 에너지믹스 비율은 82퍼센트로 세계 평균 81퍼센트보다 약간 높은 편이다. 세계적인 탄소 감축 노력에 호응하고자 저탄소 에너지 확대를 매우 적극적으로 실천하고 있지만, 에너지 소비가 워낙 빠른 속도로 증가하고 있어 화석에너지 사용이 줄지 않고 있다. 에너지 소비 증가의 가장 큰 요인은 인구 증가와 경제성장이다. 중국의 경우 인구 증가 속도는 다소 둔화하였으나 경제성장은 앞으로도 계속될 것이다. 세계경제 침체와 중국의 경제 상황으로 인한 일시적인 성장 둔화는 있겠지만 경제 발전에 대한 강력한 의지가 있는 한 경제성장은 계속될 것이고, 이에 따라 에너지 소비는 계속 증가하고 화석에너지 소비는 늘어갈 수밖에 없다.

정부 주도의 저탄소 에너지 사업 확대

전 세계적으로 기후변화에 대응하기 위한 노력이 시행되고 이산화탄소 최대 배출국인 중국이 주목받게 되자, 중국 공산당은 2012년 11월에 열린 제18차 당 대회에서 '지속 가능한 발전을 위한 녹색 성장'을 논하기 시작했다. 이때부터 중국은 녹색 산업을 새로운 성장 동력으로 보고 집중적으로 육성해 왔다.[5] 정부 주도로 녹색 산업 확대를 매우 적극적으로 추진한 결과, 풍력과 태양광 등 재생에너지 발전이 빠른 속도로 확대되어, 지금은 중국이 세계 재생에너지를 선도하는 국가가 되었다. 중국의 풍력발전 설비용량은 2022년 기준으로 366기가와트로서 전 세계 설비용량의 41퍼센트를 차지한다. 태양광발전 설비용량은 2022년 기준으로 393기가와트로 전 세계 설비용량의 37퍼센트를 차지하는데, 이는 2위인 인도의 63기가와트에 비해 무려 여섯 배나 많은 용량이다.

태양광 공급망의 모든 단계는 중국이 지배하고 있다고 해도 과언이 아니다. 폴리실리콘, 잉곳·웨이퍼, 태양전지(셀), 모듈(여러 태양전지를 연결한 패널) 순으로 이어지는 각 단계의 증설이 대부분 중국에서 이루어졌다. 태양광 밸류체인의 모든 단계에서 중국 기업의 시장 점유율이 워낙 높은 나머지, 세계 태양광발전이 확대될수록 중국 기업들의 수입이 늘어나는 구조가 되어버렸다. 러시아의 우크라이나 침공으로 유럽의 천연가스 공급이 일시적으로 중단되자, 유럽에서 대체 에너지원으로 태양광 패널 설치 붐이 일었는데 중국산 저가 태양광 패널이 늘어나면서 2023년 이후 태양광 패널 가격이 40퍼센

트 이상 급락해 유럽 태양광 업계가 '줄도산' 위기에 직면했다는 경고음이 커질 정도다.[6]

　중국의 풍력산업 또한 자국의 풍력발전 설비용량의 폭발적인 성장에 힘입어, 전 세계 풍력 기업 상위 열다섯 개 중 중국 기업이 열 개를 차지하고 있다. 2023년 기준으로 중국 시장 선두인 골드윈드는 13퍼센트의 점유율을 보이며 14퍼센트로 세계 1위인 덴마크의 베스타스에 이어 세계 2위를 차지하고 있다. 이 밖의 중국 기업으로 엔비전·밍양·스마트에너지 등이 세계 풍력 시장을 상당 부분 점유하고 있다.[7] 태양광과 마찬가지로 세계 풍력 시장이 활성화될수록 중국 풍력 기업들이 호황을 누리는 것이다.

　중국의 풍력발전과 태양광발전의 확대로 중국 전력 생산에서 재생에너지가 차지하는 비율도 빠른 속도로 증가하고 있다. 2010년 전력 생산에서 차지하는 비율이 1.2퍼센트에 불과했던 풍력이 2023년 9.4퍼센트로 증가해 세계 평균 7.8퍼센트보다 높으며, 0.01퍼센트에 불과했던 태양광이 6.2퍼센트로 증가해 이 역시 세계 평균 5.5퍼센트보다 높다. 중국 정부는 수력발전을 포함해 현재 발전량의 30퍼센트를 차지하는 재생에너지를 대폭 확대해 2050년에는 발전량의 50퍼센트를 넘기겠다는 야심 찬 계획을 발표했다.[8]

　중국은 원자력발전도 대폭 확대해 나가고 있다. 1992년까지는 원자력발전 계획이 전혀 없었지만 지난 30년 동안 원자력발전소 건설을 서둘러서 2022년 기준, 중국의 원자력발전량은 418테라와트시로 규모로만 보면 미국에 이어 세계 2위이다. 중국은 유럽의 원전 강국인 프랑스보다 더 많은 전력을 원자력발전으로 생산하고 있다.[9] 중국은 2022년 11월 기준으로 52기가와트의 원자력 설비를 갖추고 있으며, 26기가와트에 해당하는 원자력발전소가 현재 건설되고 있다. 설비용량에서도 조만간 세계 2위인 프랑스를 앞지를 것이다. 원자력발전이 중국 전체 전력 생산에서 차지하는 비율 역시 빠른 속도로 증가해 2023년에는 4.6퍼센트에 이른다.[10] 세계적인 탄소 감축에 적극적으로 호응하고 있는 중국은 재생에너지 못지않게 원자력발전도 계속해서 빠른 속도로 확대해 나가고 있다.

그러나 주목할 점은 재생에너지와 원자력발전을 빠른 속도로 확대하고 있는데도 중국의 석탄 소비가 쉽게 줄어들지 않고 있다는 점이다. 중국 전체 발전량이 매우 빠른 속도로 증가하고 있으므로 현재의 추세로 볼 때 석탄 소비량이 앞으로도 줄어들 것 같지 않다. 석탄 소비량이 계속 증가하는 한, 저탄소 에너지가 아무리 증가해도 탄소 배출량은 계속 늘어날 수밖에 없다.

빠르게 늘어나는 인도의 석탄 소비

석탄을 포기할 수 없는 인도

인도에서도 석탄의 비중은 중국 못지않게 크다. 에너지믹스에서 석탄 비율은 56퍼센트, 전기믹스에서의 석탄 비율은 75퍼센트에 이른다. 세계 1위의 석탄 소비국인 중국의 경우 다른 에너지원을 활용한 전력 생산이 큰 폭으로 늘어나고 있어, 비록 석탄 사용량 자체는 늘어나지만, 발전에서 석탄이 차지하는 비율은 줄어들고 있다. 이에 반해 인도의 경우 전력 생산에서 석탄 사용량이 늘어날 뿐 아니라 석탄이 차지하는 비율도 계속 늘어나고 있다. 인도 역시 재생에너지를 확대하려고 나름대로 노력하고 있지만, 2020년 전력 생산에서 20퍼센트를 차지하던 재생에너지 비율이 2023년 19퍼센트로 오히려 줄어든 반면, 이 기간에 석탄의 비율은 72퍼센트에서 75퍼센트로 늘었다. 중국과 마찬가지로 전력 소비량이 계속 증가하는 데다, 중국과 달리 석탄 외의 재생에너지·원자력·천연가스 등 다른 에너지원의 증가 속도가 빠르지 않으므로 인도의 석탄 소비는 중국보다 더 빠른 속도로 증가할 수밖에 없다.

2010년 대비 2023년 중국의 석탄 소비량이 25퍼센트 증가한 데 비해 인도는 무려 1.8배 증가했다. 인도의 모디 정부가 제조업 확대를 국가 정책의 중요 과제로 삼은 만큼, 국제사회의 요구에도 불구하고 탄소 감축보다는 제조업에 필요한 에너지 공급에 더 역량을 집중할 것이며, 경제적인 이유로 저비용 에너지인 석탄을 쉽게 포기하지 않으리라 생각된다. 게다가 인도는 중국과 달리 경제성장과 더불어 인구도 빠른 속도로 증가하고 있으므로 에너지 소비도 가파르게 증가할 수밖에 없다. 곧 인도가 탄소 배출의 복병으로 떠오를 것이다.

탄소 감축이 매우 어려운 중국과 인도

2023년 세계 이산화탄소 배출량을 보면 중국과 인도를 포함한 아시아 전체가 226억 톤으로 세계 배출량의 무려 60퍼센트를 차지한다. 이 중 중국과 인도의 배출량이 가파른 속도로 증가세를 이어가고 있다. 중국과 인도 외 인도네시아 등 동남아시아 국가의 탄소 배출량 증가도 만만치 않다. 중국과 인도의 화석에너지가 쉽게 줄지 않고 있다는 점을 고려하면, 탄소 감축의 열쇠를 쥐고 있는 중국과 인도의 탄소 감축이 빠른 시일 내에 실현되기는 매우 어려우리라 예상된다.

10장

기후 위기 시대의
에너지 지정학

화석에너지는 줄어드는가?

2023년 11월 두바이에서 열린 제28차 유엔기후변화협약 당사국 총회에서는 최종 합의문 작성에 난항을 겪었다. 합의문의 1차 초안에는 화석연료의 '단계적 퇴출phase-out'이라는 문구를 넣었으나 최종 합의문에는 산유국의 반대로 넣지 못하고, 대신에 화석연료의 '멀어지는 전환transitioning away'이라는 표현을 넣기로 최종적으로 합의했다.[1] 기후변화를 일으키는 온실가스의 70퍼센트가 화석연료와 산업체에서 발생하므로, 화석연료를 줄이는 것이 모든 지구인의 과제임은 분명한 사실이다. 그러나 비록 '단계적'이라는 표현을 썼지만, 유럽 국가가 중심이 되어 강력히 요구한 화석연료의 퇴출, 즉 화석연료 없이 살아가는 것이 가능할까?

사우디 석유장관을 지내면서 1973년 1차 석유파동을 일으켰던 자키 야마니는 석유파동 이후에도 중동 산유국들이 계속해서 석유 감산을 통해 유가를 올리려 시도하자, "석기시대는 돌이 없어져서 끝난 것이 아니듯, 석유 시대도 석유가 고갈돼서 끝나는 것이 아니다"라고 말했다. 그는 석유 무기화를 계속하면 세계경제가 침체해 석유 소비가 줄 것이며, 석유 소비국들이 대체 에너지 개발에 박차를 가해 궁극적으로는 산유국에 불리하게 되리라고 경고하는 의미에서 이 말을 했다. 그런데 야마니의 이 발언을 금과옥조로 받아들여 인용하면서, 재생에너지와 전기차 사용 증가로 이제 머지않아 석유를 쓰지 않게 될 것이고 따라서 석유 시대가 끝날 것이라 주장하는 이들이 있다. 과연 지구상의 인류가 석유를 포함한 화석에너지를 쓰지 않는 날이 올까?

석유 수요는 왜 줄지 않는가?

세계 1차 에너지 소비에서는 여전히 석유가 부동의 1위를 유지하고 있다. 석유는 수송 수단의 연료로 가장 많이 쓰이며 그 외 석유화학 및 산업체 등에서 활용하고 있다. 수송 수단 중 가장 큰 부분이 승용차·트럭·버스 등 도로 수송으로 전체 석유 소비량의 45퍼센트를 차지한다. 항공기가 6퍼센트, 철도·선박 등 기타 수송 수단이 6퍼센트로 수송 분야의 비율이 전체 소비의 57퍼센트에 달한다. 석유화학 원료로 14퍼센트가 사용되며 산업체가 13퍼센트, 주거·상

그림 10-1. 석유의 용도

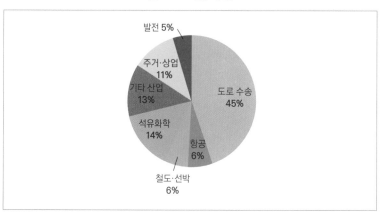

출처: 석유수출국기구

업·농업 등이 11퍼센트, 전력 생산이 5퍼센트를 차지한다.[2]

　　석유 수요를 전망하면서, 전기자동차가 증가함에 따라 앞으로 도로 수송용 석유 수요가 크게 줄어들 것이라 내다보는 사람이 많다. 전기자동차가 대폭 확대되고 있어 석유수출국기구는 전기차 수가 2022년 3000만 대에서 2045년에는 6억 대로 무려 스무 배가량 늘어날 것으로 전망한다. 그런데 전기차의 대폭 증가에도, 전체 자동차 수가 늘어나 2045년 자동차 시장에서 내연기관 자동차의 시장 점유율은 여전히 72퍼센트로 다수를 차지한다. 더구나 상업용 버스와 트럭은 배터리 용량 문제로 전기차로 대체하기가 쉽지 않아 상업용 내연기관차의 시장 점유율은 2045년에 92퍼센트에 달할 것으로 전망된다. 도로 수송 부문의 석유 수요는 OECD 국가에서는 전기자동차 증가로 일일 720만 배럴 감소하나, 나머지 국가의 내연기관 자동차 증가로 1170만 배럴 증가한다. 결과적으로 전기차의 대폭 증가에도 도로 수송 분야 석유 수요는 2022년 대비 2045년에 오히려 일일 460만 배럴 증가하며, 이는 2022년 도로 수송 부문 수요에 비해 10퍼센트 증가한 양이다.[3]

　　항공기·선박 등의 연료와 석유화학 원료로서의 석유 수요는 세계 경제성장에 따라 계속 늘어나고 소비량 증가를 둔화시킬 아무런 요인이 없으므로 앞으로도 계속 증가할 것이다. 석유수출국기구의 전망에 따르면 2022년 대비 2045년 항공기·열차·선박 등의 연료는 43퍼센트 증가하며 석유화학 원료로서의 석유 수요는 30퍼센트 증가한다. 그 밖의 산업체와 주거·상업 부문에서도 석유 수요는 꾸준히 늘어난다. 유일하게 감소하는 부문은 발전 연료로서의 석유 수요 인데, 감소량은 80만 배럴로 2022년 전체 석유 수요 9960만 배럴의 0.8퍼센트에 불과하다. 재생에너지로 생산하는 전기가 늘어나지만, 석유 용도 중 발전용으로 사용되는 부분은 5퍼센트에 불과하므로 재생에너지 확대가 석유 수요 감소에 미치는 효과는 아주 미미하다.

세계 여러 기관의 석유 수요 전망에는 차이가 있다(자료 10-1 참 조). 석유수출국기구는 세계 석유 소비량이 2022년 일일 9960만 배 럴인 데 비해 2045년에는 16퍼센트 증가한 1억 1160만 배럴에 이를 것이라고 전망한다. 국제에너지기구의 이행가능정책 시나리오에서 는 석유 수요가 2030년까지 증가하고 그 이후에는 감소해 2050년 에는 2022년보다 조금 줄어든 9900만 배럴이 될 거라 전망한다.[4] 전기자동차 증가 외에는 석유 소비 감소를 가져올 요인이 없는데도, 국제에너지기구는 2030년까지 증가하던 소비량이 그 후 별 이유 없 이 갑자기 감소한다고 전망하므로 그리 신뢰가 가지는 않는다. 미국 에너지정보청의 '기준 사례' 전망에서는 2022년 9910만 배럴이던 석유 소비량이 2050년에 1억 2150만 배럴로 22.6퍼센트 증가한다.[5] 석유수출국기구가 석유의 중요성을 강조하기 위해 석유 수요 전망 을 넉넉하게 잡았다고 생각할 수 있는데, 미국 에너지정보청은 석유 수출국기구보다 2050년 세계 석유 수요가 더 많이 증가할 것이라 전망한다는 점을 눈여겨볼 필요가 있다.

큰 폭으로 늘어나는 천연가스 수요

4장에서 언급한 바와 같이 전력 수요는 늘어나는데, 석탄발전과 원자력발전을 줄이려는 움직임이 있고 재생에너지가 전력 수요 증가를 충족하지 못하다 보니 가스발전이 늘고 있다. 또한 가스발전은 재생에너지의 취약점인 간헐성과 경직성을 보완할 수 있으므로 재생에너지발전이 늘어날수록 가스발전도 증가한다. 발전 연료로서의 수요뿐만 아니라 수송 연료나 산업체의 동력, 난방 연료로서의 천연가스 수요도 계속해서 증가하고 있다.

천연가스 수요에 관해 국제에너지기구를 제외한 다른 기관들의 전망은 비슷한 양상을 보인다(자료 10-2). 가스수출국포럼은 천연가스 소비량이 2022년 대비 2050년에 34퍼센트로[6], 미국 에너지정보청은 29퍼센트 증가할 것으로 전망하며[7], 석유수출국기구는 2045년까지 30퍼센트 증가할 것으로 전망한다.[8] 국제에너지기구는 천연가스 수요가 2030년부터 갑자기 감소하는 것으로 전망하는데, 앞에서 보여준 석유 수요 전망과 마찬가지로 국제에너지기구가 특별한 이유 없이 2030년부터 갑자기 수요가 감소한다고 하는 것은 전망이라기보다는 탄소 감축의 필요성을 강조하는 희망 사항으로 보인다.

세계 천연가스 수요가 상당 폭으로 늘어날 것으로 전망되는 데 반해, 공급에 대해서는 우려스러운 전망이 나오고 있다. 셸의 '2023년 LNG 전망 보고서LNG Outlook 2023'에 따르면, 2040년 세계 LNG 수요는 6억 5000만~7억 톤에 달하는데, 현재 가동 중인 액화 설비의 LNG 생산량이 점점 줄어들어 추가로 건설되는 설비용량을 합해도 2040년에는 5억 톤에 못 미친다. 따라서 LNG 수요와 공급 사이에 상당한 격차가 벌어진다는 것이다.[9] 셸은 LNG 생산량 감소에 따른 공급 부족의 가능성을 경고하면서 LNG 공급 부족이 오지 않도록 투자를 늘려야 한다고 강조하고 있다. 가스수출국포럼은 현재 가스전 개발이 계획되어 있는 모든 프로젝트가 차질 없이 성공적으로 개발된다고 해도, 여전히 2050년에 필요로 하는 생산량의 73퍼센트에 불과할 것으로 전망한다. 나머지 필요 공급량의 27퍼센트는 탐사를 통해 새롭게 발견하는 가스전의 생산량으로 충당해야 한다.[10] 국제가스연맹International Gas Union, IGU도 최근 발간한 '2024년 세계가스보고서Global Gas Report 2024'에서 가스 수요에 비해 공급이 부족할 가능성을 제기하면서 가스 개발 투자의 필요성을 강조하고 있다.[11] 석유 수요 증가와 비교해 천연가스 수요가 더 빠른 속도로 증가할 것으로 전망되는데, 공급 측면에서는 석유에 비해 천연가스의 안정적 공급에 대한 보장이 더 불확실하다. 장기적으로 볼 때 천연가스가 수급 불균형이 올 가능성이 석유에 비해 높다는 사실을 염두에 두고 이에 대비해야 한다.

화석에너지는 줄지 않는다

기후변화의 위협 속에 화석에너지 사용을 줄이는 것이 인류 모두의 지상 과제다. 그러나 우리가 처한 현실은 녹록하지 않다. 지난 20~30년간 기후변화에 대응하기 위해 화석에너지 사용을 줄이려고 노력해왔음에도, 화석에너지 퇴출은커녕 사용량을 줄이지도 못했으며, 앞으로도 쉽게 줄이기 어려워 보인다. 석탄은 세계적으로 사용을 규제하고 있으며 중국과 인도도 나름대로 노력하고 있으므로 앞으로 사용량이 정체 상태거나 늘더라도 소폭 늘어나리라 전망한다. 석유는 전기자동차 증가와 에너지 소비 절약으로 OECD 국가에서는 소폭 줄어들겠지만, 세계 인구가 증가하고 경제가 성장하는 한 앞으로도 계속 증가할 것이다. 천연가스는 수요를 감소시킬 어떤 요인도 없으므로 석유보다 더 큰 폭으로 증가할 것이다. 즉 지구 환경이 심각한 위기에 처해 있는데 안타깝게도 지구온난화의 원인인 화석에너지가 줄어들 기색을 보이지 않는다.

앞으로 석유를 쓰지 않는 시대가 올 거라고 주장하는 이들이 종종 있다. 석유로 누리는 온갖 혜택을 포기하지 못하면서 석유가 필요 없는 시대가 올 거라는 모순된 말을 한다. 또한 이제는 취사를 모두 인덕션으로 해서 천연가스는 필요 없게 될 것이라고 말하는 이들도 있다. 천연가스는 취사용이나 난방용보다 발전용으로 훨씬 많이 쓰이는 에너지 자원이다. 게다가 석탄 수요를 줄이면 천연가스 수요가 늘어나며 재생에너지가 확대될수록 천연가스 수요도 늘어난다. 미래에는 천연가스가 더욱 중요한 에너지원이 된다는 사실을 전혀 모르고 하는 얘기다. 무엇보다도 화석에너지의 현 상황을 정확히 이해해야 화석에너지를 줄이기 위한 방안을 강구할 수 있을 텐데, 현실과 동떨어진 인식을 하는 이들이 너무나 많다는 것이 안타깝다.

온실가스 넷제로와 탄소중립

기후변화에 의한 지구온난화는 이미 발등의 불이 되어버렸다. 전 세계 국가 대표들이 모여 산업화 이전 대비 지구 기온이 섭씨 1.5도 이상 오르지 않도록 노력하기로 했으나, 그 시점이 불과 몇 년 만에 12년이나 앞당겨져 2040년이면 이미 도달하고 마는 절박한 상황에 이르렀다. 세계의 많은 나라가 나름대로 탄소 감축을 위해 애썼지만, 탄소 감축보다 에너지 안보가 늘 우선순위다 보니 탄소 감축이 쉽게 이루어지지 않고 있다.

그럼에도 온실가스 넷제로net zero나 탄소중립carbon neutrality이라는 표현이 난무하고 있다. 온실가스 넷제로란 배출하는 온실가스 양만큼 온실가스를 모두 제거해 순배출이 전혀 없는, 제로로 만든다는 의미다. 탄소중립은 이산화탄소 순배출을 제로로 한다는 점에서 넷제로와 같의 의미지만, 탄소배출권 구매 등을 통해 처리하지 못한 배출량을 상쇄한다는 점에서 차이가 있다.[12] 그런데 탄소 순배출이 전혀 없는 탄소중립에 훨씬 못 미치는 상황임에도, 기업이나 국가 차원에서 탄소 배출량 자체를 조금 줄였다고 너무 쉽게 탄소중립에 대해 얘기하고 있다. 배출되는 이산화탄소의 일부분을 줄인다고 탄소중립이 달성되는 게 아니다. 탄소중립은 현란한 언어유희일 뿐이다. 지구의 기온 상승이 계속되고 있는 상황에서 미래에도 화석에너지 사용과 이산화탄소 배출이 줄어들 조짐이 별로 없다는 현실을 바탕으로 위기의식을 느끼는 것이 먼저여야 할 것이다.

CCUS가 탄소 감축의 해결책일까?

CCUS_{carbon capture, utilization and storage}는 탄소 포집·활용·저장이라는 뜻으로서, 대기 중으로 배출하는 이산화탄소를 포집해_{capture} 산업체에서 활용하거나_{utilization} 지하 지층에 저장하는 것_{storage}을 말한다. CCUS는 지구상에 배출되고 있는 이산화탄소를 인위적으로 제거할 수 있는 유일한 수단이므로, 최근에 관심을 많이 받고 있다. 그런데 문제는 CCUS가 수소만큼, 아니 그보다 훨씬 더 그 효능이 과장되고 있다는 것이다.

산업체에서 활용하는 CCU_{carbon capture and utilization}에 대해서는 지난 수십 년간 연구와 실증화를 해왔지만, 전 세계를 통틀어 산업체에서 CCU를 활용한 양은 연간 200만 톤 정도로 이는 2021년 기준 세계 이산화탄소 배출량 546억 톤에 비하면 극소량에 불과하다. CCU 기술 발전의 한계와 경제성 문제뿐만 아니라, CCU를 통해 만든 제품이 언젠가는 이산화탄소를 다시 배출한다는 우려 등으로 국제사회는 CCU를 통한 탄소 감축에 크게 기대하지 않는 듯하다.

오히려 지하 지층에 이산화탄소를 주입하는 CCS_{carbon capture and storage}에 많은 기대를 하고 있다. 우리나라도 2010년 '국가 CCS 종합 추진계획'을 수립해 과학기술정보통신부·산업통상자원부·해양수산부·환경부 등 정부 여러 부처가 연합해서 CCS 사업을 추진하고 있다. 이산화탄소를 지층에 주입하는 CCS는 지층에서 석유·가스를 생산하는 과정의 역순 공정이므로, 무엇보다 CCS를 할 만한 두껍고 양호한 퇴적층이 있어야 한다. 그러므로 미국·중동·호주와 같이 퇴적층이 많이 발달한 산유국에서나 제대로 할 수 있다. 또한 지층에 이산화탄소를 주입하는 CCS는 지층으로부터 석유·가스를 빼내는 생산과 달리 기술적으로 위험부담이 상당히 높은 공정이다. 세계적인 메이저 석유회사인 셰브런·엑슨모빌·셸이 합동으로 30억 달러 이상을 투자해, 호주 북서부 해상의 섬 지하에 있는 400미터 이상의 두꺼운 퇴적층에 이산화탄소를 연간 400만 톤 주입하는 CCS를 추진했다. 그런데 최고의 기술력을 지닌 회사들이 기술적 타당성을 충분히 검토했음에도, 애초 예상한 양의 절반밖에 주입하지 못해 엄청난 손실을 보고 있다.[13] 우리나라는 2021년 생산이 만료된 동해가스전의 해상 설비를 활용한 CCS를 추진하고 있다. 정부는 사업 추진에서 호주의 실패를 타산지석으로 삼아, 무리한 목표를 세울 게 아니라 기술적 타당성, 주입 용량 등을 매우 신중하게 살펴 대규모로 투입되는 정부 예산을 헛되게 낭비하는 일이 일어나지 않도록 해야 한다.

최근 육상에서 CCS를 수행하기에 적합한 검증된 퇴적층이 없는 우리나라와 일본 같은 비산유국이 해상에서 탐사를 통해 지층을 새롭게 찾아 이산화탄소를 주입하는 사업을 추진하고 있다. 해상의 경우 설사 퇴적층을 찾는다 하더라도, 이산화탄소가 제대로 주입될지 불확실성이 높은 새로운 퇴적층에 투자비가 많이 드는 주입용 해상 또는 해저 구조물을 설치해 CCS를 시도한다는 것은 위험부담이 대단히 높은 사업이라는 점을 잊지 말아야 한다.

기술적인 어려움뿐 아니라, CCS 투자비를 어떻게 회수할 것인가에 대한 수익 모델의 부재가 CCS 확대의 장애 요인이 되고 있다. CCS는 주로 공공 영역에서 연구와 실증사업으로 추진되며 뚜렷한 수익 모델이 없어, 민간 영역에서는 아직 활성화되지 않고 있다. CCS 사업이 경제성을 지니려면 이산화탄소를 많이 배출하는 산업체가 밀집해 있으면서 동시에 이산화탄소 주입이 가능한 지중이 인근에 있어야 할 뿐 아니라, CCS 투자비를 회수할 수 있어야 한다. 미국에서는 세금 혜택tax credit을 주면서 CCS를 장려하고 있어, 산업체와 CCS 대상 지층이 같이 있는 텍사스 유전·가스전 지역에서 CCS 사업이 활발히 진행되고 있다. 이산화탄소 주입이 가능한 퇴적층이 많은 인도네시아와 같은 산유국에 우리나라 기업이 이산화탄소를 다량 배출하는 공장을 보유해, 수행하는 CCS에 대한 탄소크레딧*을 정식으로 인증받을 수 있다면 CCS 수익 모델이 될 수도 있을 것이다.

2022년 기준으로 전 세계에서 순수하게 CCS 목적으로 지층에 주입하는 이산화탄소는 1000만 톤에 불과하다.[14] 앞으로 어느 정도는 늘어나겠지만 현재 연간 배출량 546억 톤의 0.02퍼센트에 불과하므로, CCS를 통한 이산화탄소 처리량은 매우 제한적이다. 국제에너지기구는 2030년까지 연간 6억 1500만 톤을 활용과 저장, 즉

---

* 탄소크레딧(carbon credit)은 이산화탄소나 그 외 온실가스를 감축하거나 제거하는 것을 가치화한 상품이다. 탄소크레딧 중 회피크레딧(avoidance credit)은 나무를 심거나 재생에너지를 사용해 탄소 배출 억제 실적을 인증받아 획득하는 크레딧이고, 제거크레딧(removal credit)은 이산화탄소를 직접 제거해서 획득하는 크레딧으로 CCS가 이에 해당한다.

CCUS로 처리할 수 있을 것으로 매우 의욕적으로 전망하고 있다. 그러나 현재까지의 실적으로 볼 때 목표 달성이 쉽지 않을 뿐만 아니라, 설사 목표를 달성한다고 해도 연간 이산화탄소 배출량의 1.1퍼센트에 불과한 아주 소량이므로 탄소 감축에 거의 이바지하지 못한다고 할 수 있다.[15] CCUS에 관한 세계적인 관심에 비해 그동안의 실적과 전망은 실로 초라하기 짝이 없다.

CCUS를 통해 탄소 감축을 하겠다고 하는 것은 마치 체중 감량이 절실한 상황에서 음식 섭취를 줄이려는 노력은 별로 하지 않고 체중 감량 효과가 1.1퍼센트(CCUS를 통한 2030년 세계 탄소 감축 목표)밖에 되지 않는 운동을 통해 살을 빼겠다고 하는 것과 같다. 인위적으로 이산화탄소를 제거하는 유일한 방법이 CCUS이므로, 이산화탄소 포집 기술 개발, 지중 주입, 액화 수송선 건조 등 앞으로도 세계적으로 CCUS를 확대하려는 노력은 계속될 것이다. 우리나라도 세계적인 추세에 맞춰 CCUS에 어느 정도 관심을 두어야겠지만, CCUS에 대한 노력보다는 에너지 효율화와 에너지 소비 절약을 통해 이산화탄소 배출량 자체를 줄이는 것이 훨씬 효과적이라는 것을 인식할 필요가 있다.

허무맹랑한 목표가 아닌 현실적인 대책이 필요하다

재생에너지, 친환경 수소, CCUS 등으로 탄소중립을 달성해야 한다고 하지만, 지금까지 살펴본 바에 따르면 이들 방법으로는 탄소중립은 고사하고 탄소 배출량 자체를 줄이기도 쉽지 않은 상황이다.

탄소 감축을 실현하기 위해서는 무엇보다 에너지 소비 자체를 줄이는 것이 가장 중요하다. 화석에너지로 누리는 온갖 혜택을 조금도 포기하지 않고 탄소 감축을 실현하기는 불가능하다.

무엇보다 에너지 전환에 대한 장밋빛 환상을 버려야 한다. 인류 역사에서 실로 획기적인 두 차례 산업혁명을 통한 에너지 전환은 저비용·고효율의 발전적 전환이었지만, 재생에너지로의 에너지 전환은 인류의 생존을 위해 어쩔 수 없이 선택해야 하는 전환이다. 에너지 전환을 강조하면서 에너지 전환이 미래의 부를 위한 투자이며, 이를 통해 일자리 등 더 많은 기회가 제공될 것이라 주장하기도 한다. 물론 중국이 풍력산업과 태양광산업에 집중적으로 투자해 세계시장을 선도하듯이 에너지 전환 관련 사업을 통해 새로운 이익을 창출할 수는 있다. 그러나 우리가 당면한 에너지 전환은 우리에게 기회를 제공하는 것보다 훨씬 많은 희생과 고통을 요구하는 고비용·저효율로의 에너지 전환이라는 냉엄한 현실을 직시해야 한다.

재생에너지와 원자력 확대가 화석에너지 수요 감소에 결정적인 영향을 미치지는 못하지만, 그래도 화석에너지 외에 우리가 활용할 수 있는 에너지원이라고는 재생에너지와 원자력밖에 없다. 화석에너지를 줄일 수 있는 저탄소 에너지인 재생에너지와 원자력을 확대하는 에너지 전환을 추진해야 한다. 재생에너지와 원자력의 여러 제약성을 잘 고려해서 이를 극복하고, 저탄소 에너지를 최대한 확대할 수 있도록 국가와 국민 모두 노력해야 한다.

에너지 패권의 향방

기후변화에 대응하기 위해 화석에너지 사용을 줄이고 저탄소에너지인 재생에너지와 원자력발전을 계속 늘려야 한다. 그러나 지금까지 살펴본 바와 같이 2050년, 아니 그 이후에도 화석에너지는 여전히 세계의 주에너지원 역할을 할 것이다. 게다가 재생에너지와 원자력을 아무리 확대한다고 하더라도 이는 에너지 패권과는 무관하다. 재생에너지나 원자력으로 생산하는 전기는 권역 밖의 다른 나라로 수출할 수 없고, 자국 내나 권역 내에서 소비하는 데 그칠 것이기 때문이다.

따라서 기후 위기 시대 또는 에너지 전환 시대에 에너지 패권의 판도는 여전히 화석에너지 보유 여부에 달려 있다고 하겠다. 석탄은 사용량이 크게 늘지 않을 가능성이 크며, 비교적 전 세계 골고루 많이 매장되어 있으므로 석탄을 확보하기 위한 경쟁은 치열하게 벌어지지 않을 것이다. 결국 석유와 천연가스를 많이 보유한 국가가 21세기 에너지 패권을 쥐게 되며, 현재의 생산량보다는 매장량을 많이 보유한 국가가 미래에 에너지 강국으로서 더 영향력을 발휘하게 될 것이다.

더욱 커질 중동 산유국의 영향력

미국 에너지정보청은 국가별 확인매장량과 일일생산량 자료를 제공하고 있다. 자원량에는 확인매장량 외에도 추정매장량, 가능매장량, 발견잠재자원량이 있으므로, 확인매장량이 지하에 부존된 자원량 전체를 말하지는 않는다. 그러나 확인매장량만이 정식으로 등록된 매장량이고, 나머지 자원량은 정확한 통계를 구할 수 없을 뿐 아니라, 부존 가능성에 대한 불확실성이 많다.

확인매장량으로 볼 때, 비전통 석유 강국인 베네수엘라가 매장량 최대 보유 국가이며 캐나다가 4위를 차지하고 있다. 비전통 석유의 경우 전통적 방식으로 개발하는 석유에 비해 개발비가 많이 든다. 또한 앞에서 언급한 바와 같이 베네수엘라는 국가적 혼란으로 초중질유를 개발할 여건이 마련되어 있지 않으며, 캐나다는 석유가 나갈 통로가 원활하지 않아 풍부한 매장량을 보유하고 있음에도 생산량이 제한되어 있다. 먼 장래에는 이들 두 나라가 에너지 강국으로 등장하겠지만 다소 시간이 걸릴 것이다.

베네수엘라와 캐나다를 제외하면 중동 산유국 다섯 나라가 매장량 순위 2~7위까지 자리를 차지하며 다음으로 러시아, 리비아, 미국 순이다. 현재 석유를 가장 많이 생산하는 미국이 매장량 보유로만 보면 10위에 불과하다. 결국 장래에도 중동 산유국이 석유 패권을 계속 쥐고 있을 것이다. 석유수출국기구의 장기 전망에 따르면, 2022년 일일 1억 배럴인 세계 석유 생산량이 2045년에는 일일 1억 1600만 배럴로 증가한다. 미국의 석유 생산량 증가 둔화에 따라 전체 석유 생산 증가분 중 OPEC의 증가분이 1190만 배럴로 74퍼센트를 차지하고, 미국을 비롯한 비OPEC의 증가분은 420만 배럴로 26퍼센트에 그친다. 이에 따라 국제 석유 시장에서 OPEC의 점유율

표 10-1. 주요 산유국 석유 확인매장량 및 일일생산량

매장량 순위	국 가 명	확인매장량(억 배럴) (2021년 말 기준)	일생산량(만 배럴) (2022년 말 기준)	생산량 순위
1	베네수엘라	3040	74	
2	사우디아라비아	2590	1213	2
3	이란	2090	368	9
4	캐나다	1700	569	4
5	이라크	1450	455	6
6	쿠웨이트	1020	302	10
7	아랍에미레이트	980	423	8
8	러시아	800	1097	3
9	리비아	480	107	
10	미국	440	2038	1

출처: 미국 에너지정보청

은 2022년 34퍼센트에서 2045년 40퍼센트로 증가해 OPEC의 영향력이 더욱 커질 것이다.

중동의 산유국들이 1950년 이후 해당 국가의 석유산업을 대부분 국유화함으로써 산유국들은 엄청난 부를 소유하게 되었다. 게다가, 중동 산유국이 중심이 되어 1960년 OPEC을 창설하고 1970년대 석유파동을 일으키면서 석유 가격을 좌지우지하기까지 해 세계 경제를 휘두르는 힘을 쥐게 되었다. 재생에너지와 원자력이 확대되어도 석유 수요가 쉽게 줄지 않으리라는 것을 잘 아는 산유국들이 석유를 레버리지로 활용해 국제사회에 막강한 영향력을 행사하고 있다. 유가 상승 시 석유 증산을 통해 유가를 안정시키고자 하는 서방에 협조하지 않고 있으며, 석유 증산을 미국과의 방위 협정 체결이나 무기 거래의 협상 카드로 쓰고 있다. 그 와중에 자국의 에너지 안보를 위해 각고의 노력을 기울이고 있는 유럽 국가, 중국, 일본, 한국 등 나라의 중동을 향한 구애는 계속되고 있다. 석유 시대는 계속될 것이며, 중동 산유국의 에너지 패권은 계속될 뿐만 아니라 앞으로 더욱 강화될 것이다.

천연가스 시장에서의 러시아와 중동 파워

2022년 말 기준으로 천연가스를 가장 많이 생산하는 나라는 미국이지만, 확인매장량은 러시아가 1위, 이란이 2위, 카타르가 3위, 미국이 4위, 투르크메니스탄이 5위다. 미국이 비록 생산량 1위지만 미국 내 소비량이 많으며, 매장량은 그 규모가 1위인 러시아의 27퍼센트에 불과하다. 매장량 5위인 카스피해 연안의 투르크메니스탄은 통로가 막혀 있어 천연가스를 중국과 러시아로만 수출하고 있다.

그동안 세계 천연가스 공급의 한 축을 담당했던 북해의 천연가스 공급은 점점 줄어들고 있으며, 호주의 생산량은 세계 7위지만, 남아 있는 확인매장량 규모로는 세계 12위에 불과하다. 또한 현재 천연가스 공급의 가장 큰 부분을 차지하는 미국 셰일가스의 생산이 가파른 증가세를 멈추고 2040년부터는 거의 정체 상태를 보일 것

표 10-2. 주요 천연가스 생산국 확인매장량 및 연간 생산량

매장량 순위	국 가 명	확인매장량(조 m³) (2021년 말 기준)	연간 생산량(억 m³) (2022년말 기준)	생산량 순위
1	러시아	47.77	6480	2
2	이란	33.96	2608	3
3	카타르	23.857	1694	6
4	미국	13.16	10294	1
5	투르크메니스탄	11.32	865	11
6	사우디아라비아	9.424	1219	8
7	중국	6.651	2253	4
8	아랍에미레이트	6.085	547	12
9	나이지리아	5.745	400	13
10	베네수엘라	5.66	235	
11	알제리	4.5	1009	10
12	호주	3.226	1538	7

출처: 미국 에너지정보청

으로 전망된다. 앞으로 10~20년은 미국이 여전히 세계 LNG 시장의 중요 공급원이 되겠지만, 그 이후에는 러시아와 중동 산유국들의 LNG 시장 점유율이 높아질 것이다.

　러시아는 이미 육상 가스관을 통해 유럽으로 많은 양의 천연가스를 수출하는 데다가, LNG 설비도 확장해 나가고 있다. 사할린과 북극해의 LNG 설비를 늘릴 여지가 충분하며, 시베리아로부터 가스관을 통해 오는 천연가스를 극동 블라디보스토크에서 LNG로 액화해 수출하는 것도 고려하고 있다. 러시아는 앞으로도 오랫동안 세계 LNG 시장에서 영향력을 발휘할 것이다.

중동의 신흥 가스 대국 카타르는 이미 세계 LNG 공급시장에서 1, 2위 자리를 다투고 있다. 이란은 2000년대 초에 LNG 액화 설비 건설을 추진하다가, 국제사회의 제재로 중단된 것을 다시 추진하려고 준비 중으로 2025년 가동을 목표로 하고 있다.[16] 그동안 꾸준히 LNG를 생산해 온 오만은 앞으로도 상당 기간 LNG를 생산할 것이며, 최근 LNG 설비를 확장하고 있는 아랍에미리트는 LNG 생산을 계속 늘려나갈 것이다. 여기에 사우디가 합류하게 되면 세계 LNG 시장에서의 중동 파워는 더욱 강해질 것이다.

현재 세계 천연가스 생산량의 17퍼센트를 차지하는 중동의 천연가스 생산량이 2050년에는 세계 생산량의 22퍼센트를 담당하리라 전망되므로, 석유뿐만 아니라 LNG 공급에서도 중동 의존도가 점점 높아질 수밖에 없다. LNG 공급원이 서방의 호주와 미국에서 앞으로는 중동과 러시아로 그 축이 바뀔 가능성이 크다. 우리나라와 같이 전적으로 해외로부터 에너지 수입에 의존해야 하는 국가로서는 에너지 공급 관련한 국제 정세를 잘 판단해서 사전에 대비할 필요가 있다.

미국과 러시아, 누가 에너지 패권을 쥘 것인가?

2022년 세계 최대 석유 생산국인 미국은 석유 소비량 또한 세계 최대이다. 그동안 미국은 석유 수입량이 수출량보다 많은 순수입국이었다가, 셰일오일 생산 증가로 2020년부터 수출량이 수입량을 초과했다. 2022년 미국은 석유를 952만 배럴 수출하고 833만 배럴 수입했으므로 순수출액은 119만 배럴이다.[17] 미국의 셰일오일 생산이 늘어나 당분간은 석유 수출도 늘어나겠지만, 미국의 석유 생산이 조만간 정체될 것으로 전망되므로 석유 수출이 계속 늘기는 어려워 보인다. 천연가스 생산량 역시 미국이 세계 1위다. 2023년 8450만 톤의 LNG를 수출해 세계 최대 LNG 수출국으로 등극한 미국의 LNG 수출은 석유와 달리 앞으로도 상당 기간 증가하리라 예상된다.[18]

러시아는 석유 생산량 1위인 미국과 2위인 사우디아라비아에 이어 세계 3위의 석유 생산국이며, 천연가스 생산량은 미국에 이어 세계 2위다.[19] 그런데 세계 에너지 최대 소비국인 미국에 비해 자국 내에서 소비하는 물량이 많지 않아 많은 양의 석유와 천연가스를 수출하고 있다. 러시아가 우크라이나 전쟁을 일으켜 서방의 제재를 받으면서도 건재한 것은 막강한 에너지 수출 파워 때문이다. 서방의 에너지 제재가 석유 수입에 국한되어 있어, 유럽은 계속 러시아로부터 가스관과 LNG를 통해 천연가스를 수입하고 있다. 또한, 유럽으로의 석유 수출은 제한되어 있지만, 중국이나 인도로의 석유 수출이 늘어나 러시아에 대한 에너지 제재는 사실상 제대로 작동하지 못하는 실정이다.

미래 에너지 패권의 향방은 현재의 생산량보다 남아 있는 매장량에 달려 있다고 볼 수 있다. 석유 확인매장량은 러시아가 세계 8위이며 미국이 10위다. 천연가스의 확인매장량은 러시아가 세계 1위이며 미국은 4위인데, 러시아의 천연가스 확인매장량 규모가 미국의 세 배가 넘는다. 전 세계에 걸쳐 신규로 개발되는 유전이나 가스전이 급격히 줄어들고 있지만, 광대한 국토를 지닌 러시아에서는 야말 가스전이 있는 북극권을 비롯한 여러 지역에서 석유와 천연가스가 추가로 계속 개발되고 있다. 반면에 미국은 육·해상 대부분 지역에서 이미 석유·가스 개발이 이루어져 추가 매장량 확보가 쉽지 않아 보인다. 2000년대 중반부터 셰일혁명으로 에너지 패권을 되찾은 미국이 중단기적으로는 석유·가스 공급시장에서 중요한 위치를 점하겠지만, 우월적 지위가 그리 오래 갈 것 같지는 않다. 미국의 가스 소비는 계속 늘어나고 있지만, 셰일가스 생산은 2040년 이후 정체할 가능성이 높으므로 LNG를 수출할 여유가 없게 될 것이다. 석유 수출 감소는 그보다 더 빨리 찾아올 것으로 예상된다. 이와 대조적으로, 러시아는 석유·가스 개발 잠재력이 여전히 많으며, 외국으로 수출할 여력도 충분하다. 장기적으로 볼 때, 러시아가 앞으로 세계의 석유와 천연가스의 주요 공급원 역할을 하면서 에너지 패권을 누릴 것으로 전망된다.

야말 LNG 플랜트

전 세계에 걸쳐 신규로 개발되는 유전이나 가스전이
급격히 줄어들고 있다.

하지만 광대한 국토를 지닌 러시아에서는
야말 가스전이 있는 북극권을 비롯한 여러 지역에서
석유와 천연가스가 추가로 계속 개발되고 있다.

4부

생존 전쟁

에너지 지정학이 중요한 이유는 에너지를 둘러싼 쟁탈전이 패권 전쟁을 넘어선 생존 전쟁으로 가고 있기 때문이다. 이전에는 패권 다툼에 그쳤지만 이제는 생존이 걸렸다. 그 이유는 세 가지다. 우선, 자원의 무기화가 심화하면서 에너지 수급이 위태로워질 것이다. 그 단적인 예가 러시아-우크라이나전쟁이다. 그다음으로 자원 고갈 및 신재생 에너지 개발의 어려움도 문제다. 마지막으로 기후변화가 우리 생존을 심각하게 위협하는 수준에 이르렀다는 사실이다. 이 세 가지 모두 한 국가의 정치·경제·안보에 지대한 영향을 미치는 요인이 되었다. 따라서 에너지 문제를 생존의 문제로 인식해야 한다. 에너지 확보를 통한 에너지 안보, 탄소 감축, 에너지 절약, 신재생에너지 확대 등 이 모두를 생존의 관점에서 바라보고 적극적으로 실천해야 한다. 우리가 할 일을 해낼 때 미래가 있다.

에너지 최대 소비국 중의 하나이면서도 에너지 최빈국인 우리나라는 에너지 자원의 안정적인 공급이 무너진다면 산업의 기반이 흔들리는 구조적 불안을 안고 있다. 기후 위기 대응을 위한 재생에너지 확대와 탄소 감축 요구도 우리 산업계에 부담으로 다가오고 있다. 이러한 상황임에도 에너지와 탄소에 관련된 온갖 부정확한 정보와 지식이 난무하며, 에너지가 진영 논리의 희생양이 되고 있다. 안정적인 에너지 확보와 동시에 기후 위기에 현명하게 대처하기 위해서는 무엇보다 현재 상황에 대한 정확한 이해가 필요하다. 우리나라의 에너지 현황과 그동안의 자원 확보 노력을 알아보고 21세기 우리의 생존 전략을 어떻게 수립해야 할지 살펴보기로 하자.

11장

한국 에너지
현황과 전망

에너지 소비 현황

우리나라 에너지믹스와 전기믹스

우리나라는 제조업을 산업의 기반으로 하고 있지만, 제조업에 필수적인 에너지를 자체 생산할 수 없어 대부분 외국으로부터 수입하고 있다. 아워 월드 인 데이터가 제공하는 자료에 따르면, 우리나라 에너지믹스는 석유 43퍼센트, 석탄 22퍼센트, 천연가스 17퍼센트, 원자력 13퍼센트, 재생에너지 5퍼센트 순으로 전량 수입에 의존해야 하는 화석에너지 비율이 1차 에너지 전체의 82퍼센트를 차지한다.[1]

우리나라 전력 현황은 한국전력공사의 '2023년 한국전력통계'[2] 자료를 활용했는데, 발전량 자료는 한국전력통계 자료와 아워 월드 인 데이터의 자료에 약간의 차이가 있다. 2023년 우리나라 전력 발전량에서의 에너지원별 비율인 전기믹스는 석탄이 32퍼센트로 가장 많으며, 다음으로 원자력 31퍼센트, 천연가스 27퍼센트, 신재생에너지 10퍼센트, 석유 등 기타가 1퍼센트다. 신재생에너지 10퍼센트는 수력 0.6퍼센트, 태양광 4.8퍼센트, 풍력 0.6퍼센트, 그 밖에 바이오·양수 등이 포함된다.

특이한 점은 우리나라의 2023년 에너지원별 설비용량 비율과 실제 발전량에서의 비율에 상당한 차이가 있다는 것이다. 원자력 발전의 설비용량은 26기가와트로서 전체 설비용량에서 차지하는 비율이 17퍼센트인데 반해 2023년 원자력발전이 생산한 발전량은

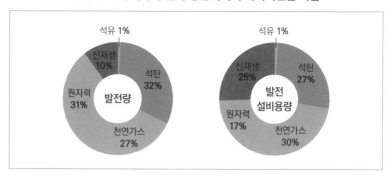

그림 11-1. 우리나라 전력 생산에서의 에너지원별 비율

출처: 한국전력공사

180테라와트시로서 우리나라 전체 발전량에서 석탄 다음으로 높은 비율인 31퍼센트이다. 반면에 신재생에너지의 설비용량은 37기가와트로서 전체 설비용량에서 차지하는 비율은 25퍼센트인데, 실제 발전량은 60테라와트시로서 전체 발전량에서의 비율은 10퍼센트에 불과하다. 재생에너지가 발전 효율이 낮아서이기도 하지만, 재생에너지발전 설비만 갖추고 제대로 활용하지 못해 전력 부족을 메우기 위해 원자력을 많이 가동할 수밖에 없었다는 사실을 알 수 있다.

계속 늘어나는 발전량

연도별 발전량 추이 자료는 한국전력통계의 자료가 제한되어 있어, 아워 월드 인 데이터를 활용했다. 우리나라의 2010년 전력 사용량은 474테라와트시인데, 2023년에는 588테라와트시로서 무려 24퍼센트 증가했다.

유럽 선진국들과 일본의 전력 소비량이 줄어드는 데 반해 우리나라 전력 소비량은 계속해서 늘고 있다. 한국 산업계는 에너지 소비가 많은 철강·시멘트·자동차·석유화학·반도체 등의 비중이 크기 때문이다. 최근에 우리나라는 반도체산업을 집중적으로 육성하고 있는데, 반도체 소자를 만드는 메인 제조라인 팹Fabrication 하나를 가동하려면 원전 1기에 버금가는 전력이 필요하다. 앞으로 용인 등에 반도체 클러스터를 조성하면 엄청난 양의 전력이 더 필요하게 될 것이다. 게다가 우리나라는 IT산업의 선구자로 AI, 빅데이터 등이 활성화될 것이므로, 전력 사용량이 앞으로도 계속 증가하리라 예상된다.

우리나라는 해마다 늘어나는 발전량을 석탄과 천연가스를 연소해 채워나가고 있다. 재생에너지가 증가하고는 있지만 아직은 미미한 수준이고, 1980년대 중반 전체 발전량의 절반 가까이를 담당하던 원자력의 비율이 계속 줄어서 2023년에는 31퍼센트에 그친다. 탈원전 정책으로 2018년 원전의 비율이 22퍼센트까지 내려갔으나 이제 상당히 회복한 상황이다.

2017년 45퍼센트를 차지하던 석탄의 비율이 2023년 32퍼센트까지 줄었지만, 전체 발전량이 늘어나 비율이 줄어든 것뿐이며 석탄 사용량 자체는 소폭 주는 데 그쳤다. 2020년 210테라와트시였던 석탄발전이 2023년 203테라와트시로 발전량이 불과 3퍼센트 줄었으며, 우리나라 전력 생산에서는 석탄이 여전히 가장 큰 비중을 차지하고 있다.

전기믹스에서 석탄의 비율이 줄어든 대신에 천연가스 사용량이 가파르게 늘어났을 뿐만 아니라 그 비율도 2017년 24퍼센트에서 2023년 27퍼센트로 증가했다. 천연가스가 석탄에 비해 이산화탄소 배출이 적다고는 하지만, 석탄이 배출하는 이산화탄소 양의 절반 정도를 배출하고 있으므로, 천연가스 또한 소비를 줄여나가야 하는 화석에너지다. 게다가 석탄에 비해 고가인 천연가스의 사용 증가는 국가 전체 발전 비용 증가의 가장 큰 요인이 되고 있다.

의존도가 가장 높은 석유

여전히 높은 중동 의존도

우리나라는 2023년 한 해에 10억 577만 배럴의 원유를 수입해 864억 달러를 사용했다. 국가별로는 사우디아라비아로부터 가장 많이 수입했으며, 미국·UAE·쿠웨이트 순이다.[3] 러시아에서는 2010년 5016만 배럴, 2022년 2098만 배럴을 수입했으나, 러시아에 대한 제재로 2023년에는 수입 물량이 없다. 대신에 중동으로부터의 원유 수입 비율이 늘어나 중동 의존도가 2022년 67퍼센트에서 2023년 72퍼센트로 증가했다. 2010년 82퍼센트였던 중동 의존도가 원유 공급원 다변화로 2023년 72퍼센트로 줄어들긴 했으나, 세계 원유 공급에서 2022년 기준 중동 비율이 33퍼센트인 것을 고려하면 여전히 우리나라는 중동 의존도가 높다고 할 수 있다.

이란으로부터도 상당량의 원유를 수입해 왔지만, 미국의 이란에 대한 제재로 인해 2020년 이후 이란산 원유는 수입하지 않고 있다. 인도네시아와 브루나이 등 기존에 원유를 수입하던 동남아시아 산유국의 생산 감소로 인해 이들 국가로부터의 원유 수입은 급격히 줄었다. 미국으로부터의 원유 수입이 대폭 늘어난 것을 비롯해 파나마 운하를 통한 멕시코, 브라질 등 미주 대륙으로부터 원유 수입 또한 늘어났다. 특히, 미국의 셰일오일 수출량이 급증해 우리나라 또한 미국으로부터 상당량의 원유를 수입하고 있다. 2024년 1~4월간 미국산 원유 수입량은 44억 4165만 배럴로 전체 수입량의 15퍼센트에 달해, 전체 도입량의 30퍼센트를 차지하는 사우디아라비아에 이어 아랍에미리트와 미국으로부터 거의 비슷한 양의 원유를 수입했다.[4] 앞으로도 상당 기간 미국의 석유 수출이 계속되겠지만 미국의 석유 생산이 수년 내 정체 또는 감소 추세를 보일 가능성이 크므로, 미국의 석유 생산량 추이를 지켜보면서, 미주·아프리카·중앙아시아 등으로 원유 공급 다변화를 추진해야 할 것이다.

석유 수출 비중이 큰 나라

우리나라는 SK 이노베이션, GS 칼텍스, 현대오일뱅크, S-오일 등 정유사 네 곳과 석유 비축을 담당하는 한국석유공사가 산유국으로부터 원유를 직접 수입하고 있다. 원유를 정제하여 얻는 생산품을 석유제품이라고 하며, 석유제품은 끓는점에 따라 LPG·휘발유·나프타·등유·경유·중유 순으로 생산된다. 석유화학제품˚은 석유제품의 일종인 나프타를 원료로 생산한다. 석유제품은 정유사 네 곳과 석유화학제품을 생산하는 여러 석유화학 회사가 수입하고 있다. 우리나라의 2023년 석유제품 수입 물량은 3억 7200만 배럴, 수입액은 264억 달러다. 2023년 원유와 석유제품 수입액은 1128억 달러로 국가 총수입액의 17.6퍼센트에 해당하는 금액이다.[5]

우리나라는 석유제품과 석유화학제품을 만들어 외국으로 수출하는 나라다. 우리나라 석유제품 전체 소비에서 가장 많이 소비되는 것은 나프타로서, 석유제품 소비의 47퍼센트를 차지한다. 세계 대부분 나라의 석유제품 소비에서 가장 큰 부분을 차지하는 것은 휘발유·경유 등 수송 연료인데, 우리나라에서 나프타 소비가 많은 것은 수출용 석유화학 원료로서 나프타가 많이 사용되기 때문이다.[6] 2023년 우리나라 전체 수출액 6327억 달러 중 석유제품이 522억 달러, 석유화학제품이 457억 달러로 이 둘을 합한 수출액은 979억 달러다. 전체 수출액의 15.5퍼센트로 수출 품목 1위인 반도체 수출액과 거의 같은 비율이다.[7] 수출 비중이 크다 보니 석유제품과 석유화학제품의 경기에 따라 전체 수출 실적이 영향을 받을 수밖에 없다. 1차 에너지 에너지원별 비율인 에너지믹스에서 우리나라의 석유 비율이 43퍼센트로 세계 평균 32퍼센트에 비해 상당히 높은 이유는 원유와 석유제품을 수입해, 외국으로 다시 석유제품과 석유화학

---

*   석유화학제품의 종류로는 합성수지를 가공해 만드는 플라스틱류, 합성원료를 가공해 만드는 각종 섬유제품, 합성고무를 가공해 만드는 타이어, 신발 등 고무 제품, 기타 화학제품으로 얻는 접착제, 세제, 화장품 등이 있으며, 일상생활의 수많은 제품이 석유로부터 생산되고 있다.

제품을 수출하는 물량이 많기 때문이다. 우리나라는 산업 구조 때문에 세계 어느 나라보다도 석유 의존도가 높다.

위협받는 석유화학산업

석유화학은 경기순환과 석유 수급 상황에 따라 호황과 불황을 오가는 사업으로 최근에 석유화학 업계를 덮친 부진은 이전과는 다르다는 평가가 많다. 무엇보다 당장 중국 시장의 축소가 가장 큰 위협이 되고 있다. 우리나라 석유화학 제품 수출에서 가장 큰 비중을 차지하던 중국으로의 수출이 눈에 띄게 줄고 있다. 2010년 48.8퍼센트에 달했던 중국 비중이 2020년 42.9퍼센트로 완만하게 떨어지다 2023년에는 36.3퍼센트로 크게 줄었다.[8] 중국으로의 수출이 줄어든 것뿐만 아니라, 중국 석유화학제품이 세계시장에 나오면서 석유화학제품의 공급 과잉까지 우려되어 불황이 장기화하지 않을까 염려된다.

나프타를 분해해 석유화학제품을 만드는 나프타분해Naphtha Cracking Center, NCC 공정은 우리나라가 세계에서 가장 경쟁력을 갖춘 공정이다. 그런데 미국에서의 셰일혁명 이후 나프타 대신 천연가스를 분해해 석유화학제품을 생산하는 ECCEthylene Cracking Center 공정이 많이 쓰이고 있다. 세계적인 탈탄소 흐름에 따라 열을 많이 사용해 탄소 배출이 많은 NCC보다는 ECC가 선호되고 있다. 게다가 UAE와 같이 천연가스를 저비용으로 생산하는 국가에서 ECC 공정을 통해 만드는 석유화학제품이 원가 경쟁력까지 갖추고 있어 우리나라를 비롯해 NCC 공정으로 생산하는 국가에 큰 위협이 되고 있다.

　최근에는 정유 공정의 기술 혁신을 통해 나프타를 거치지 않고 원유에서 바로 석유화학제품을 생산하는 COTC_{Crude Oil-to-Chemical} 공정이 개발되었다. NCC와 달리 중간 공정을 거치지 않는 COTC 는 제조 원가가 낮을 수밖에 없어 세계적으로 대세가 되고 있다. 중국의 석유화학제품이 원가 경쟁력에서 앞서는 것은 바로 중국은 이 COTC 공정으로 제품을 생산하기 때문이다. 중국뿐 아니라 사우디 등 중동 산유국들도 COTC 증설을 서두르고 있어 엎친 데 덮친 격이다. 우리나라의 수출 효자 품목인 석유화학 부문이 중국과 중동발 위기를 과연 어떻게 헤쳐나가야 할지 큰 숙제를 안고 있다.

시장이 변화하는 천연가스

LNG 공급원을 다변화해야 한다

　우리나라는 2023년 LNG를 4639만 톤을 수입하였으며, 호주·카타르·말레이시아로부터 가장 많은 LNG를 수입했다. 2022년에 비해 미국의 물량이 소폭 준 것은 우크라이나 전쟁으로 유럽 LNG 가격이 급등해, 미국이 유럽으로 향하는 LNG 수출 물량을 많이 늘린 탓이다. 러시아로부터는 2022년 196만 톤에 이어 2023년 165만 톤이라는 적지 않은 물량을 수입했다.[9] 2010년과 비교해 보면 인도네시아 물량이 대폭 줄었다. 이전에 많이 수입했던 예멘과 적도기니로부터의 수입 물량은 없어졌다. 천연가스 생산 감소로 LNG 생산이 줄었기 때문이다. 호주와 미국으로부터의 수입 물량은 2010년 대비 많이 늘었다.

우리나라가 미국으로부터 수입하는 LNG 물량은 2021년에 1031만 톤으로, 당시 우리는 미국산 LNG의 최대 수입국이었다. 우크라이나 전쟁 발발 이후 미국이 아시아로의 LNG 수출을 줄이고 유럽으로의 수출을 대폭 늘리면서, 우리나라의 2023년 미국산 LNG 수입량은 627만 톤으로 2021년 대비 39퍼센트 감소했다.[10] 그런데 미국 바이든 정부가 2023년 3월에 EU 여러 국가를 포함한 비FTA 국가에 대한 수출계약 승인 절차를 잠정적으로 중단 조치해 LNG 구매 시장에 다소 혼란이 일어난 상황이다. 트럼프 행정부가 들어섬에 따라 바이든이 잠정 중단한 LNG 수출계약 승인 절차 중단을 철회해 EU로의 LNG 수출이 재개될 것이다. 그뿐만 아니라, 트럼프는 EU에 미국산 LNG를 수입하라는 압력까지 넣고 있어 향후 LNG 시장에 상당한 변화가 예상된다. 안정적인 LNG 도입이 매우 중요하며 장기 계약을 선호하는 우리나라로서는 LNG 시장 동향을 잘 살펴 공급원 확보를 위해 선제적으로 조치할 필요가 있다. 원유에 비해 LNG를 공급할 수 있는 나라는 전 세계에 그리 많지 않다는 점을 염두에 두고 LNG 공급원 다변화에 항상 유념해야 한다.

LNG 직수입과 개별요금제
우리나라는 공기업인 한국가스공사가 독점하던 LNG 수입을

2005년부터 개별 사업자에게 자가소비용에 한해 직접 수입할 수 있도록 허용했다. LNG 직수입은 2005년 33만 톤, 2010년 173만 톤, 2018년 617만 톤, 2020년 906만 톤으로 꾸준히 증가하다가 2021년 770만 톤, 2022년 680만 톤으로 감소했으나, 2023년에 다시 증가세로 돌아섰다.[11] 2023년에는 수입 물량 4411만 톤 중 가스공사가 78.8퍼센트인 3475만 톤을 수입했고, 18개 직수입사가 발전용 및 산업용으로 나머지 936만 톤을 수입했다. 직수입 물량이 늘어나는 추세로 보아 2024년에는 최종적으로 직수입 물량이 1000만 톤을 넘어설 것으로 전망된다. LNG 직수입사로 2023년 말 현재 22개사가 등록했으며, 그중 SK, GS, 포스코 계열사들의 수입량이 전체 직수입 물량의 74퍼센트를 차지하고 있다.[12]

한편 2020년 이전에 적용한 평균요금제는 한국가스공사가 체결한 모든 LNG 도입 계약 가격의 평균을 내 전체 발전사에 동일한 가격으로 공급하던 요금 제도다. 2020년 도입한 개별요금제란 평균요금제와는 달리, 개별 도입 계약을 통해 각 발전소와 연계해 서로 다른 가격으로 LNG를 공급하는 제도다. LNG를 직수입하는 발전사가 LNG 공급자 선정 시 여러 공급자 중 한국가스공사를 선택할 수 있는 근거를 마련한 것이다.[13] 개별요금제 도입 이후 계약 물량이 급격히 증가해, 2023년 말 현재 일곱 개사 아홉 개 발전소가 개별요금제로 가스공사와 판매 계약을 체결했으며 계약 물량은 연간 210만 톤이다. 민간 기업뿐만 아니라, 그동안 직수입 및 자체 LNG 터미널 건설을 추진해 왔던 발전 공기업들이 직수입과 개별요금제를 병행하는 전략을 구사하면서 개별요금제를 선택했다. 개별요금제와 직수입의 경쟁력을 단적으로 비교하기는 어렵지만, 최근 개별요금제를 선택한 일부 발전소의 연료비 원가가 경쟁력을 갖춘 것으로 분석되면서, 향후 개별요금제 계약이 증가할 것이라는 전망도 나온다.

발전용과 도시가스용 천연가스

우리나라에 수입되는 천연가스의 47퍼센트는 한국전력 발전자회사와 민간 발전회사에 의해 발전용으로 사용되며, 나머지 53퍼센트는 도시가스로 사용된다. 도시가스는 전국에 연결되어 있는 배관망을 통해 소비자에게 공급되어 주택 및 상업 난방, 산업용, 수송용 등으로 쓰인다. 우리나라는 총 34개 도시가스 회사가 5만 1000킬로미터에 이르는 도시가스 배관망을 통해 권역별로 도시가스를 최종 수요자에게 공급하고 있다.[14]

소비가 감소하는 석탄

우리나라에서는 2018년까지 전체 1차 에너지 소비 증가에 따라 석탄 소비도 증가하였으나, 2019년부터 석탄 소비가 줄고 있다. 2018년 1007테라와트시였던 석탄 소비가 2023년 748테라와트시로 줄어 2018년 대비 26퍼센트 감소했다. 줄어든 석탄 수요는 천연가스가 대체하고 있다.

우리나라의 석탄 수입 현황

우리나라는 2023년 1억 1946만 톤의 석탄을 수입했다. 호주로부터 가장 많은 3666만 톤을 수입했으며, 러시아 2677만 톤, 인도네시아 2659만 톤으로 호주·러시아·인도네시아 3개국으로부터 수입한 석탄이 전체의 75퍼센트에 이른다. 그 밖에 캐나다·남아프리카공화국·콜롬비아·미국 등으로부터 석탄을 수입했다.[15] 과거에는 석탄이 취사와 난방용 연료로도 많이 활용되었지만, 지금은 발전용 연료로 가장 많이 쓰이고 있다. 우리나라 석탄 수입의 가장 큰 고객은 석탄화력발전소를 운영하는 발전 공기업과 민자 발전사들이다.

한계가 명확한 재생에너지

우리나라의 재생에너지 비율이 낮은 이유

전 세계에서 재생에너지가 에너지믹스에서 차지하는 비율은 15퍼센트, 전기믹스에서 차지하는 비율은 30퍼센트인데 비해, 우리나라의 재생에너지 비율은 에너지믹스에서 5퍼센트, 전기믹스에서 10퍼센트에 불과하다. 우리나라 재생에너지 비율이 낮은 가장 큰 이유는 세계 재생에너지의 절반을 차지하는 수력의 비중이 우리나라에서는 매우 낮기 때문이다.

1985년 3.2테라와트시로 전체 발전의 5퍼센트였던 수력 발전량이 2023년에는 3.7테라와트시로 소폭 늘어났으나, 전체 발전량 중

가에 따라 발전에서의 비율은 0.6퍼센트로 대폭 줄었다. 우리나라에서 수력발전은 더 이상 늘어날 수 없는 상황이다. 바이오에너지 또한 크게 늘어날 여지가 없어, 결국 우리나라 재생에너지 중 앞으로 늘려가야 하는 것은 태양광과 풍력뿐이다.

태양광과 풍력 현황

우리나라는 지리적, 기후적 조건이 태양광발전과 풍력발전을 하기 유리하지 않지만, 지난 문재인 정부의 적극적인 재생에너지 확대 정책에 따라 태양광발전은 상당히 늘었다. 2010년 0.8테라와트시였던 태양광발전량이 2023년 29.4테라와트시로 대폭 늘어났으며, 발전에서 차지하는 비율도 0.2퍼센트에서 4.8퍼센트로 늘어났다. 세계 전력 생산에서 태양광 비율이 5.5퍼센트인데 우리나라는 4.8퍼센트이므로 세계 평균에 거의 근접한 값이다. 그동안 국토 곳곳에 소규모 태양광발전을 많이 설치한 결과인데, 앞으로도 태양광발전을 최대한 늘려야겠지만, 우리나라와 같은 조건에서 태양광발전이 대폭 확대될 가능성은 그리 높아 보이지 않는다.

전 세계적으로 태양광발전보다 풍력발전 비율이 더 높아 풍력이 세계 전력량에서 차지하는 비율은 7.8퍼센트인데, 우리나라는 0.6퍼센트에 그치고 있다. 우리나라의 경우, 산악 지역에 풍력발전 설비를 갖추기가 쉽지 않으며, 인구가 조밀한 연안 지역에 풍력발전을 설치할 여건이 되지 못하다 보니, 세계 평균에 비해 풍력발전이 활발히 추진되지 못했다. 최근에 해상 풍력발전이 동해·남해·서해 곳곳에서 진행되고 있는데, 연안 해역뿐만 아니라 먼바다에도 부유식 해상 풍력발전 건설을 계획하고 있어 앞으로 한국에서도 풍력발전이 늘어나리라 전망된다.

그런데 우리나라 재생에너지발전 확대에는 제약점이 있다. 태양광발전과 풍력발전을 확대하려면 국가전력계통에 연결할 송전선로를 건설해야 하며, 송전선로로 연결되었다 하더라도 한꺼번에 과다한 전력이 생산되면 국가전력계통의 안정을 위해 출력을 제한할 수밖에 없다는 것이다. 풍력발전이 많이 설치되어 있는 제주도는 육지로 나오는 송전선로가 없는 탓에, 제주도 자체에서 과다 출력이 발생해 출력 제한이 자주 일어나고 있다. 이는 재생에너지 확대를 위해서 반드시 풀어야 할 과제다.

영향력이 확대되는 원자력

우리나라의 원자력발전소 현황

우리나라는 2024년 7월 현재 전국에 분포된 다섯 개의 발전소에 26기의 발전 설비가 있다. 원자력 설비용량은 2만 6000메가와트이며, 경북 울진의 한울원전에 8기, 경북 경주의 월성원전에 5기, 울산 울주군 새울원전에 2기, 부산 기장군 고리원전에 5기, 전남 영광의 한빛원전에 6기가 있다.[16]

원전 발전량은 계속 늘어나 2015년 163테라와트시로 최대 발전

그림 11-2. 우리나라 원자력 발전소

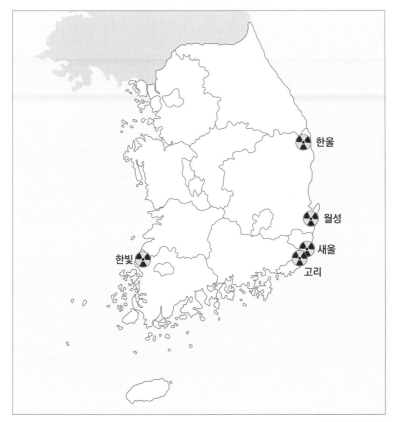

한울

월성

새울

한빛

고리

출처: 한국수력원자력

량을 기록한 후 세계적인 원전 축소 흐름에 따라 조금씩 줄여왔다. 그러다가 2017년 문재인 정부가 들어선 후 탈원전 정책으로 2018년에는 가동률이 66.5퍼센트까지 떨어지고 발전량은 134테라와트시에 그쳤다(자료 11-1 참조).

문재인 정부가 원전을 축소하기로 방침을 세웠으나, 늘어나는 전력 수요를 다른 에너지원으로 충당하기에는 역부족이었기에 2019년부터는 원전 발전량을 다시 늘리기 시작했다. 윤석열 정부 집권 후에는 탈원전 정책을 철회하고 원전 생태계 복원을 추진하면서 2022년부터 원전 가동률이 더욱 늘어나, 2023년에는 가동률 82.1퍼센트, 발전량 180테라와트시를 기록했다.

신규 원전 건설

윤석열 정부 들어와서 원전 가동이 늘어났을 뿐 아니라, 중단되었던 원전 건설이 다시 추진되고 있다. 원전 건설이 취소되었던 경북 울진의 신한울 3, 4호기의 건설 허가가 2024년 9월에 나고 2024년 10월 30일 착공식을 계기로 본격적인 건설이 시작되었다. 문재인 정부 때 공론화 절차를 위해 건설이 일시 중단되었던 울산 울주군의 새울원전 3, 4호기는 건설이 진행 중이지만, 공론화를 포함한 여러 사정으로 공사 기간이 많이 늘어났다. 애초 2021년 10월 준공 예정이었던 새울 3호기는 2025년 하반기, 2022년 10월 준공 예정이었던 새울 4호기는 2026년 준공 예정이다. 현재 건설 중이거나 건설 예정인 원전은 모두 한국형 최신 가압경수로 APR-1400Advanced

Power Reactor 1400으로서 각 원자로 1기의 설비용량은 1400메가와
트다. 새울 3, 4호기와 신한울 3, 4호기가 모두 완성되면 설비용량
이 5600메가와트 늘어나, 우리나라 원자력발전 총 설비용량은 3만
1600메가와트가 된다.

원자력발전을 확대하기 위한 중요한 과제 중의 하나는 고준위
방사성 폐기물 처리다. 세계적으로도 고준위 폐기물 처리 시설을 갖
춘 나라는 아직 없다. 핀란드가 현재 건설 중이며 스웨덴은 인허가
를 취득했고 여러 국가가 부지 선정을 진행 중이다.[17] 고준위방사성
폐기물 영구 처리 시설은 부지 선정부터 건설 인허가를 거쳐 최종
건설될 때까지 40년 이상 걸리는 장기 프로젝트다. 그런데 우리나
라는 이미 상당량의 고준위 폐기물이 생긴 상황인데도 아직 손조차
대지 못하고 있다. 따라서 고준위 방사성 폐기물 처리장 추진은 더
이상 미룰 수 없는 시급한 현안이다.

한국이 최초로 수주한 바라카 원전

사우디아라비아와 어깨를 나란히 할 주요 산유국으로 성장해
에너지 강자로 급부상한 UAE의 맏형 아부다비는 석유 의존도를 줄
이기 위한 노력도 게을리하지 않고 있다. UAE는 태양광·풍력과 같
은 재생에너지 확대와 더불어 무탄소 에너지인 원자력발전소를 건
설하기로 하고 입찰을 실시해 2009년 한국전력의 APR-1400 원전
을 선정했다.

총 4기로 구성된 투자비 200억 달러 규모의 UAE 바라카 원

전은 한국이 최초로 수주한 해외 원전이며 중동 최초의 원전이다. 2018년 1호기 준공을 필두로 2·3호기도 준공되었고 4호기는 2025년 준공된다. 1기 설비용량 1400메가와트로서 4호기까지 가동되면 총용량 5600메가와트인 바라카 원전은 완공 후 UAE 전체 전력 수요의 최대 25퍼센트를 공급하게 된다.

초대형 프로젝트인 바라카 원전의 성공적인 건설과 가동으로 UAE는 한국의 우수한 기술과 추진력, 한국 기술자들의 책임감과 성실성을 신뢰하게 되었고, 이를 바탕으로 UAE와 한국은 돈독한 우호 관계를 형성하게 되었다.

12장

한국 자원 개발 역사

국내 석유·가스 개발사

국내에서 생산하는 석유와 천연가스가 거의 없어 외국으로부터 수입하는 에너지 자원에 의존할 수밖에 없는 우리나라는 일찍부터 정부의 적극적인 지원 아래 국내외 자원 개발을 활발히 추진해 왔다.

우리나라 육지에서 석유나 천연가스가 나지 않는 이유는 국토를 구성하고 있는 암석 중에 퇴적암이 별로 없고, 마그마가 굳어서 만들어진 화성암이나 변성암이 대부분이기 때문이다. 그러므로 마그마로부터 생성되는 광물자원은 국토 여러 곳에서 개발되었으나, 퇴적암에 부존되어 있는 석유와 천연가스는 우리나라 지질의 특성상 존재하기 힘들다.

소규모 퇴적분지가 있는 전남 해남과 포항 지역에 1960년대와 1970년대 탐사정을 시추했으나 석유·가스 발견에 실패하면서, 우리나라 육상은 석유나 천연가스 부존 가능성이 희박함을 확인했다. 1970년대 포항 시추에서 유전이 발견되었다고 해서 온 국민이 기대에 부풀었으나, 결국은 유전이 아닌 것으로 판명이 나는 해프닝이 벌어지기도 했다.

한국석유공사의 대륙붕 탐사

우리나라 육지에는 퇴적암이 있는 지역이 별로 없지만, 다행히 바다에는 여러 퇴적분지에 퇴적암이 쌓여 있다. 우리나라 정부는 대륙붕 석유 탐사를 위해 1970년 해저광물자원 개발법을 공포하고 국

그림 12-1. 우리나라 대륙붕 광구도

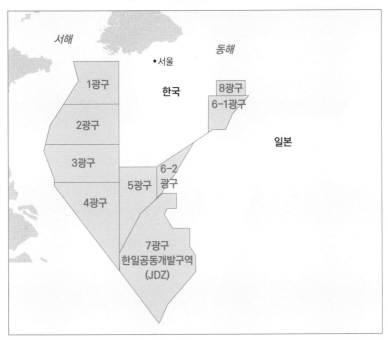

출처: 한국석유공사

내 대륙붕을 제1~7광구의 일곱 개 광구로 책정하면서 본격적인 석유 탐사를 추진했다. 후에 제6광구는 제6-1광구와 제6-2광구로 나뉘고, 제7광구는 영해 분쟁이 생긴 일본과의 공동 탐사를 위해, 한일공동개발구역Joint Development Zone, JDZ으로 바뀌었으며, 동해 북부에 제8광구가 추가되었다.

우리나라는 대륙붕 지역에 광구를 설정한 후 외국 석유회사의 투자를 유치했다. 이에 1970년대 셸·걸프 등의 회사가 참여해 우리나라 여러 해역에 인공지진파 탐사*와 탐사정** 시추를 실시했으나 석유 발견에 실패하고 철수한 바 있다.

1970년대 중동발 석유파동으로 유가가 급등하자 중동으로부터의 석유 수입에 의존하던 우리나라는 유가 상승과 석유 공급 부족으로 큰 어려움을 겪었다. 석유의 안정적인 공급에 대한 필요성을 절실히 느낀 우리나라 정부는 정부 부처 내 동력자원부를 신설해 에너지와 자원 정책을 총괄하게 했고, 1979년 국영기업인 석유개발공사(현 한국석유공사)를 설립해 국내외 석유 개발과 석유 비축을 전담하게 했다.

회사 설립 이후 한국석유공사는 국내 대륙붕 전역에 걸쳐 외국

---

* 인공지진파 탐사(seismic exploration)는 인공으로 지진파를 발사해, 지층의 경계면에서 반사되어 올라오는 반사파를 분석함으로써 지하 내부를 조사하는 탐사법이다. 마치 인체를 조사하기 위해 CT나 MRI를 하는 것과 같이, 시추하기 전에 간접적인 방법으로 조사해 석유나 천연가스가 있을 유망구조를 찾아내는 것이다. 인공지진파 탐사는 자료 취득, 전산 처리, 자료 해석의 세 단계를 거친다.

** 인공지진파 탐사를 통해 유망구조를 찾은 후, 석유나 천연가스가 실제로 있는지 확인하기 위해 시추하는 것을 탐사정이라고 한다.

석유회사와 공동으로, 또는 단독으로 인공지진파 탐사와 탐사정 시추를 수행해 왔다. 지금까지 외국 석유회사와 한국석유공사가 우리나라 대륙붕 전역에 실시한 인공지진파 탐사 현황은 2D 탐사 11만 6500킬로미터, 3D 탐사 1만 1800제곱킬로미터이며, 탐사정과 생산정을 포함한 시추공 수는 동해 27개, 서해 6개, 남해 8개, 한일공동개발구역에 7개로 모두 48개 공을 시추했다.

우리나라 서해 해역 북쪽에 있는 중국의 발해만에서 석유와 천연가스가 많이 생산되고 있어 한때는 서해에서의 석유 발견 가능성에 기대를 걸기도 했다. 그러나 서해 지역에 6개 공의 탐사정을 시추했지만, 유전이나 가스전 발견에 실패했다. 우리나라 서해의 해저분지는 발해만의 퇴적분지와는 지질학적으로 분리되어 있으며, 퇴적분지 규모가 작아 석유와 천연가스가 존재하기 어려울 것으로 추정된다.

남해 해역에서도 8개 공을 시추했지만, 유전이나 가스전은 찾을 수 없었다. 남해 역시 두꺼운 퇴적층이 없어 유망성이 높지 않은 것으로 추정된다. 제주도 남쪽에 있는 한일공동개발구역은 광구 남쪽에 있는 동중국해에서 유전이 발견되어 석유나 천연가스 존재 가능성을 여전히 기대하고 있으나, 일본이 공동 탐사를 거부하고 있어 현재 탐사가 중단된 상태다.

우리나라를 산유국으로 만든 동해가스전

서해나 남해와는 달리 동해는 울릉분지라고 하는 대규모 퇴적분지에 두꺼운 퇴적층이 쌓여 있는 해역이다. 동해 제6-1광구는

1983년 셸이 탐사정을 시추해 비록 시험생산까지는 가지 못했지만, 가스 징후를 발견하였기에 가장 기대되는 광구였다. 제6-1광구 탐사권을 취득한 한국석유공사는 1980년대 후반과 1990년대 초반에 걸쳐, 석유·가스가 들어 있기 좋은 배사구조가 잘 발달한 '돌고래 구조대' 지역에 탐사정을 여러 공 시추해 가스층을 발견하였다. 가스층이 발견된 탐사정 몇 공에서는 가스 시험 생산까지 성공했으나, 상업적으로 생산하기 충분한 양이 아니어서 가스전 개발을 추진할 수 없었다.

돌고래 구조대 탐사 실패 후 우리나라는 대륙붕에서의 가스 발견 가능성이 없으므로, 더 이상 대륙붕에 투자하지 말고 해외 석유·가스 탐사로 전환해야 한다는 움직임이 일었다. 그러나 대륙붕에서 비록 상업성 가스전 발견은 실패했다 해도 여러 시추공에서 가스가 나왔으므로 동해 가스전 탐사를 포기할 수는 없었다. 제6-1광구에는 돌고래 구조대와 같은 배사구조가 더 이상 없어 유망성이 없을 것이라고들 했지만, 석유공사 기술진은 새로운 탐사 개념을 도입해 다섯 개의 층서트랩* 유망구조를 찾아냈다. 그리고 이 유망구조 이름을 '돌고래'보다 더 많은 가스가 부존되어 있으리라는 기대를 담아 '고래'라고 지었다.

석유공사는 다섯 개의 유망구조 중 가장 유망하다고 생각한 고

---

*   층서트랩(stratigraphic trap)은 돔 형태의 배사구조가 아닌 지역에 석유나 가스가 모여 있는 것을 말한다. 배사구조가 아니더라도 경사진 지층이 얇아지거나, 지층 상부에 유체가 흐르는 것을 막아주는 세일층이 있으면 석유나 가스가 모일 수 있다.

그림 12-2. 동해 광구도

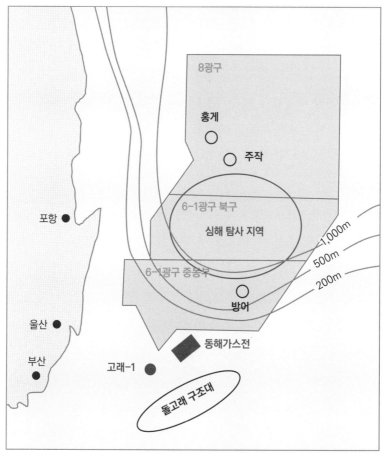

출처: 산업통상자원부, 한국석유공사

래-1 유망구조에 1994년 탐사정 시추를 했고, 마침내 돌고래 구조대에서보다 훨씬 두꺼운 가스층을 발견해 냈다. 그 후 첫 번째 평가정 시추에서도 가스층이 확인되어 우리나라 최초의 가스전 개발이 이루어질 것이라는 기대에 부풀었다. 그러나 안타깝게도 두 번째 평가정 시추에서 예상보다 적은 양이 나와 결국은 경제성 부족으로 고래-1 발견 가스전은 개발에 이르지 못했다.[2]

비록 고래-1 발견 가스전이 개발 단계로 가지는 못했지만, 여러 층서트랩 유망구조를 발견하고 탐사정 시추를 통해 두꺼운 가스층을 확인했으므로, 한국석유공사는 국내대륙붕 탐사를 포기하지 않았다. 그 후 고래 지역 다섯 개 층서트랩 유망구조 중 하나인 '고래-5' 유망구조에 1998년 탐사정을 시추해 마침내 상업적 생산이 가능한 가스층을 발견할 수 있었다. 외국 회사가 성공하지 못했던 동해 제6-1광구에서 우리 기술로 유망구조를 찾아내고, 탐사정 시추에서 가스전 발견에 성공한 것이다.

한국석유공사는 고래-5 유망구조에서 찾은 이 가스전을 '동해-1 가스전'으로 명명하고 개발에 들어가, 2004년부터 양질의 천연가스를 생산하기 시작했다. 2015년에는 인근에서 '동해-2' 가스전이 추가로 발견되어, 동해-1 가스전 해상 플랫폼에서 같이 생산했다. 우리나라를 산유국이 되게 한 울산 남동쪽 58킬로미터 해상의 동해가스전은 일일 최대 6000만 세제곱피트의 천연가스와 함께 1200배럴의 콘덴세이트를 생산했으나, 그 수명이 다해 17년간의 생산을 끝내고 2021년 말 생산을 종료했다.

동해 심해를 탐사하다

최근 세계적으로 심해 탐사가 활발히 진행되고 있다. 일반적으로 암석이 퇴적될 때 해안에서 가까운 곳에 양호한 사암이 퇴적되고 먼바다로 갈수록 입자가 작은 셰일이 퇴적되어, 먼바다에 퇴적된 지층은 석유·가스가 들어 있는 저류암으로는 부적합한 것으로 알려졌다. 그런데 1980년대 들어 육지로부터 아주 멀리 떨어진 심해 해저분지의 '터비다이트'라고 하는 암석에서 유전이 발견되기 시작했다. 아프리카·남미 등 전 세계 심해에서 발견되는 유전이나 가스전 대부분은 터비다이트에서 발견된다. 최근에 회자되고 있는 가이아나 심해 유전이나 이스라엘 심해 가스전 모두 터비다이트 사암을 저류암으로 하고 있다.

우리나라도 2010년대 들어 동해 지역에서 심해 탐사를 시작했다. 동해 심해의 제8광구에 터비다이트 발견을 목표로 한국석유공사와 호주의 우드사이드가 공동으로 두 개의 탐사정을 시추했다. 2012년 시추한 '주작-1' 탐사정에서는 가스가 나오지 않았으나, 심해 저류층에 두께가 상당한 터비다이트 사암층이 존재함을 확인했다. 2015년 시추한 '홍게-1' 탐사정에서는 가스를 발견했으나, 이산화탄소의 비율이 워낙 높아 개발 단계로 진입하지는 못했다.

---

* 터비다이트는 저탁류라고 하는 해저면을 따라 흐르는 해류에 의해, 입자가 굵은 모래가 육지로부터 멀리 심해 해저분지까지 이동해 퇴적된 암석이다. 저탁류(turbidity current)에 의해 퇴적되었다고 해서 터비다이트(turbidite)라고 한다. 화강암을 그래니트(granite)라고 하는 것과 같이 암석 이름에는 대체로 뒤에 'ite'가 붙는다.

그 후 한국석유공사 단독으로 3D 인공지진파 자료를 해석해 동해 제6-1중·동부광구 심해 지역에서 '방어' 유망구조를 찾아냈다. 방어구조는 천연가스 3.9조 세제곱피트(원유 환산 약 7억 배럴)의 탐사자원량이 예상되는 층서트랩 유망구조이며 저류암으로 터비다이트가 있을 것으로 기대됐다. 2021년 6월 수심 약 800미터 해저 아래 있는 방어구조에 탐사정을 시추하였으나, 안타깝게도 시추 도중 과압력 지층을 만나 목표층에 도달하지 못하고 시추를 중단할 수밖에 없었다.

최근 '동해 140억 배럴'이라는 어마어마한 규모의 유전 발견 가능성이 발표되어, 의아하면서도 한편으로는 동해 심해 탐사가 계속된다는 점에서는 다행이라는 생각이 든다. 동해에서 석유가 25퍼센트, 가스가 75퍼센트 나올 거라고 발표했는데, 이는 유전이 25퍼센트, 가스전이 75퍼센트라는 뜻은 아닐 것이다. 아마도 가스전에서 생산되는 천연가스 중 지표에 올라와 액체로 바뀌는, 석유의 일종인 콘덴세이트가 25퍼센트 있을 거라는 의미일 듯하다. 우리나라 동해의 퇴적층은 남미의 가이아나와 같이 엄청나게 많은 석유를 생성한 중생대 백악기 지층이 아니라 신생대 제3기 퇴적층이므로, 근원암 측면에서 유전보다는 가스전이 존재할 가능성이 크다. 비록 근원암 유망성으로 볼 때 대규모 유전 발견 가능성은 크지 않지만, 동해와 같이 신생대 제3기 지층으로 되어 있는 이스라엘 심해에서 2009년 대형 가스전이 발견된 이래 여러 가스전이 발견된 예가 있다. 우리나라 동해 심해에서도 규모가 꽤 큰 가스전을 발견할 가능성은 충분히 있으므로, 자료를 면밀히 검토해 유망성이 있는 지역을 계속해서 적극적으로 탐사해야 한다.

해외 자원 개발사

코데코에 의한 최초의 해외 석유 개발

우리나라 최초의 해외 석유 개발 사업은 인도네시아에서 산림 개발 사업을 하던 한국남방개발이 설립한 코데코에너지가 시작했다. 1981년 인도네시아 서마두라 광구에 참여한 코데코에너지는 3년간 끈질긴 집념으로 총 10개 공을 시추한 끝에 유전 발견에 성공할 수 있었다. 서마두라 유전은 1984년부터 생산을 시작해 일일 1만 8000배럴을 생산했고, 생산되는 원유 대부분을 국내에 도입해 자주 개발 석유 확보에 이바지했다.

SK를 상류 부문으로 이끈 예멘 마리브 유전

인도네시아 서마두라 유전사업 성공 소식에 한국 기업들이 석유 탐사에 본격적으로 관심을 두기 시작했다. 한국 기업들이 외국 회사와의 공동 참여를 추진해 1983년 유공(현 SK)·삼환기업·현대종합상사·한국석유공사 등 네 개 기업이 미국 회사 헌트가 운영하는 예멘 중부 육상의 마리브 탐사 사업에 지분 참여를 하게 되었다. 그 후 수년간의 탐사 결과, 4억 배럴 규모의 유전을 발견하는 데 성공했다. 마리브 유전은 일일 10만 배럴 이상 20년간 원유를 생산한 대

형 유전이었다.[3]

1970년대에는 대기업 그룹에 속하지 못했던 ㈜선경이 1980년 대한석유공사를 인수하면서 회사명을 ㈜유공으로 바꾸고 성장하기 시작했다. 유공은 석유산업에서 하류downstream로 불리는 정유 공장으로 출발했지만, 상류upstream 부문인 석유 개발에 과감히 뛰어들어 예멘 마리브 탐사사업에 지분 참여한 것이다. 유공은 마리브 유전 발견에 성공한 후 미얀마 육상 유전 탐사에도 도전하면서 우리나라 민간 부문 석유 개발의 선봉에 섰다. 유공은 1998년 회사 이름을 SK로 바꾸었고, SK는 2000년대 들어 급성장해 지금은 4대 대기업 그룹 중 하나가 되었다.

베트남 가스전과 유전 개발

1990년대 들어 해외 석유·가스 개발을 추진하기로 한 한국석유공사는 국내 민간 기업 일곱 회사와 컨소시엄을 구성해 베트남 11-2광구 입찰에서 광권을 취득했고, 1992년부터 광구를 직접 운영했다. 11-2광구에서 탐사정 여섯 개 공을 시추한 결과, 1997년 가스전 발견에 성공해 2006년부터 지금까지 천연가스와 콘덴세이트를 생산하고 있다. 11-2광구 가스전은 2022년 기준으로 천연가스를 일일 4400만 세제곱피트(연간 4억 5000만 세제곱미터 규모) 생산했다.

11-2광구 성공을 계기로 한국석유공사는 SK와 함께 베트남 15-1광구의 광권을 확보했으며, 2000년과 2001년에 잇달아 유전을 발견하고 2003년 상업 생산에 들어갔다. 15-1광구에서는 그 후에도

2003년과 2005년에 유전을 발견해 생산을 증대해 나가고 있다. 15-1광구에서는 모두 네 개의 유전과 가스전에서 원유 환산 일일 4만 7000배럴에 해당하는 원유와 천연가스를 생산하고 있다.[4]

대박을 터트린 LNG 사업 지분 참여

해외로부터 LNG를 도입해 국내 발전소와 도시가스 회사에 천연가스를 공급하는 한국가스공사는 2000년대 들어 단순히 LNG를 도입하는 데 그치지 않고, LNG 프로젝트의 지분 참여를 적극적으로 추진하였다. 그중 가장 대표적인 사업이 오만 LNG와 카타르 LNG이다.

오만 LNG는 오만 정부와 셸, 토탈, 일본의 미쓰비시·미쓰이 등이 2기의 LNG 트레인*으로 760만 톤의 LNG를 생산해 한국과 일본 등 극동 지역에 판매할 것을 염두에 두고 시작했던 사업이다. 오만 LNG 공급사와 LNG 도입 협상을 추진해 오던 한국가스공사는 지분 참여를 강력히 요구해, 오만 LNG 사업 지분의 5퍼센트를 획득하는 데 성공했다. 가스공사는 민간 기업 대우·삼성·현대·SK에 공동 참여를 제의해 한국의 공기업과 민간기업이 1997년 KOLNG를 설립하면서 오만 LNG 사업에 주주로 참여했다. 한국가스공사는 2000년부터 25년간 연간 406만 톤의 LNG를 도입하는 장기 LNG 매매 계약을 체결해, LNG를 안정적으로 도입함은 물론 LNG 도입의 대

---

* LNG 트레인(train)은 천연가스 액화를 위해 일련의 공정 과정을 거치는 독립적인 유니트(unit)를 의미한다.

가로 얻은 지분을 통해 큰 이익을 얻었다. 자본금 3500만 달러를 투자해 설립한 KOLNG는 2022년 말까지 누적 이익이 12억 7000만 달러에 달하니, 우리나라는 LNG의 안정적인 도입과 엄청난 수익 창출을 동시에 달성한 것이다. 한국으로 도입하는 LNG 계약은 2024년 말 종료되었지만, KOLNG의 지분 참여를 10년간 연장하기로 했으므로 한국 기업들의 지분 이익은 10년간 더 지속될 것이다.[5]

한국가스공사는 오만 LNG와 마찬가지로 카타르의 라스라판 LNG와 장기 도입 계약을 체결하면서 LNG 사업 지분 5퍼센트를 얻어, 삼성·현대·SK·LG·대성·한화 등 국내 일곱 개 민간 회사와 공동 참여했다. 오만 LNG와 마찬가지로 카타르 LNG 사업도 큰 성공을 거두어 투자에 비해 훨씬 더 많은 이익을 보게 되었다.

2000년대 초 당시에는 LNG 판매가 불확실한 상황이었다. LNG 액화공장을 건설하면서 큰 투자를 해야 했던 LNG 공급자로서는 LNG를 장기적으로 도입할 회사가 꼭 필요했다. 그래서 지분을 기꺼이 LNG 도입자에게 내주었으며, 결과적으로 한국 기업들이 큰 이익을 얻게 된 것이다. 앞으로 향후 몇 년은 LNG 공급 과잉이 예상되어 수요가 우위에 있지만, 세계 LNG 수급 전망을 볼 때 머지않은 장래에 LNG 공급자 우위 시장으로 전환될 가능성이 있으므로, 신규 LNG 사업의 참여 기회를 적극적으로 모색할 필요가 있다.

삼탄의 인도네시아 석탄 개발

한편 해외 석탄 개발에 가장 성공한 회사는 인도네시아 파시르 탄광에서 석탄을 채굴하는 삼탄(현 ST인터내셔널)과 그 파트너인 삼천리이다. 삼탄은 1962년 삼척탄좌개발로 시작한 회사로 1980년대 들어 국내 석탄 사업이 하향세에 접어들자, 해외로 눈을 돌려 인도네시아 탄광 탐사에 뛰어들었다.[6] 삼탄은 1982년부터 인도네시아의 칼리만탄 남동부에 있는 파세르 지역 밀림에서 수년간 탐사 끝에 파시르 탄광을 발견하는 데 성공했다.

이 탄광은 매장량 13억 톤으로 추정되는 대형 탄광으로 1993년 첫 생산을 시작해 2015년 누적 생산량 4억 톤을 달성하였다. 삼탄은 인도네시아의 탄광 운영 자회사 키데코의 지분 49퍼센트 중 40퍼센트를 2017년에 2대 주주에게 넘기고 현재는 지분 일부만 보유하고 있다.[7]

성공을 이루지 못한 러시아 가스 개발

1991년 말 소비에트연방 해체 후 러시아 초대 대통령이 된 옐친은 1992년에 대우그룹의 김우중 회장에게 극동의 사하공화국 야쿠츠크 가스전에서 나오는 천연가스를 개발해 가스관을 통해 한국으로 보내는 사업에 참여할 것을 제의하였다.[8] 옐친 대통령으로부터 제의를 받은 김 회장은 한국 정부에 즉각 알렸고, 정부의 적극적인 지원 아래 한국의 열 개 회사가 참여하는 컨소시엄을 구성해, 한국·러시아연방정부·사하공화국이 합동으로 예비타당성조사를 벌이기로 했다. 당시에는 북한과 여전히 긴장 관계로 대치하는 상황이어서 북한을 경유하는 가스관 건설이라는 엄청난 사업을 통해, 에너지 확보는 물론 북한과의 긴장 관계를 완화할 수 있다는 기대로 의욕에 불탔다. 그러나 사업 초기부터 막대한 사업비, 러시아 측에 대한 불신, 가스관의 북한 경유 실현 가능성에 대한 의문, 컨소시엄 내의 의견 조율 어려움 등으로 난항을 겪다가 결국 사업이 제대로 추진되지 못하고 종료되고 말았다.[9] 야쿠츠크 가스전 개발과 가스관 건설 사업은 후에 러시아와 중국에 의해 '시베리아의 힘' 가스관 프로젝트로 추진되어, 중국이 러시아로부터 이 가스관을 통해 2019년부터 천연가스를 도입하고 있다. 푸틴과 시진핑의 협력하에 거의 30년 만에 결실을 보게 된 것이다.

러시아의 가스전을 개발하고 가스관을 통해 한국으로 가스를 들여오려는 프로젝트는 2000년대 들어 다시 시작된다. 김대중 대통령 재임 시 우리나라의 대북 포용 정책에 대해 러시아의 지지를 끌어내려고 노력하는 와중에 러시아 정부로부터 가스사업 참여 제의를 받게 된 것이다. 이번에는 사하공화국 야쿠츠크가 아닌 이르쿠츠크주 코빅틴스크 가스전을 개발해 가스관을 통해 한국과 중국으로 수송하는 프로젝트였다. 한국·중국·러시아가 공동으로 타당성 조사를 하기로 2000년에 합의한 후, 본격적으로 '이르쿠츠크 가스전 개발 및 배관 건설의 타당성조사'를 실시하기 시작했다. 이르쿠츠크 프로젝트는 건설하려고 하는 가스관의 길이가 4100킬로미터에 달하고 예상 투자비는 110억 달러에 달하는 초대형 프로젝트였다. 타당성조사가 마무리된 후 사업 추진을 위해 러시아와 수년간의 협상을 벌였으나 여러 현안에 대한 합의가 이루어지지 않아 진전이 없다가 결국은 사업이 종료되었다. 석유와 천연가스 잠재력이 풍부한 러시아와의 협력을 추진한 것은 적절하였으나, 적대 관계를 풀지 않은 북한을 경유하는 가스관이라는 점에서 볼 때, 설사 제대로 추진되었다고 하더라도 지금의 북한과의 불편한 관계를 생각해 보면 실현 가능성이 크지 않은 프로젝트였다고 할 수 있겠다.

러시아-우크라이나 전쟁으로 인한 러시아 제재로 우리나라로서는 러시아에서 에너지사업을 추진할 여건이 마련되어 있지 않다. 그러나 러시아 극동 이르쿠츠크의 풍부한 천연가스 매장량과 아직 개발되지 않은 사할린의 석유·가스 잠재력 등을 고려할 때 지리적으로 그리 멀지 않은 러시아 극동 지역을 계속 관심을 가지고 지켜볼 필요가 있다. 또한 북극해 지역에 여전히 가스전 개발 잠재력이 있으며, 최근 북극 항로가 뚫려 북극해에서 우리나라로 오는 LNG 수송 경로가 대폭 짧아졌다. 전 세계적으로 석유·가스를 개발할 지역이 그리 많이 남아 있지 않다는 점을 고려할 때 러시아는 결코 우리가 지나칠 수 없는 잠재력 많은 에너지 강국이다. 이웃 나라 일본이 서방의 제재에도, 우방 국가들을 설득해 러시아에서 에너지사업을 계속하고 있다는 점을 우리도 염두에 두어야 할 것이다.

자원 개발 역사상 최대 성공, 미얀마 황금가스전

우리나라 자원 개발 역사상 가장 성공적인 사례는 포스코인터내셔널의 미얀마 가스전이다. 이 프로젝트는 대우그룹의 주력 기업으로서 미얀마에서 다양한 사업을 펼치고 있던 ㈜대우가 1997년

그림 12-3. 미얀마 가스전 지질 모델

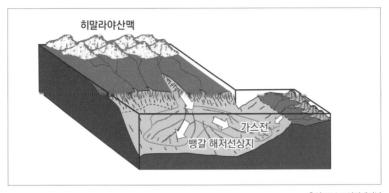

출처: 포스코인터내셔널

미얀마 정부의 권유로 시작했던 프로젝트다. ㈜대우 석유개발팀은 미얀마 국영석유회사를 방문해 자료를 검토한 결과, 광구가 충분히 유망성이 있다고 판단하고 광권을 취득하기 위해 미얀마 정부와 협상에 들어갔다. 그런데 협상이 진행되는 동안 대우그룹이 파산해 ㈜대우도 기업회생 절차에 들어가게 되었다. 모든 해외투자가 금지된 상황에서 ㈜대우 석유개발팀은 채권단을 끈질기게 설득해 투자 승인을 받아내고, 2000년에 미얀마 A-1 광구 광권을 취득했다.

미얀마 북서부 해상 A-1 광구는 1970년대 프랑스 토탈을 비롯한 미국, 일본 회사들이 모두 7개의 공을 시추하였으나 탐사에 실패하고 철수한 지역이었다. 외국 석유회사들이 철수한 이유는 이 지역에 양호한 저류암이 없으리라 판단했기 때문이다. 그러나 ㈜대우 기술진은 기존에 석유회사들이 시추한 지역보다 더 인도양 쪽 외해로

나가면, 멀리 히말라야산맥에서 인도 갠지스강을 따라 심해저까지 흘러 들어온 벵갈 해저선상지submarine fan에 심해 지층에서 퇴적되는 양호한 터비다이트 저류암이 있을 것으로 보았다.

　　그 후 인공지진파 탐사를 수행해 구조트랩이 아닌 층서트랩 유망구조를 찾아내고 2003년 탐사정을 시추한 결과, 미얀마어로 황금이라는 뜻을 지닌 대형 쉐Shwe 가스전을 발견했다. 미얀마 탐사사업에는 대우와 함께 한국가스공사·인도석유공사ONGC·인도가스공사GAIL가 참여하고 있었다. 첫 번째 쉐-1 탐사정 시추가 진행되는 동안 시추 결과에 만족하지 못한 인도 파트너들이 중도에 사업을 포기하고 철수하는 일이 벌어졌다. 그럼에도 불구하고 당시 대우 경영진의 과감한 결단과 전폭적인 지원 아래 한국 회사들만의 단독위험부담sole risk operation으로 드라마틱한 대성공을 끌어낸 이 사업은, 미얀마는 물론 동남아시아 석유업계에 전설로 남아 있다.[10] 첫 번째 가스전 발견에 성공한 ㈜대우는 2005년과 2006년 연이어 A-1 광구와 A-3 광구에서 가스전을 추가로 발견하는 쾌거를 이루었다. 이후 ㈜대우는 미얀마 가스전 대성공으로 기업회생 절차를 끝내고 대우인터내셔널이라는 이름으로 재상장했으며, 포스코에 인수되고 나서 회사명을 포스코인터내셔널로 바꾸었다.

　　가스전 개발 당시 평가한 세 개 가스정의 채굴 가능 자원량은 4조 세제곱피트로 이는 원유 환산으로 7억 배럴, LNG로 환산하면 8000만 톤이다. 쉐 가스전 자원량은 우리나라 자원 개발 역사상 최대 규모일 뿐 아니라, 2000년대 동남아시아에서 발견한 유전·가스

그림 12-4. 미얀마 쉐 가스전 해상 플랫폼

출처: 포스코인터내셔널

전 중 최대 규모로 알려져 있다. 미얀마 북서부 연안에서 105킬로미터 떨어진 쉐 가스전 해상 플랫폼에서는 2013년부터 일일 5억 세제곱피트(연간 52억 세제곱미터)의 천연가스를 생산해, 그중 4억 세제곱피트는 중국으로 공급하고 1억 세제곱피트는 미얀마 내수시장에 공급하고 있다. 포스코인터내셔널은 2020년 A-3 광구에서 '마하Mahar' 가스전을 추가로 발견해 현재 개발이 진행 중이다. 마하 가스전 개발로 인해 애초 25년간 계획되어 있던 가스 생산이 수년 더 늘어날 전망이다.

자원 개발의 기대 효과
미얀마 황금가스전은 가스전 탐사와 개발, 육·해상 가스관 건설비용 등에 총투자비 50억 달러가 소요된 대형 사업이었다. 포스코인터내셔널은 미얀마 가스전에서 연간 수천억 원의 수익을 창출해, 튼튼한 재무구조를 바탕으로 우리나라 굴지의 자원 개발 주도 회사로 도약했다. 미얀마 가스전 사업에 지분 10퍼센트로 참여한 한국가스공사는 에너지 분야에서 천연가스 저장·수송·기화를 담당하던 전형적인 중·하류 부문 회사였는데, 이 사업에 참여하면서 상당한 이익을 창출했을 뿐만 아니라 상류 부문 E&P* 분야로 진출하는 계기가 되었다.

미얀마 가스전 개발사업의 주主시공사는 바로 우리나라의 현대중공업이었다. 해양플랜트 건설에 세계적인 명성을 떨치던 우리나라 조선 3개사인 현대중공업, 대우조선, 삼성중공업이 모두 입찰에 참여해 현대중공업이 수주했다. 현대중공업은 15억 불에 이르는 대형 공사를 맡아 주어진 시간 내에 건설과 설치를 모두 끝냈다. 이는 한국 기업의 우수한 기술력과 책임감을 미얀마 정부와 사업에 참여한 여러 회사에 보여주는 계기가 되었다. 또한 해양 구조물과 해저 가스관 등 철강 제품의 73퍼센트에 해당하는 6만 6000톤의 철강을 포스코에서 공급했다. 미얀마 황금가스전은 우리나라 석유 개발의 한 획을 그었을 뿐 아니라, 우리나라 기업에 플랜트, 철강 등 연관 사업 기회를 창출해 주었다.

미얀마 가스전 사업의 가장 큰 효과는 포스코인터내셔널을 우

---

* 석유 개발을 영어로는 탐사와 생산이라는 뜻을 가진 E&P(Exploration & Production)라고 한다.

리나라 최고의 석유 개발 회사로 성장시켰다는 것이다. 광권 취득부터 인공지진파 탐사, 탐사정·평가정 시추, 가스판매 협상 및 계약 체결, 가스전 개발 과정을 거쳐 최종 생산에 이르기까지의 모든 단계를 직접 수행함으로써, 외국 석유회사에 전혀 뒤지지 않는 경쟁력 있는 회사로 발돋움했다. 게다가 외국 회사들이 실패한 지역에 새로운 탐사 개념을 적용해 가스전 발견에 성공하였으며, 총 50억 달러가 소요된 대규모 가스전 개발사업을 성공적으로 수행해 한국 기업의 우수성을 널리 알리는 좋은 기회가 되었다.

우리나라 석유·가스 개발 현주소

2008년 2월 대통령으로 취임한 이명박 대통령은 그해 들어 국제 유가가 급등하자, 그 전 노무현 대통령과 김대중 대통령 정부 때도 언급되어 온 '자원외교'를 국가의 중요 과제로 삼았다. 이에 이명박 정부는 매우 적극적으로 자원 개발을 추진하기로 하고 자원 개발 육성을 위한 지원을 강화했다.

당시 정부는 우리나라 기업이 그동안 탐사사업에 주로 참여한 탓에 성공률이 낮았다고 판단해, 다른 방향으로 자원 개발을 추진하기로 했다. 정부는 공기업을 대형화해 유전과 가스전을 공격적으로 매입하는 것은 물론 외국 석유회사를 적극적으로 인수하는 것도 장려했다. 이 기간에 한국석유공사는 캐나다의 하베스트Harvest, 미국의 앵커Ankor, 영국의 다나Dana 등 석유회사들을 인수해 사업을 확장했으며, 한국가스공사도 캐나다 혼리버 셰일가스 사업과 호주의 GLNG 사업의 지분을 인수했다.

자원외교와 공기업 대형화 정책으로 외형을 키웠지만, 2010년대 중반에 유가가 폭락하자 지나치게 공격적으로 석유·가스 자산을 매입하고 해외 기업 M&A를 추진했던 한국석유공사 등 우리나라 자원 공기업들은 큰 손실을 볼 수밖에 없었다. 재무구조가 부실해졌으며, 안타깝게도 지금까지 그 영향에서 벗어나지 못하고 있다.

일본에 비해 저조한 실적

국내에서 생산하는 석유와 천연가스가 거의 없는 한국과 일본은 일찍부터 해외 자원 개발을 활발히 추진해 왔다. 한국의 자원 개발은 1990년대 한국석유공사와 종합상사를 비롯한 여러 민간 기업이 적극적으로 석유 개발에 뛰어들어 사업을 했지만, 몇몇 기업을 제외하고는 큰 성과를 보지 못했다. 그나마 자금 여력이 있는 대기업은 2000년대까지 명맥을 유지해 왔으나, 당시 자원 개발의 비전을 보고 과감하게 사업에 뛰어들었던 중견기업 대부분은 철수하고 말았다.

한국의 공기업과 민간 기업이 최근에는 석유·가스 개발사업을 적극적으로 추진하지 못하고 있는 데 반해, 일본은 여전히 석유·가스 개발사업을 활발히 추진하고 있다. 정부 기관이 대주주로 있는 인펙스와 자펙스는 물론이고, 일본의 대형 종합상사도 유가의 오르

내림에 좌우되지 않고 석유·가스 개발사업을 계속 추진해 결과에서 큰 차이를 보이게 되었다. 기업들이 국내외 석유·가스 개발사업에 참여해 확보한 생산 가능 물량이 전체 수입 물량에서 차지하는 비율을 자주개발율이라고 하는데 한국의 자주개발율은 계속 내려가서 2021년 기준으로 12퍼센트에 그친 데 반해 일본은 계속 상승해 2022년에 41퍼센트에 이르렀다(자료 12-1 참조). 애초에 일본은 2030년에 자주개발률 40퍼센트 달성을 목표로 삼았으나 계획보다 8년이나 앞서 목표를 달성했으니, 우리나라와 너무나 대조된다고 할 수 있다.[11] 한국의 석유·가스 개발사업 투자비는 2014년 43억 9500만 달러 대비 2020년 11억 3700만 달러로 무려 75퍼센트나 감소했으니 자주개발율이 내려갈 수밖에 없었다.[12]

일관성 없는 자원 정책

우리나라와 일본의 자원 개발이 성과에서 큰 차이를 보이는 이유 중 하나는 정책의 일관성 문제다. 우리나라는 자원 개발을 하면서 수천억에서 수조 원의 자금을 지나치게 공격적으로 투입해 막대한 손실을 보았다. 그러다가 정권이 바뀌고 나서는 이전 정부의 실패를 답습하지 않겠다면서 자원 개발을 도외시하며 지원을 줄이고, 심지어는 자원 개발을 추진했던 이들에게 법적 책임을 묻기도 했다. 이처럼 정권 교체에 따라 자원 개발 정책이 극단적으로 바뀌니 장기적인 안목으로 투자해야 하는 자원 개발 사업이 효율적으로 추진되지 못하고 지금에 머무르고 있다.[13]

13장

21세기
우리의 생존 전략

에너지에 대한 인식 전환

에너지를 전량 수입하는 지정학적 섬나라라는 현실 인식

우리나라는 유라시아 대륙에 자리 잡은 반도 국가임에도 북한을 경유할 수 없는 정치적 상황이라 지정학적으로 섬과 다름없는 나라다. 그러므로 파이프라인을 통해 석유와 천연가스를 공급받을 수 없어, 수입하는 에너지 자원 모두를 선박으로 공급받고 있다. 중국은 멀리 러시아·카자흐스탄·투르크메니스탄 등으로부터 송유관과 가스관을 통해 석유와 천연가스를 공급받고 있다. 러시아에서 오는 천연가스에 주로 의존하는 유럽은 카스피해로부터 튀르키예를 거치거나 아프리카에서 지중해를 거쳐 유럽으로 오는 가스 공급망을 통해서도 천연가스를 공급받는다. 지구상의 여러 에너지 수입국이 인근 국가는 물론이고 멀리 떨어져 있는 국가로부터도 다양한 루트를 통해 에너지를 공급받는데, 우리나라는 해외로부터 들어오는 선박이 유일한 에너지 도입 수단이다.

에너지 빈국이면서 에너지 과소비국

우리나라는 2023년 기준으로 3454테라와트시의 에너지를 소비해, 전 세계에서 아홉 번째로 에너지를 많이 소비하는 국가다. 국민 1인당 에너지 소비량과 전력 소비량을 보면 우리나라가 에너지 소비가 얼마나 많은 나라인지 알 수 있다. 우리나라 1인당 에너지 소비량과 전력 소비량은 세계 최대 에너지 소비국인 미국에 버금가는

표 13-1. 주요국 1인당 연간 에너지 소비량(2023년)(단위: 킬로와트시)

국가	1차 에너지	전력량
노르웨이	101,032	28,056
캐나다	99,916	16,371
미국	77,028	12,497
한국	66,698	11,861
호주	63,257	10,397
일본	39,210	8,220
독일	38,052	6,060
프랑스	37,164	7,939
중국	33,267	6,635
영국	28,501	4,333

출처: Our World in Data

수준이다. 우리나라보다 1인당 에너지 소비가 많은 노르웨이와 캐나다는 석유와 천연가스를 생산해 수출할 뿐만 아니라, 산악 지형이 많아 전력 생산량의 절반 이상을 수력으로 충당하므로 전력 생산 비용이 매우 저렴하다. 우리나라의 에너지 소비량은 우리보다 경제적으로 더 부유한 일본·독일·프랑스·영국보다 훨씬 많으며, 특히 영국의 두 배도 훨씬 넘게 1차 에너지와 전력을 소비하는 에너지 과소비국이다.[1]

에너지 소비와 관련해 우리나라를 제외한 OECD 국가들 대부분에서 1차 에너지 소비가 줄어들고 있는 데 반해 우리나라는 계속해서 늘어나고 있다. 영국·독일·프랑스·이탈리아의 에너지 소비는 2000년대 초중반부터 줄어들고 있으며, 일본 역시 2000년대 중반 이후 1차 에너지 소비가 빠른 속도로 감소하고 있다. 세계 최대 에너지 소비국이면서 셰일혁명으로 엄청난 양의 셰일오일과 셰일가스를 생산하고 있는 미국도 에너지 소비가 2000년대 후반부터 서서히 줄고 있다.[2] 그런데 이미 선진국 대열에 들어선 우리나라는 중국과 비슷한 양상을 보이면서 1차 에너지 소비가 여전히 증가 일로에 있다(자료 13-1 참조).

에너지 소비 절약이 절실하다

석유·천연가스·석탄을 전량 수입하면서도 에너지 소비가 계속해서 늘어나는 국가지만, 우리 국민의 에너지에 대한 인식은 안일하기 짝이 없다. 이전에는 전기요금이 무서워 전기로 난방하는 것과 에어컨을 트는 것을 최대한 자제해 왔지만, 이제는 전열기기나 에어컨을 쓰는 것에 크게 부담을 느끼지 않는다.

저자가 1980년대 후반 텍사스에서 유학하던 시절에는 건물 냉방이 너무 잘되어 긴팔옷을 입어야만 했다. 에너지가 풍부한 미국이 부럽기도 했지만, 한편으로는 지나치게 에너지를 낭비하는 것 같아 안타깝다고 여겼었는데 요즘 우리나라의 상황이 그런 듯하다. 여름철에 지하철이나 버스를 타면 냉방을 너무 과하게 해 긴팔옷을 입어야 하는 상황이 된 것이다. 어느 가을에 지리산 산행을 하면서 대피소에서 하룻밤을 묵은 적이 있다. 산중의 대피소에서 자야 해서 보온용 옷을 충분히 가지고 갔는데, 웬걸 대피소 안에 난방이 너무 잘되어 더워서 잠을 설칠 지경이었다. 미국과 달리 에너지를 전량 수입해야 하는 나라에서 에너지를 펑펑 쓰고 있는 것이다. 우리는 우리가 사용하는 에너지의 82퍼센트를 외국에서 수입하는 연료에 의존한다는 사실을 뼈저리게 인식해야 한다.

앞에서도 여러 번 언급했지만, 화석에너지의 대체 에너지로 여겨지는 재생에너지에는 한계가 있다. 재생에너지가 생산하는 전기 외에도 인류 생활에 꼭 필요한 에너지인 수송 연료, 석유화학 원료 등 전기로 대체할 수 없는 에너지가 훨씬 많다. 또한 재생에너지를 확대해도 재생에너지발전만으로는 늘어나는 전기 수요를 채우기에 턱없이 부족하다. 21세기에도 화석에너지가 절대적으로 필요한 것은 자명한 사실이다. 게다가 재생에너지를 확대할 수 있는 여러 여건을 갖추고 있는 유럽 국가들과 달리, 우리나라는 기후적·지리적 여건이 불리할 뿐 아니라 전력계통의 안정을 유지하기 어려워 재생에너지를 대폭 확대할 수도 없는 처지다.

유럽 선진국들이 경제성장을 계속하면서도 에너지 소비가 감소하는 것은 굴뚝형 제조업을 탈피하고 선진국형 저에너지 산업으로 탈바꿈했기 때문이다. 우리나라는 아직도 에너지를 많이 소비하는 철강·정유·석유화학이 산업의 주축이며, 최근에는 에너지 소비가 엄청난 반도체가 수출을 선도하다 보니, 산업 구조 개선을 통해 에너지 소비를 줄이기는 어려워 보인다.

우리나라 에너지 정책에서 최우선으로 삼아야 할 것은 바로 에너지 효율화이다. 제조업 강국으로서 우리나라는 해외로부터 도입한 에너지 자원을 활용해 제품을 만들어서 수출하므로 에너지 소비가 늘어날 수밖에 없다고들 한다. 그러나 우리나라와 같이 제조업이 산업의 주축인 일본은 1인당 에너지 소비가 줄어들고 있다(자료 13-2 참조). 물론 일본의 에너지 소비가 줄어드는 것은 일본의 경제 불황 탓도 있지만, 일본 정부의 강력한 에너지 효율화 정책의 영향이 크다. 우리도 에너지 소비가 줄어들고 있는 일본을 본보기로 삼아, 에너지 효율화 정책을 강력히 추진해야 한다. 공공 부문과 민간이 합심해 에너지 절약형 기술을 적극적으로 개발하고 활용함으로써, 제조 공정 전반에서 에너지 소비를 줄이도록 해야 한다. 정부는 에너지를 절약하는 기업에 대해 대폭적인 세제 혜택과 저리 융자 제공 등을 지원해, 기업이 솔선수범해서 에너지 절약에 나서도록 동기부여를 할 필요가 있다.

에너지 요금 정상화가 필요하다

문재인 정부 시절인 2018년 국회 산자위(산업통상자원중소벤처기업위원회) 국정감사에서 당시 한전 관계자가 전기요금 인상 필요성을 얘기하면서 "우리나라 전기요금은 마치 콩값보다 두부값이 싼 것과 같은 상황이다"라고 했다가 당시 여당 의원들로부터 호된 질타를 받았다.

1970년대 유류 파동이 일어나서 국제 유가가 급등하자, 우리나라 정부는 석유 소비를 줄이고자 유류세를 도입해 석유 원가에 추가로 높은 세금을 부과하였다. 그러다 보니, 석유는 소비자가 실제 원가보다 훨씬 높은 가격으로 구매하는 상황이다. 이에 반해 전기요금에는 별도로 부과하는 세금이 없으며, 어떤 때는 오히려 원가조차 제대로 반영하지 못한다. 2000년대 이전에는 발전 단가가 저렴한 원자력과 석탄이 80퍼센트를 차지하였으나, 그 이후 가스발전이 많이 늘어나고 석탄 가격도 오른 데다가 재생에너지발전까지 하다 보니 발전 단가가 가파르게 올랐다. 그런데도 정부는 물가 부담을 우려해 소비자가 부담하는 전기요금 인상을 최대한 억제하고 있다. 여러 세금이 추가되어 비싸게 구매하는 석유에 비해, 전기요금은 원가 상승을 제대로 반영하지 못하는 왜곡된 가격 구조를 보이는 것이다.

문재인 정부가 들어서고 탈원전을 추진하면서 원전 축소에 따른 전력 비용 상승에 대한 우려가 제기되자, 당시 산업부 장관은 "탈원전을 하더라도 2022년까지 수요와 공급을 감안할 때 전기요금 인상 요인이 없다"라고 말했다.[3] 그런데 그 후 전력 생산 연료인 천연가스와 석탄의 수입 단가가 올라갔음에도, 탈원전 때문이라는 비판을 우려해 전기요금을 계속 묶어두면서 우리나라 에너지 요금의 왜곡 현상은 더욱 심화되었다. 윤석열 정부가 들어서고 나서 원전 회복 정책을 폈음에도 연료비 인상이라는 어쩔 수 없는 요인으로 전기요금을 올려야 했지만 물가 상승과 산업 경쟁력 약화, 서민경제 부담 등을 이유로 전기요금과 가스요금에 대한 가격 인상을 통제하는 상황이 계속되고 있다.

우리나라는 가정용 전기요금과 산업용 전기요금 모두 OECD 국가 중 가장 낮은 수준이다(자료 13-3 참조). 가정용 요금보다 산업용 요금이 더 싼데, 산업용 전기요금이 우리보다 낮은 캐나다와 미국은 에너지 자원을 엄청나게 보유하고 있는 나라다. 유럽 국가들의 산업용 전기요금이 우리나라보다 두 배 이상 비싸며, 이탈리아는 세 배 이상 비싸다.[4]

우리나라의 산업 경쟁력 중 으뜸이 '값싸고 질 좋은 전기'라는 얘기가 있을 정도로 우리나라는 전기요금이 저렴할 뿐만 아니라 전기의 품질이 매우 우수하다. 우리나라는 단일 전력계통으로 전국이 송배전망으로 서로 연결되어 있어, 고품질 전기의 요건인 주파수·전압·정전 빈도에서 세계 최고 수준의 전기를 전 국민에게 공급하고 있다. 최고 품질의 전기가 필요한 반도체 공장이나 전국의 일반 가정에 똑같은 전기가 값싸게 공급되고 있는 현실이다.

전기요금 억제로 어려움을 겪던 한국전력이 지난 3년간 몇 차례 전기요금을 인상하고, 2023년 국제 에너지 가격이 하락하자 2023년 3사분기와 4사분기에 겨우 적자를 면했다. 그러나 그동안 전기요금에 연료 가격 인상을 제대로 반영하지 못한 탓에 한전의 2023년 손실액은 4조 6000억 원이며, 2021년부터 누적된 영업 손실액은 43조 1000억 원에 달한다.[5] 2023년 말 한전의 부채는 202조 4000억 원이며 2023년 이자 비용만 4조 4200억 원을 지불했다.[6] 한국가스공사 또한 가스요금 억제로 2023년 미수금이 4조 4254억 증가해

2023년 말 누적 미수금이 13조 110억 원을 기록했다. 가스공사는 사실상 손실이 발생했는데도 미수금이라는 독특한 회계 방식을 취하고 있다.

인상 요인이 발생했음에도 전기와 도시가스 요금의 인상을 억제하면 공기업의 부실이 발생하고 이는 결국 국민 부담으로 가게 된다. 현재의 에너지 가격에도 고통받는 서민이 많으며, 높은 전기요금과 가스요금으로 버티기 힘든 소상공인이 많은 현실에서 정부로서는 에너지 가격을 현실화하기가 여간 어려운 일이 아닐 것이다. 그러나 연료비가 계속 올라가는 상황에서 에너지 가격을 붙잡아 두는 것은 결국 정부와 국민이 부담해야 할 비용을 뒤로 미루기만 하는 미봉책에 불과하다. 에너지 가격을 현실화하지 않고 정부와 공기업이 계속 부담하게 되면 결국 그 부담은 미래 세대로 넘어가게 될 것이다.

에너지 소비가 줄어들고 있는 일본은 LNG나 석탄 연료값이 인상되면 전력 요금에 적절히 반영하고 있다. 절약 문화가 일반화된 일본 국민은 에너지 요금 인상을 받아들이면서 에너지 절약에 더욱 힘쓴다. 일본 정부도 에너지 요금 인상 시 에너지 절약 캠페인을 벌여 국민들에게 협조를 당부한다. 국제 에너지 가격이 내려갈 거라는 안일한 생각을 버리고, 에너지 생산 원가를 반영한 적절한 에너지 요금을 책정해 왜곡된 가격 구조를 바로잡아야 한다. 에너지 요금 정상화를 통해, 에너지 공기업의 부실 요인을 제거함과 동시에 기업과 국민 모두 에너지 절약을 생활화할 수 있도록 해야 한다.

에너지산업 구조 개혁

　우리나라 에너지산업은 전반적인 구조 개혁이 필요하다. 전 세계적으로 에너지 분야가 민영화를 포함해 합리적이고 효율적인 방향으로 개편이 진행되었는데, 우리나라의 에너지산업은 수십 년 전의 구조를 그대로 유지하고 있다. 에너지의 공공성이 중요하다는 이유를 들어 정부와 공기업이 에너지산업을 주도하고 있어 효율성이 떨어지고 점점 경쟁력을 잃어가고 있다.

　한국전력은 독점하던 전력산업을 경쟁 체제로 전환하기 위해 2001년 여섯 개의 발전자회사를 설립해 발전사업을 이양하고 민영화를 추진했다. 그러나 20년이 훨씬 지난 지금도 여전히 발전자회사는 한국전력이 100퍼센트 지분을 가진 공기업으로 남아 있다. 배전 부문의 민영화는 노조의 반대로 감히 손도 대지 못했다.

　일본의 경우 이전에는 안정적인 전력 공급을 이유로 일반 전기사업자 열 곳이 발전·송전·배전·소매 부문을 지역 독점 형태로 차지해 왔다. 그러다가 1990년대 중반부터 2000년대까지 전력 도·소매 시장을 형성해 발전·소매 부문에 경쟁을 도입하기 시작했다. 그리고 2011년 동일본 대지진 이후 전력 공급 효율화를 도모하기 위해, 발전·소매 부문의 경쟁 촉진 및 시장 구조 개혁 등 전력 시스템 개혁을 추진하고 있다. 일본의 전력 시스템 개혁은 전력 광역적 운영추진기관 설립, 전력 소매시장의 전면 자유화, 일반 전기사업자의 송배전 부문 법적 분리의 3단계로 진행되고 있다. 시장 경쟁을 활성화하

고 자유화된 시장 환경에서 안정적인 전력을 공급하기 위한 구조 개혁이 진행되고 있는 것이다.[7]

우리나라는 전력산업이 민간으로 넘어가면 전기요금이 인상되리라는 우려와 공기업 노조의 반대로 아무도 손을 대지 않은 채 수십 년 동안 전기 분야를 계속해서 공적 영역에 두고 있다. 그런데 기존 산업은 물론 반도체·빅테이터·AI 등 분야의 발전으로 전력 수요는 급속히 늘어날 것인데 반해, 우리나라 전력 공급 전망은 녹록지 않아 보인다. 산업의 경쟁력을 유지하려면 에너지산업에 대한 근본적인 구조 개혁이 필요하다.

에너지 공급원 확보

산업의 기반이 되는 석유와 천연가스가 제대로 공급되지 않으면 어느 국가든 타격을 받겠지만, 특히 우리나라는 조금이라도 수급 불균형 상황이 생기면 심각한 경제적 타격을 받는다. 석유·천연가스 의존도가 매우 높으면서도 전량을 수입하고 있기 때문이다. 그동안 정부는 석유와 천연가스를 안정적으로 확보하기 위해 자주개발 석유·가스 확대를 위해 노력해 왔으나 안타깝게도 그 성과는 미미한 수준에 그쳤다. 한편에서는 무역으로 거래하는 석유와 천연가스를 구매하면 되는데, 무엇 하러 굳이 자주 개발을 확대해야 하느냐는 주장도 나온다.

평상시에는 무역 거래를 통해 필요한 물자를 공급받을 수 있지만, 전쟁이나 돌발적인 비상 상황이 발생했을 때는 석유·가스 자산에 대한 지분이 있는 소유주가 우선권을 갖는다. 자주개발을 확대해 전 세계 여러 곳의 에너지 자원에 대한 소유권을 획득하면, 전쟁과 같은 비상 상황에서는 불론 에너지 수급 상황에 문제가 생길 때 훨씬 유리하게 대처할 수 있다. 혼란한 국제 정세 속에서 석유·가스 공급에 심각한 문제가 생기는 돌발 사태는 언제라도 발생할 수 있으며, 머지않은 장래에 석유·가스 수급 불균형이 올 가능성도 충분하다. 그러므로 에너지 자원 자주개발을 통한 에너지 안보에 각별히 주의를 기울여야 할 때다.

자원 개발 기업 경쟁력 강화

우리나라가 그동안 석유·가스 개발에서 앞서가지 못한 원인은 여러 가지가 있겠지만, 공기업 중심으로 해외 자원 개발이 추진되었던 것도 중요한 이유 중의 하나다. 치열하고 긴박하게 진행되는 에너지 전쟁에서 공기업과 같이 유연하지 못하고 순발력이 없으며 정부의 통제하에 있는 기업은 결코 이길 수 없다. 그동안 공기업은 자원외교를 한다고 했지만, 실리를 챙기지 못하고 정부의 들러리 역할을 하는 경우가 허다했다. 매력적인 사업의 기회가 와도 투자 규모가 큰 경우, 사업 승인에 수개월이 걸리는 예비타당성조사를 거쳐야하므로 엄두를 내기 어렵다. 석유·가스산업이 아직 공기업으로 남아 있는 나라는 산유국이나 중국 정도에 불과하고, OECD 국가의 석유 상·하류 부문 대부분 민간 기업이 경쟁력을 가지고 활발하게 사업을 추진하고 있다.

한국과 일본은 이미 여러 산업 분야에서 세계 최고의 수준에 오른 국가인데 유독 자원 개발에서는 세계 수준에 훨씬 못 미치고 있다. 일본 역시 미쓰비시와 같은 종합상사가 자원 개발에 참여하고 있지만, 그동안 주로 정부 주도로 해외 자원 개발이 추진되었다. 일본의 수많은 선진 회사 중 세계적 수준에 오른 자원 개발 전문 회사는 거의 없다. 일본 정부 기관이 대주주로 있는 인펙스와 자펙스가 활발히 석유·가스 개발사업을 추진하고 있어 꽤 알려졌지만, 일본 최대의 석유·가스개발 회사인 인펙스는 2020년 기준으로 세계 상장 회사 중 597위에 그친다.[3] 미국과 유럽의 수많은 석유회사가 초창기에는 국영회사로 출발했지만, 일찍이 민영화를 이루어 지금은 세계적 메이저 석유회사로 성장한 것과 대조되는 부분이다.

그나마 일본의 인펙스나 자펙스는 정부나 공공 기관이 지분을 가지고 있음에도 경영의 자율성이 상당히 보장되어 빠르게 성장해 나가고 있지만, 우리나라 자원 공기업은 점점 경쟁력을 잃어가고 있다. 외형은 이미 대형화되어 있으나, 여러 제약으로 경쟁력 있는 에너지 회사 역할을 하지 못하고 있는 것이다. 우리나라 에너지 공기업을 시장형 공기업이라고 하는데, 이는 공익적 기능보다는 시장에서의 경쟁력을 우선해야 한다는 의미다. 그런데 우리나라 공기업은 구조적 한계로 인해 정부의 직접적인 통제를 받는 공적 기능이 우선시되고 있다. 치열한 국제 에너지 패권 전쟁에 뛰어들려면, 에너지 공기업을 공적 영역에 그대로 두지 말고 과감히 민영화해 세계적인 경쟁력을 가진 기업으로 성장하도록 해야 한다.

1990년대 우리나라 종합상사 대부분을 비롯한 여러 민간 기업이 석유·가스 개발에 많이 뛰어들었지만, 제대로 성과를 내지 못하고 대부분 철수하였고 지금은 포스코인터내셔널과 SK어스온 정도만 남아 있다. 민간 기업은 이익을 추구하는 집단이므로 석유·가스 개발의 당위성만으로는 사업에 참여시킬 수 없다. 민간 기업의 참여를 유도하기 위해서는 세제 혜택과 금융 지원 등 지금까지보다 더 파격적인 지원이 있어야 한다. 반도체 산업을 육성하기 위해 정부가 집중적으로 지원하고 있는데, 산업의 기반이 되는 에너지 자원에 관한 관심과 지원은 거의 사라지고 있다. 머지않은 장래에 에너지 자원 수급 불균형을 맞닥뜨렸을 때 발생할 엄청난 혼란에 대처할 수 있도록, 장기적 안목으로 에너지 자원 개발에 지금부터 관심을 가지고 필요한 조치와 투자를 해나가야 한다.

에너지 안보를 위한 외교

석유·가스 의존도가 매우 높으며, 에너지 자원을 전량 외국에서 수입하는 우리나라는 에너지 자원 공급원을 다변화할 필요가 있다. 지금도 여러 나라로부터 석유와 천연가스를 수입하고 있지만, 더욱 다양한 공급원을 많이 확보해 두어야 한다. 석유와 천연가스는 필요할 때 언제라도 구매할 수 있다는 안일한 생각을 하지 말고, 머지않은 장래에 수급 불균형이 올 수 있다는 것을 염두에 두어야 한다.

우리나라는 외교 정책에서 에너지 공급 다변화를 위해 에너지 강국과의 유대 강화에 힘써야 한다. 미국이 현재 세계 최대의 석유와 천연가스 생산국이면서 많은 양을 수출하는 데다 앞으로 상당 기간 최대 생산국의 지위를 누리겠지만 중동 산유국만큼 그 영광이 오래가지는 않을 것이다. 중동 산유국과 에너지 강국인 캐나다·호주 등과 같은 나라는 물론 우리와 소원한 관계에 있는 국가와도 에너지 확보 측면에서 적절한 관계를 유지해야 한다. 정부가 직접 나서지 못하는 상황에서는, 민간 기업이라도 외교적으로 불편한 관계에 있는 국가에서 어려움 없이 에너지사업을 수행할 수 있도록 정부 차원의 지원과 배려가 필요하다.

인도-태평양에서 중국을 견제하기 위해 미국의 첨병 역할을 하던 호주가 최근에 에너지 최대 수입국인 중국과의 불편한 관계를 풀고 중국으로의 석탄 수출을 재개했다.[9] 우크라이나 전쟁으로 인한 러시아 제재에도 일본은 사할린 LNG 사업을 지속하면서 에너지 분야에서 러시아와의 협력을 계속 유지하고 있다. 우리나라도 러시아 북극해와 사할린의 LNG, 그리고 동시베리아-태평양 송유관을 통해 극동으로 들어오는 원유에 관해서 관심을 가지고 지켜봐야 한다. 이란은 국제사회의 제재로 충분한 양의 석유를 생산하지 못하고 있지만 얼마든지 추가로 생산할 여력이 있으며, LNG 프로젝트도 계획하고 있어 에너지 자원 수출 강국이 될 가능성이 높다.

1995년 세계무역기구WTO가 출범하고 2000년대 들어 자유무역협정FTA 체결이 활발해지면서 전 세계에 한동안 세계화의 물결이 거

세웠으나, 최근 들어 미국과 중국이 대립하면서 미국을 중심으로 보호무역주의가 고개를 들고 있다. 각국이 각자도생의 길로 가고 에너지 강국이 에너지를 무기화하면 그동안 자유롭게 흐르던 에너지 자원의 흐름이 순조롭지 않게 되어, 우리나라와 같은 에너지 빈국이자 에너지 의존도가 높은 나라는 치명타를 맞을 수밖에 없다. 미래에 닥칠 수 있는 에너지 확보 전쟁을 염두에 두고 이에 관한 대비를 미리 해둘 필요가 있다는 뜻이다. 국가의 외교 정책에서 그동안 등한시했던 에너지 안보도 우선순위 중 하나로 반드시 고려해야 할 것이다. 영원한 적도 없고 영원한 우방도 없는 냉정한 국제 외교 무대에서, 앞으로 다가올지도 모르는 에너지 위기에 대비해 에너지 패권을 쥐고 있는 국가들을 결코 적으로 돌려서는 안 될 것이다. 우방국과의 협력을 깨트리지 않는 범위 내에서 에너지 안보를 위한 실리 외교를 추구해야 한다.

탄소 감축을 실현하려면

2015년 채택된 파리협정에 따라, 세계의 많은 나라가 온실가스 국가감축목표NDC를 정하고 국제사회에 감축을 약속했다. 우리나라는 2021년 11월 문재인 정부 시절에 선진국의 기준인 40퍼센트로 목표를 상향 조정했으며, 2022년 취임한 윤석열 대통령 역시 이전 정부가 제시한 NDC 40퍼센트를 달성하겠다고 공언했다. 정부는 국가

감축목표 계획을 세우고, 에너지 전환을 통해 산업체·건물·수송 등에서의 배출량을 감축하겠다고 했다. 그리고 배출되는 이산화탄소를 처리하기 위해 이산화탄소 흡수원을 늘리고, 탄소의 포집·활용·저장 CCUS으로 이산화탄소 처리량을 증가시키겠다고 목표를 세웠다.[10]

우리나라는 2018년 온실가스 배출량이 7억 2760만 톤이었는데, NDC를 실천하려면 2030년까지 4억 3660만 톤으로 감축해야 한다. 우리나라 온실가스 배출량은 2021년 6억 7660만 톤, 2022년 6억 5450만 톤이므로 이러한 감소 추세라면 NDC 목표 달성은 어렵다. 2022년 우리나라 온실가스 배출량 중 산업 부문에서 2억 4580억 톤(37퍼센트), 발전 부문에서 2억 1390만 톤(33퍼센트), 수송 부문에서 9780만 톤(15퍼센트)이 배출됨으로써 이 세 가지 부문이 전체 배출량의 85퍼센트를 차지한다.[11,12] 온실가스를 줄이려면 석탄발전소를 점차 줄이는 것은 물론이고 공장의 가동을 줄여야 하는데, 그렇지 않아도 경제성장률 저하와 실업률이 우려되는 상황에서 가동률을 낮출 수는 없는 것이 현실이다. 게다가 NDC 실행 방안에 연간 흡수원, 즉 산림의 증가 2670만 톤, CCUS 1030만 톤, 국외 감축 3350만 톤이 책정되어 있는데, 이들 모두 실현 가능성이 거의 없는 목표들이다.

탄소 감축에 대처하는 가장 중요한 자세는 에너지 절약과 에너지 효율화다. 정부가 앞장서서 에너지 절약 운동을 펼치고, 에너지 효율화에 대한 적극적인 지원을 아끼지 말아야 할 것이다. 탄소 감축에 별 효능이 없는 CCUS와 같은 정책에 예산을 투입할 게 아니라, 산업 전반에서의 에너지 효율화와 에너지 절약형 제품 개발을 집중적으로 지원해야 한다.

또한 현실적으로 우리 정부가 국제사회에 약속한 선진국 수준의 NDC를 실천하기가 여간 어렵지 않다는 상황을 받아들여야 한다. 파리협정을 주도하고 NDC를 제안하면서 탄소 감축을 강조하고 있는 유럽 선진국들은 에너지 소비가 줄어들고 있으며 재생에너지 전환이 활발히 이루어져 이미 탄소 감축을 실현하고 있는 국가들이다. 트럼프 대통령이 파리협정을 탈퇴하겠다고 하는 것도 에너지 소비가 쉽게 줄지 않는 미국의 사정이 유럽과는 다르기 때문이다. 더구나 우리나라는 이미 선진국 대열에 들어섰음에도 개발도상국형으로 에너지 소비가 계속 늘어나고, 에너지 소모가 많은 제조업에 기반을 둔 국가이므로 미국보다 탄소 감축이 더 어려운 상황이다. NDC에 대해서는 국제사회에 대한 책임도 중요하지만, 우리나라의 현실을 직시한 현명한 대처가 필요하다.

재생에너지와 원자력 모두 확대해야 한다

재생에너지 확대

세계적인 탄소 감축 흐름에 따라 우리나라도 저탄소 에너지인 원자력과 재생에너지를 확대해야 한다. 원자력과 재생에너지는 저탄소 에너지일 뿐 아니라 연료를 외국으로부터 수입할 필요가 거의 없는, 에너지 자립도를 높여주는 에너지이다. 탄소 감축뿐만 아니라 국가 경제를 위해서도 에너지 자립도를 높이는 재생에너지와 원자력을 더욱 확대해야 한다.

우리나라의 태양광이 전력 생산에서 차지하는 비율은 4.8퍼센트로 세계 평균 5.5퍼센트에 조금 못 미친다. 문재인 정부에서 태양광발전을 위해 적극적으로 노력했지만, 세계 평균 수준에 그친 것은 국가적인 계획으로 추진되지 못하고 지방자치단체가 중심이 되어 체계적이지 못한 상태로 사업이 추진되었기 때문이다. 국가적인 마스터플랜하에 추진되지 못하고 소규모로 우후죽순 생기다 보니, 전력계통에 연결되지 못하거나 전력계통 안정성 문제로 출력에 제한이 있었다.

태양광발전은 건설 과정에서 산림이 파괴되어 환경에 역행하는 사업이라는 비난을 받았지만, 그래도 환경을 해치지 않도록 유의하면서 태양광발전을 계속 확대해야 한다. 건물 지붕이나 전국의 유휴 부지와 생산성이 낮은 농지 등 태양광 설치가 가능한 대상을 최대한 발굴해야 한다. 태양광발전은 지리적·기후적 조건에 따라 발전 단가 경쟁력에서 국가마다 차이가 있으나, 각국 정부의 지원 아래 세계 많은 나라가 계속 확대해 나가고 있다. 따라서 세계적으로 태양광 관련 산업은 앞으로도 발전할 것으로 전망된다. 중국이 태양광 산업에서 주도적인 역할을 하고 있지만, 우리나라 태양광 관련 기업들도 틈새시장을 집중적으로 공략하면, 늘어나는 세계 태양광 시장과 함께 계속해서 성장해 나갈 수 있을 것이다.

한편 재생에너지 사업에 대기업이 참여하지 않고 주로 중소기업이나 개인 사업자들이 참여하다 보니, 소규모인 태양광발전 위주로 추진되었고 태양광발전에 비해 규모가 큰 풍력발전은 아직 미미한 수준에 그치고 있다. 우리나라 풍력이 전력 생산에서 차지하는 비율은 0.6퍼센트로 세계 평균 7.8퍼센트에 한참 못 미친다. 국토가 좁은 데다 산악 지역이 많아 풍력발전을 설치하기에 불리한 탓이다. 비록 국토는 좁지만, 삼면이 바다로 둘러싸여 있는 우리나라는 해상풍력을 하기에 유리한 지리적 조건을 가지고 있다. 최근 풍력사업이 추진되는 여러 해역의 기상관측 자료에 따르면, 우리나라 해역 바람의 세기가 비록 풍력발전이 매우 활발한 북해에는 못 미치나 풍력발전을 하기에 충분한 것으로 나타났다. 이러한 자료를 근거로 서남해 연안의 해상풍력과 동해 먼바다의 부유식 해상풍력발전이 현재 추진 중이다. 세계적으로 해상 풍력발전이 활성화되고 있으며, 특히 최근에는 부유식 해상풍력이 활발히 추진되고 있다. 부유식 해상풍력은 이제 막 시작된 분야이며, 앞으로 해양플랜트 분야에서 세계적인 경쟁력이 있는 우리나라가 발전 가능성이 큰 분야다. 우선 우리나라에서 해상풍력발전을 성공적으로 건설하고 운영함으로써, 여기서 얻은 경험과 기술력을 바탕으로 세계적으로 확대되고 있는 해상 풍력산업에 적극적으로 진출해 선도적인 역할을 담당해야 한다.

장기적인 마스터플랜 수립

재생에너지 전기는 국가 전력계통에 연결되어야 하는데 이를 위해서는 송전선로가 있어야 한다. 그동안 지방자치단체에서 재생에너지 사업을 의욕적으로 추진했지만, 송전선로 건설 계획이 제대로 수반되지 못한 허점이 있었다. 또한 재생에너지 전기는 간헐성과 경직성이라는 치명적인 약점을 안고 있으므로, 전력계통의 안정을 유지하는 범위 내에서만 확대가 가능하다. 태양광발전이나 풍력발전 설비를 아무리 많이 갖추었어도 전력계통의 안정성에 문제가 생기면 전력을 생산할 수 없는 것이다. 재생에너지가 지금보다 더 확대되면 이러한 문제가 더욱 심각하게 대두될 것이다. 재생에너지 확대 계획을 수립하기 전에 우선 우리나라 전력계통의 안정성에 문제가 없는 범위 내에서 재생에너지를 얼마나 확대할 수 있는지 기술적으로 검토해 볼 필요가 있다.

에너지 정책 중 가장 중요한 것 하나가 바로 전력 수급 계획이다. 물론 석유와 천연가스도 공급 차질이 있어서는 안 되겠지만, 석유나 천연가스는 공급 부족 사태가 발생해도 비교적 신속하게 대처할 수 있다. 그러나 전력을 공급하는 발전소와 송배전망은 건설에 수년 이상 걸리므로, 전력 수급 계획은 장기적인 안목을 가지고 수립해야 한다. 재생에너지 확대 계획을 수립할 때는 목표 숫자만 넣을 것이 아니라 송전선로 건설 계획과 국가전력계통 안정 유지라는 두 가지 핵심 사항을 반드시 고려해야 한다. 재생에너지 확대가 어느 정도 가능한지에 대해 면밀히 검토한 후 실천이 가능한 전력수급 계획을 수립해야 한다.

원자력발전 확대

우리나라의 원자력이 전력 생산에서 차지하는 비율이 2023년 기준으로 31퍼센트로 세계 평균 9퍼센트에 비해 상당히 높은 편임은 사실이다. 그러나 우리나라는 재생에너지 여건이 좋은 편이 아니며, 전력계통 안정성 문제로 태양광과 풍력의 확대에 한계가 있으므로 원자력을 더 늘려야 한다. 이산화탄소 감축을 위해서는 석탄발전을 서서히 줄여나갈 수밖에 없으므로, 저탄소 에너지인 원자력발전을 유지하지 않고 태양광과 풍력만으로 이산화탄소 감축은 물론이고 전력 부족 문제를 해결할 수는 없다. 석탄발전과 원자력발전을 모두 없애고 재생에너지로 에너지를 해결하겠다는 것이 우리나라 에너지 현실을 고려하지 않은 얼마나 허황된 주장인지는 이 책에 나와 있는 여러 객관적·과학적 사실을 통해 이미 충분히 설명되었으리라 믿는다. 재생에너지발전 확대에 한계가 있는 상황에서 석탄발전과 원자력발전을 모두 없앤다면 가스발전이 기저부하 발전 역할을 해야 한다. 천연가스를 연소할 때도 상당량의 이산화탄소가 발생할 뿐 아니라, 천연가스 가격이 상승하면 연료비 부담이 커져 전기요금을 더욱 인상할 수밖에 없다. 기저부하 발전으로서 저탄소 에너지이며 에너지 자립도를 높일 수 있는 원자력을 더욱 늘려야 한다.

여러 논란에도 불구하고 그동안 원전에 대해 비판적이던 유럽 국가를 비롯해 세계 여러 나라가 원전 축소보다는 원전을 확대하는 방향으로 돌아서고 있다. 우크라이나 전쟁으로 에너지 공급의 중요성이 강조되고 있으며, 탄소 감축을 위해 재생에너지를 확대해야 하지만, 여러 제약이 있는 재생에너지 확대로 전력 수요를 충당할 수는 없으니 저탄소 에너지인 원전이 중요시되고 있다. 원전을 확대하거나 새로 건설하려는 국가가 늘어나는 만큼 원전 분야에서 세계적인 경쟁력을 지닌 우리나라 원전산업도 앞으로 더욱 성장할 여지가 많다.

여전히 세계적으로 원전 확대와 탈원전이 중요 논쟁거리가 되고 있는데, 특히 우리나라는 이에 대한 국민 여론이 심하게 대립하고 있다. 따라서 신규 원자력발전소 건설을 위해서는 대상 부지의 주민 수용성 문제를 잘 해결해야 한다. 또한 현재 무작정 덮어두고 있는 고준위 방폐물 처리장 문제를 해결하지 않고는 원자력발전을 확대할 수 없다는 것을 인식하고 하루속히 고준위 방폐장 건설 공론화를 시작해야 할 것이다.

양자택일 문제가 아닌 에너지 안보의 문제

우리나라는 지난 문재인 정부에서는 원전을 폐지하기로 하고 태양광발전을 집중적으로 육성하더니, 윤석열 정부가 들어서고 나서는 원자력발전을 강조하고 재생에너지는 도외시하고 있다. 지난 정부에서의 재생에너지 관련 비리에 대한 수사도 진행 중이다. 물론 재생에너지를 추진하는 과정에서 불법적인 사안이 있으면 당연히 처벌받아야겠지만, 이러한 상황이 재생에너지 확대에 나쁜 영향을 미치지 않도록 정부 차원의 세심한 배려가 필요하다. 우리나라는 원자력이 차지하는 비율이 이미 세계 평균보다 훨씬 높으며, 원자력에 대한 반대가 만만치 않아 원자력을 대폭 확대하기는 쉽지 않은 여건이다. 우리나라가 비록 재생에너지를 확대하기에 유리하지 않은 조건을 지니고 있다 하더라도, 우리나라가 처한 에너지의 현실을 고려할 때 재생에너지를 최대한 확대해야 하며, 이를 위해서는 정부의 체계적인 재생에너지 확대 정책 수립이 필요하다.

재생에너지 관련자들에 대한 수사와 처벌이 진행되자, 현 정부가 추진하는 원전 확대 정책도 언젠가 비판의 대상이 될 수 있다는 염려를 하지 않을 수 없다. 신규 원전 건설을 위해서는 지금부터 새로운 부지 선정을 위한 조사를 시작해야 하는데, 정부 차원에서 기꺼이 나서서 추진하려는 의지를 보이지 않고 있다. 눈앞에 닥친 고준위 방폐장 문제도 다들 덮어두고 있다. 환경문제와 결부되어 있는 에너지 문제는 비난을 받을 각오를 하고 강력하게 추진해야 하는 어려운 과업이다. 그런데 에너지 정책이 심하게 정쟁화되어 있어, 정부 관계자들이 몸을 사릴 수밖에 없는 안타까운 여건이 되어버린 것이다.

국가의 에너지 문제는 재생에너지와 원자력 중 어느 쪽을 확대할 것인가 하는 양자택일의 문제가 아니다. 탄소 감축과 에너지 안보에 절대적으로 불리한 우리나라의 여건으로서는 저탄소 에너지인 양쪽 다 최대한 확장해야 한다. 원자력과 재생에너지 모두 확장하는 것을 정책의 우선순위 로 두고, 국민적 공감대를 형성하면서 둘 다 적극적으로 추진해야 할 것이다.

트럼프 2.0 시대 대응 전략

트럼프는 미국 우선주의 원칙에 따라 미국 국내 산업의 육성을 강력히 추진할 것이다. 강력한 관세 폭탄이 예고되어 수출에 기반을 둔 우리나라가 심각한 영향을 받을 수밖에 없는 형편이다. 특히 전기차 보조금 폐지 등 에너지와 환경 정책에 큰 변화가 예상되어 우리 기업들이 대책을 강구하고 있다.

안갯속의 전기자동차 산업

트럼프가 기후변화 대응을 무시하고 석유·가스 활성화 정책을 공언하면서 전기자동차 보조금 폐지를 공약으로 내걸었으므로 전기차 산업이 영향을 받게 될 것이다. 미국으로의 전기차 수출이 줄어들 것은 분명해 보이므로, 전기차 수출에 대한 미국 비중을 줄이고 유럽 등 다른 나라로의 수출을 더욱 증대해야 한다. 한편, 7장에서 언급한 바와 같이 일론 머스크가 트럼프 당선의 일등 공신이며, 세계적인 전기차 전환 추세에 따라 미국 여러 자동차 기업이 이미 전기차 비중을 높이고 있으므로, 미국 내 전기차 산업이 심하게 위축되지는 않을 것이다. 미국 내 전기차 산업에 대해서는 여러 가지 다양한 전망이 나오고 있어 정확한 예측이 어려운 상황이다. 앞으로의 추이를 지켜보면서 국내 기업이 투자한 미국 내 전기차 생산 공장에서의 생산량 증대와 감소 여부를 신중히 검토해야 할 것이다.

미국산 석유·가스 수입 압박이 예상된다

석유·가스 활성화를 중요 공약으로 내세운 만큼 미국의 셰일오일과 셰일가스 생산이 트럼프의 희망대로 대폭 늘어나기는 쉽지 않겠지만, 상당 폭 늘어나기는 할 것이다. 2024년 12월, 트럼프는 EU에 미국산 석유와 가스를 대규모로 구매하지 않으면 미국 내 EU산 수입 품목에 대해 폭탄 관세를 부과하겠다고 위협했다.[13] EU뿐 아니라 우리나라에도 미국산 석유·가스를 수입하라고 압박할 것이 예상되므로, 우리나라로서는 미국산 석유와 LNG에 대한 수출 비중을 늘릴 수밖에 없을 것이다. 석유·LNG 수입에 대한 포트폴리오를 재정립해 안정적인 에너지 확보와 동시에 수입 가격 안정화를 도모해야 한다.

석유·가스 사업 확대

기후변화 대응으로 화석에너지에 대한 비판과 ESG* 기조가 강화되면서 투자자들이 석유·가스 산업에 대한 투자를 꺼려 E&P라고 불리는 석유·가스 개발사업은 그동안 많이 위축된 상태였다. 트럼프가 에너지산업에 대한 규제를 풀고 투자를 늘리겠다고 공약한 만큼 석유·가스 E&P 사업이 활성화될 것이다. 이에 따라 미국 내 석유·가스 생산 증대 못지않게 미국 외 해외 석유·가스 탐사와 생산사업이

---

*　ESG는 환경(Environment), 사회(Social), 지배구조(Governance)의 약자로서 기업의 사회적 책무를 중요 가치로 삼는다는 것이다. 요즘은 투자자들이 기업 평가를 할 때 ESG 공헌 여부를 핵심 요소로 반영하고 있다.

활기를 되찾게 될 것으로 기대된다. 육지에서 석유·가스를 찾기가 쉽지 않아 이제는 탐사비가 많이 드는 수심 1000미터 이상의 심해 탐사가 늘어날 것이고 여기에 우리나라 기업이 참여하기는 쉽지 않은 현실이다. 그러나 머지않은 장래에 올 수 있는 석유·가스 수급 불균형 사태를 대비해 우리 기업으로서는 미국 석유 기업들과 전략적 파트너십을 형성해 해외 석유·가스 E&P 사업에 적극 나서야 한다.

석유·가스 E&P 사업 확대에 따라 연관 사업도 활성화되리라 기대된다. 미국 석유회사들이 탐사사업을 확대하고 그동안 개발을 미루었던 유전·가스전 개발을 다시 활발하게 추진하면 이와 연관된 각종 건설 사업과 해양플랜트, LNG 선박, 강관 등의 사업도 활성화될 것이므로 우리 기업들이 미리 준비해 둘 필요가 있겠다.

온실가스 국가감축 목표에 대한 재검토가 필요하다

이미 지난 집권 기간에 파리협정을 탈퇴한 전력이 있는 트럼프는 이번에도 파리협정을 다시 탈퇴할 것으로 예상된다. 지구온난화로 세계 인류가 위협받고 있는 상황에서 기후변화 대응에 대해 부정적인 시각을 지닌 트럼프의 환경에 대한 정책은 당연히 비난받을 수밖에 없다. 그러나 한편으로는 유럽 환경 정책에 대한 트럼프의 저항으로 유럽의 탄소 감축 압력이 줄어들 여지가 있다. 2030년까지 온실가스를 40퍼센트 감축하겠다고 공약한 우리나라로서는 이번 기회에 국가감축목표를 공론화해 실현 가능한 목표를 다시 수립할 기회로 삼을 필요가 있다. 국제사회에 '아니면 말고 식'이 아닌, 실제로 달성할 수 있는 목표를 제시하는 것이 오히려 책임 있는 OECD 선진국 일원으로서 역할을 제대로 하는 것일 터다.

트럼프의 재등장으로 세계 여러 나라가 긴장하고 있고, 특히 수출 수도 국가들은 그가 선언한 관세 폭탄 예고로 큰 위협을 느끼고 있다. 앞으로 국제 정세와 경제가 어떻게 전개될지 염려되지 않을 수 없지만, 한편으로는 긍정적인 측면도 없지 않다. 무엇보다 미국의 석유·가스 사업 활성화로 국제 유가가 안정을 유지할 것으로 전망된다. 중동이나 러시아가 석유·가스를 무기 삼아 세계를 위협해도 미국에서의 충분한 공급 버퍼buffer가 있으므로 국제 유가나 LNG 가격이 심하게 요동치는 사태는 일어나지 않을 것이다. 또한 중국에 대한 견제로 수출 부문에서 우리나라 기업에 새로운 기회가 올 수도 있다. 물론 수출 품목별로 희비가 엇갈리겠지만 트럼프의 미국 우선주의는 충분히 예측이 가능한 정책이므로 우리 기업들이 사전에 현명하게 대처한다면 오히려 좋은 기회로 삼을 수도 있을 것이다.

전력 수급에 중요한 송전선로

에너지 정책 중 가장 중요한 것 하나가
바로 전력 수급 계획이다.

태양광발전이나 풍력발전 설비를
아무리 많이 갖추었어도 전력계통의 안정성에 문제가 생기면
전력을 생산할 수 없는 것이다.

나오며

에너지 지정학 시대,
인식을 전환해야
미래를 지배할 힘이 보인다

 지구온난화로 인한 기후변화의 위협 속에 살아가고 있는 우리에게 화석에너지 사용을 줄여 탄소 감축으로 나아가는 것은 시대적 소명이다. 그러나 더 나은 삶을 살고자 하는 경제성장의 욕구가 있는 한, 화석에너지 소비를 줄이기가 여간 어렵지 않다. 유럽 국가들을 중심으로 한 세계적인 탄소 감축 노력에도, 중국과 인도를 비롯한 세계 곳곳에서의 에너지 소비 확대는 멈출 기세를 보이지 않는다. 그중에서도 특히 우리나라의 에너지 소비는 타의 추종을 불허한다. 우리나라 1인당 에너지 소비량은 세계 최대 에너지 생산국에 해당하는 미국, 캐나다, 노르웨이와 버금가며 에너지 강국인 호주보다 오히려 많다. 우리보다 국민 소득이 높은 독일, 프랑스, 영국을 크게 앞지르며, 심지어 1차 에너지 소비량과 전력량이 영국보다 두 배 이상 많다. 영국은 여전히 북해에서 석유와 천연가스를 생산하고 있으며, 재생에너지로도 상당히 많은 전력을 생산하고 있는 나라임을 고려하면, 에너지 최빈국인 우리나라의 에너지 과소비 형태는 실로 대단하다고 하지 않을 수 없다.

에너지 소비가 세계 최대 수준이면서 에너지 확보에 대해서 우리나라만큼 태평한 나라도 드물 것이다. 석유와 천연가스는 얼마든지 수입할 수 있다고 생각하며, 더구나 앞으로는 석유와 천연가스를 쓰지 않고 재생에너지로 에너지를 해결하는 시대가 올 것이라고 말하는 이들도 있다. 한편에서는 재생에너지가 아니라 원자력으로 에너지 문제를 해결할 거라고 하면서 서로 치열하게 다투고 있다. 앞에서 다룬 바와 같이 재생에너지와 원자력은 전기만을 생산하는 에너지인데, 인류가 필요로 하는 최종 에너지 중 전기가 차지하는 비율은 20퍼센트에 그치며 2050년이 되어도 그 비율이 30퍼센트를 웃돌지는 않을 걸로 전망된다. 수송 연료, 석유화학 원료, 도시가스 등 전기가 아닌 다른 형태의 에너지가 많이 필요하다. 게다가 전기를 만드는 데도 석탄과 천연가스가 많이 쓰이며 특히 천연가스의 수요는 더욱 늘어날 것이다. 그런데 지구상에 화석에너지를 공급할 수 있는 국가는 제한되어 있으며, 땅속에 있는 에너지 자원 또한 한정되어 있다. 1970년대에 나온 40년 석유 고갈설이 무색하게 아직도 70년 이상 쓸 수 있는 석유와 천연가스가 있다고는 하나, 이제는 늘어나는 소비를 충족할 새로운 유전과 가스전을 찾기가 갈수록 어려워지고 있다. 단순히 석유·가스개발에 대한 투자가 줄어서가 아니라, 지하에 남아 있는 자원이 별로 없기 때문이다. 석유와 천연가스가 고갈되기까지는 아직 상당한 시간이 걸리겠지만, 값싸고 풍족한 에너지를 마음껏 쓸 수 있는 시대가 그리 오래 계속될 것 같진 않다.

　최근에 초정밀 반도체, 우주항공, 바이오 등 첨단 기술이 빠른 속도로 개발되고 있으며, AI를 활용한 편리한 전자기기들과 다양한 컴퓨터 활용 기술이 소개되고 있다. 그러나 에너지를 사용하는 온갖 기술이 눈부시게 발전하면서 에너지 수요가 급격히 늘어가는 데 반해, 정작 에너지 공급 측면에서는 지난 수십 년간 큰 진전을 보이지 못하고 있다. 20세기 들어 석유와 천연가스가 석탄을 대체하고, 20세기 중반 전력 생산원으로서 원자력과 재생에너지가 시작된 것 외는 에너지 공급원이 추가로 개발되지 못하고 있다. 재생에너지와 원자력이 새로운 에너지원이 되었지만, 우리가 필요로 하는 1차 에너지의 일부만 조달하는 데 그치며 그 확장에도 한계가 있을 수밖에 없다. 또한 둘 다 송전망을 확대해야 하는 과제를 안고 있다. 게다가 재생에너지는 전력계통의 안정을 유지하는 범위 내에서만 확대가 가능하므로 우리나라와 같은 여건에서는 재생에너지의 대폭적인 확대가 불가능하다. 원자력이 아무리 안전하다고 해도 원전 부지를 선정하려면 주민들의 동의를 얻어야 하며, 핵폐기물 처리 문제를 해결하지 않고는 더 이상 확대하기가 쉽지 않다. 안전하고 실용적인 SMR 시대가 곧 올 거라고 기대해 왔지만 아직 상용화되지 않고 있으며, 2020년대 후반에야 가능하다고 하나 현재까지의 추세로 보아서는 과연 머지않은 장래에 전 세계에 보편적으로 활용될 수 있을지 의문이 든다. 수소가 미래 에너지의 한 축을 담당하기에는 그 활용이 미미한 수준에 그칠 거라는 것은 앞에서 이미 살펴봤다. 핵융합 에너지를 활용하려는 연구가 진행되고 있으나 상용화는 요원해 보인다. 에너지 수요는 계속 증가하기만 하는데, 에너지 공급 분야에서의 미래는 그다지 밝아 보이지 않는다.

제1·2차 산업혁명 이후 세계 에너지 패권을 둘러싼 국가 간의 치열한 경쟁이 계속되어 온 데다 이제는 기후 위기 대응을 위한 탄소 감축을 실현해야 하므로, 우리나라와 같이 에너지 의존도가 높은 국가는 에너지 안보와 탄소 감축이라는 두 가지의 어려운 숙제를 풀어내야 한다. 전기 소모가 많은 반도체산업을 육성하고 빅데이터, AI 등 IT산업을 이끌어가야 하므로 세계 어느 나라보다 에너지 확보에 집중함과 동시에 OECD 선진국으로서 국제사회의 탄소 감축에 적극 호응하지 않을 수 없다.

우크라이나 전쟁으로 인한 에너지 위기가 지나가고 에너지 가격이 다시 하락해 안정세를 보이고 있으나, 단기적인 에너지 가격의 등락에 좌지우지되어서는 안 된다. 에너지 수급 불균형이 우려되는 다가오는 미래에는 중동 산유국, 러시아, 미국 등 에너지 자원을 보유하고 있는 몇몇 국가의 위력이 더욱 강해질 것이며, 에너지 수입국들의 경제적인 부담은 커지고 에너지 확보 경쟁은 더욱 치열해질 것이다. 미국과 중국의 대립으로 야기된 보호무역주의가 고개를 들고 있어, 에너지를 수입해 산업을 일구고, 수출로 경제성장을 이룬 우리나라로서는 더욱 불안한 미래가 예상된다.

앞으로 다가올 21세기의 에너지 전쟁은 예사롭지 않을 것이므로, 세계 에너지 패권 전쟁에서 싸워나갈 길을 지혜롭게 찾아나가야 한다. 무엇보다도 우리나라 국민과 정부가 에너지 문제를 심각하게 받아들이고 에너지에 대한 인식을 획기적으로 전환해야 한다. 머지않은 장래에 고비용 에너지 시대가 올 것을 염두에 두고 미래에 대비해야 할 것이다.

끝으로, 에너지에 관한 책을 출판하고자 기획해 저자에게 집필 기회를 주고, 이 책이 나오기까지 온갖 수고를 아끼지 않은 다산북스 담당자 모든 분께 감사드린다. 원고를 꼼꼼히 읽고 여러 유익한 코멘트를 해준 광운대학교 권태한 명예교수와 해외자원 개발협회 심재헌 박사에게도 심심한 감사의 마음을 전한다.

참고 자료

자료 2-1. 미국 석유와 천연가스 생산량 추이

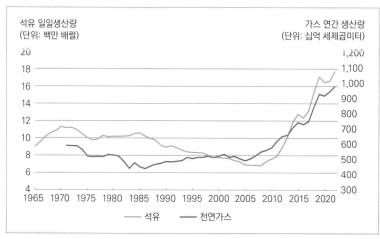

출처: BP, 2023 세계 에너지 통계

자료 2-2. 국제 유가(1960년-2000년)

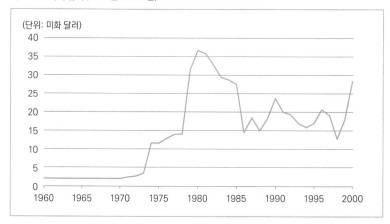

출처: BP, 2023 세계 에너지 통계

자료 2-3. 이라크 석유 생산량 추이

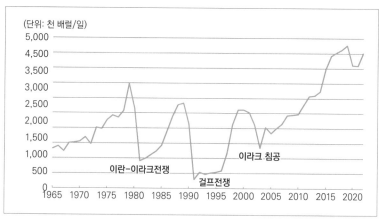

출처: BP, 2023 세계 에너지 통계

자료 2-4. 중국 석유 생산량과 소비량

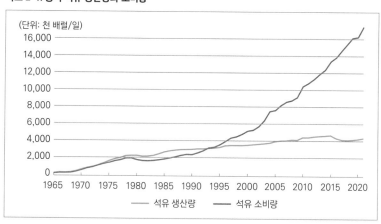

출처: BP, 2023 세계 에너지 통계

자료 3-1. 유종별 가격 추이

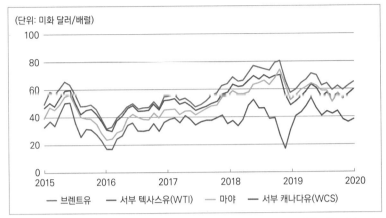

(단위: 미화 달러/배럴)

— 브렌트유 — 서부 텍사스유(WTI) — 마야 — 서부 캐나다유(WCS)

출처: Oil Sand Magazine

자료 3-2. 세계 확인매장량 추이

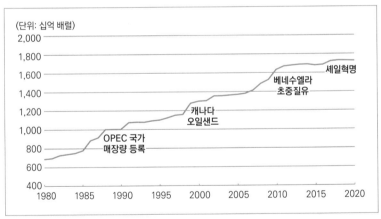

(단위: 십억 배럴)

OPEC 국가
매장량 등록

캐나다
오일샌드

베네수엘라
초중질유

셰일혁명

출처: BP, 2023 세계 에너지 통계

자료 5-1. 유럽 원유 및 천연가스 가격

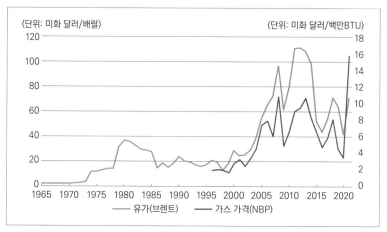

출처: BP, 2023 세계 에너지 통계

자료 5-2. 미국 석유와 천연가스 생산량 전망

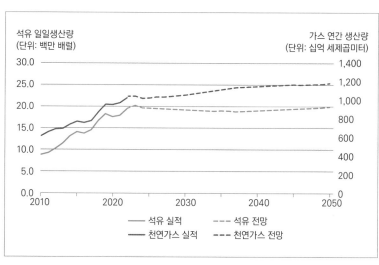

출처: 미국 에너지정보청

참고 자료

자료 6-1. 세계 지역별 CO₂ 연간 배출량

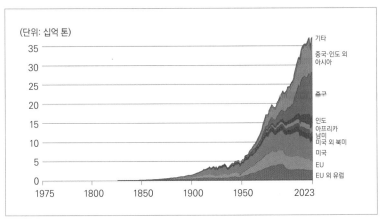

출처: Our World in Data

자료 6-2. 세계 전력생산에서의 에너지원별 비율(전기믹스)

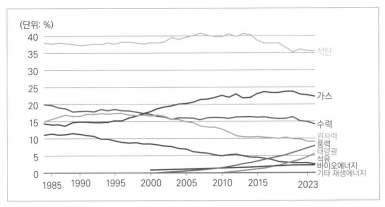

출처: Our World in Data

자료 9-1. 세계 탄소 배출에서 중국이 차지하는 비율

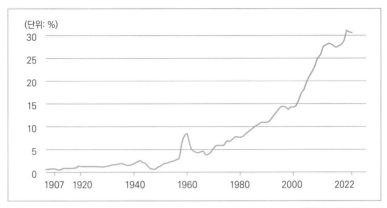

출처: Our World in Data

자료 10-1. 세계 석유 수요 전망

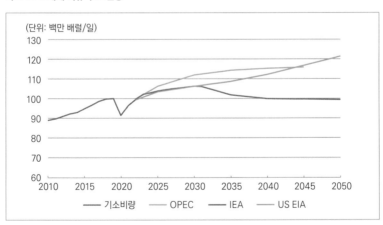

출처: 석유수출국기구, 국제에너지기구, 미국 에너지정보청

자료 10-2. 세계 천연가스 수요 전망

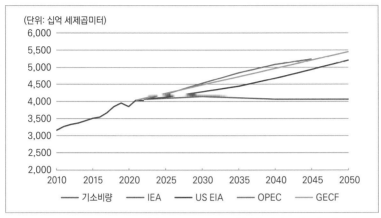

출처: 국제에너지기구, 미국 에너지정보청, 석유수출국기구, 가스수출국포럼

자료 11-1. 우리나라 원자력 발전량과 가동률 추이

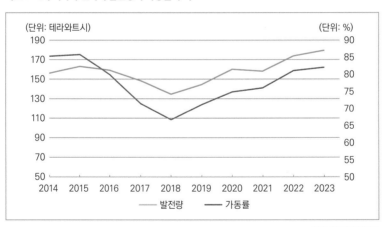

출처: 한국수력원자력

자료 12-1. 한국의 해외 자원개발 현황

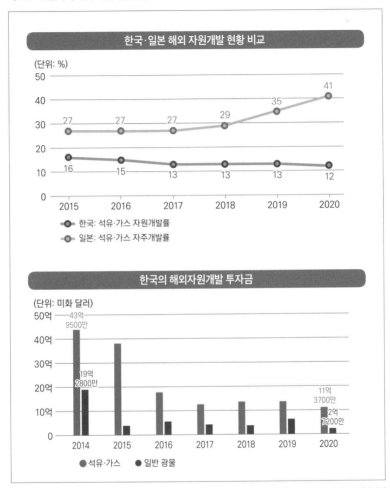

한국·일본 해외 자원개발 현황 비교

(단위: %)

한국: 석유·가스 자원개발률
일본: 석유·가스 자주개발률

한국의 해외자원개발 투자금

(단위: 미화 달러)

석유·가스
일반 광물

출처: 산업통상자원부, 일본 경제산업성

자료 13-1. 국가별 1차 에너지 소비 추이

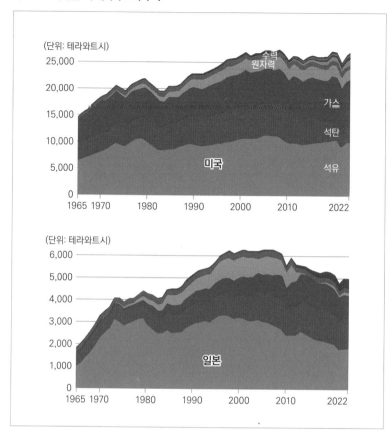

(단위: 테라와트시)

수력
원자력
가스
석탄
석유
미국

(단위: 테라와트시)

일본

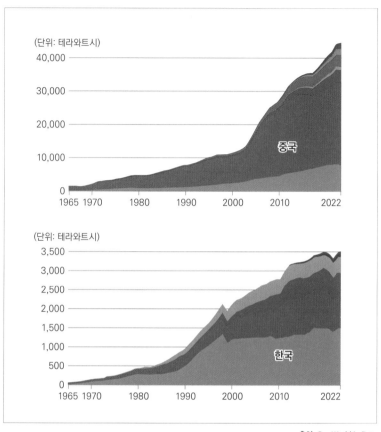

자료 13-2. 한국과 일본의 1인당 1차 에너지 소비 추이

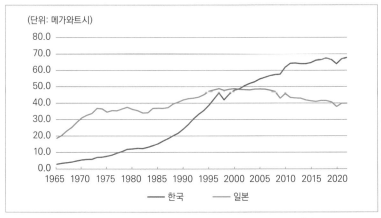

출처: Our World in Data

자료 13-3. OECD 국가 전기요금 비교

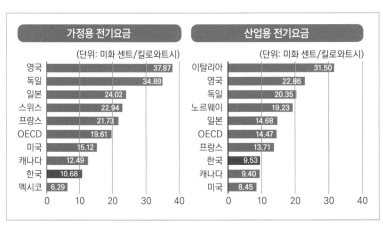

출처: 한국전력공사

참고 문헌

1부 석유 전쟁

1장 인류 문명을 바꾼 석탄

1 Wikipedia, History of coal mining.

2 대니얼 예긴, 『뉴맵』, 리더스북, p. 529.

3 Wikipedia, Coal mining in the United Kingdom.

4 나무위키, 실레시아.

5 위키백과, 프로이센-프랑스 전쟁.

6 위키백과, 루르 점령.

7 위키백과, 뮌헨 폭동.

8 하라타 다케오, 『세계 에너지 전쟁 지도』, 지식노마드, pp. 411-419.

9 Our World in Data, Primary energy consumption.

2장 세계정세를 좌우한 석유의 시대

1 대니얼 예긴, 『황금의 샘 1』, 라의눈, pp. 29-87.

2 Wikipedia, Marcus Samuel, 1st Viscount Bearsted.

3 Wikipedia, Petroleum industry in Azerbaijan.

4 위키백과, 바쿠.

5 대니얼 예긴, 『황금의 샘 1』, 라의눈, pp. 88-100.

6 대니얼 예긴, 『뉴맵』, 리더스북, pp. 282-299.

7 요다위키, 윌리엄 녹스 다아시.

8 Wikipedia, History of petroleum industry in Iraq.

9 나무위키, 사우드 왕조.

10 Wikipedia, Ghawar Field.

11 대니얼 예긴, 『황금의 샘 1』, 라의눈, pp. 291-298.

12 대니얼 예긴, 『황금의 샘 1』, 라의눈, pp. 557-573.

13 아틀라스뉴스, "석유전쟁③…태평양전쟁의 시작과 끝", 2020년 9월 22일.

14 BP, Statistical Review of World Energy 2023, Oil-Trade movements.

15 대니얼 예긴, 2030 에너지 전쟁, ㈜사피엔스21, pp. 292-293.

16 대니얼 예긴, 『황금의 샘 2』, 라의눈, pp. 348-397.

17 위키백과, 슈퍼메이저.

18 대니얼 예긴, 『황금의 샘 2』, 라의눈, pp. 84-108.

19 Aramco Oil and Gas, Our Global Presence, About us, Our history.

20 위키백과, 1970년대 에너지 위기.

21 주간동아, "북해 유전 해체, 석유 시대 종말의 신호탄", 2016년 6월 17일.

22 위키백과, 이란.

23 위키백과, 이란의 핵 문제, 이란 핵 협정의 협상 과정.

24 위키백과, 이란에 대한 제재.

25 조선일보, "[이란 核협상 타결] 이스라엘·사우디만 빼고 각국 "이란 核타결 환영"",
2015년 4월 4일.

26 BBC News 코리아, "미국 이란: 핵 합의 탈퇴 배경은?", 2020년 1월 6일.

27 나무위키, 이라크/역사.

28 위키백과, 쿠웨이트 침공.

29 위키백과, 걸프 전쟁.

30 요다위키, 루마일라 유전.

31 나무위키, 제2차 이라크 내전.

32 주간경향, "(18) 미국의 오판", 2023년 9월 18일.

33 Knoema, "Historical GDP by Country", Statistics from IMF.

34 CNPC, "About Yumen Oil field".

35 위키백과, 다칭유전.

36 Wikipedia, "Petroleum industry in China".

37 BP, Statistical Review of World Energy 2023, Oil production & Oil consumption.

38 Statistica, "Leading crude oil importers worldwide in 2022".

39 BP, Statistical Review of World Energy 2023, Gas production, Gas consumption.

40 U.S. Energy Information Administration, International, Natural gas, Dry natural gas imports.

41 Wikipedia, Kazakhstan-China oil pipeline.

42 S&P Global, "Russia crude oil pipeline capabilities to mainland China-The ESPO crude oil pipeline", 2022년 4월 1일.

43 Wikipedia, Central Asia-China gas pipeline.

44 Wikipedia, Power of Siberia.

45 Wikipedia, West-East gas pipeline.

46 Global Times, "China's west-east gas transmission project kicks off No. 4 pipeline construction", 2022년 9월 28일.

47 양수영, 『황금가스전』, 새로운 사람들, pp. 163-179.

48 BP, Statistical Review of World Energy 2023, Gas-LNG imports.

49 International Gas Union, 2024 World LNG Report, 27p.

50 U.S. Energy Information Administration, Today in Enegy, "As of 2021, China imports more liquefied natural gas than any other countries", 2022년 5월 2일.

51 International Gas Union, 2023 World LNG Report .

3장 잠재력 많은 비전통 석유

1   U.S. Energy Information Administration, International, Data, Petroleum and other liquids, Natural Gas.

2   Government of Alberta, Alberta's Energy Heritage, Oil sands.

3   Canadian Association of Petroleum Producers, "Alberta oil sands history and milestones – CAPP".

4   BP, Statistical Review of World Energy 2023 , Oil: Proved reserves history.

5   Wikipedia, Keystone pipeline.

6   Wikipedia, Trans Mountain pipeline.

7   Reuters, "Canada's long-delayed Trans Mountain oil pipeline starts operation", 2024년 5월 2일.

8   Oil Sands Magazine 2023, "Western Canadian Select explained".

9   Wikipedia, "LNG Canada".

10 LNG CANADA, "LNG Canada 2024 Fall Update", 2024년 9월 12일.

11 Wikipedia, History of the Venezuela oil industry.

12 한국학술지인용색인(KCI), "베네주엘라 초중질유 저류층 지질 특성".

13 U.S. Energy Information Administration, International, Data, Petroleum and other liquids.

14 대외경제정책연구원, "베네수엘라는 어떻게 자국 석유산업을 망쳤나?"
2017년 5월 24일.

15 The Guardian, "Venezuela seizes foreign oil fields", 2007년 5월 2일.

16 Oil Sand Magazine, "Why Venezuela is Alberta's biggest competitor",
2016년 2월 15일.

2부 천연가스 전쟁

4장 에너지 다양화 시대

1 위키백과, LNG선.

2 U.S. Energy Information Administration, Environment,
Carbon dioxide emissions coefficients.

3 나무위키, 원자력발전소.

4 U.S. Energy Information Administration, Nuclear explained,
"U.S. nuclear industry", 2023년 8월 24일.

5 Our World in Data, Nuclear energy.

6 신동아, "프랑스의 원자력정책", 2006년 12월 14일.

7 World Nuclear Association, "Nuclear power in France", 2024년 5월 221일.

8 위키백과, 대한민국의 원자력발전.

9 한국수력원자력, 열린원전운영정보, 실시간 운영 현황.

10 Our World in Data, Nuclear energy.

11 나무위키, 풍차.

12 전자신문, "[풍력특집] 풍력발전, 어떤 길을 걸어왔나", 2011년 9월 27일.

5장 천연가스로 재편되는 에너지 패권 판도

1 대니얼 예긴, 『2030 에너지 전쟁』, ㈜사피엔스21, pp. 53-57.

2 BP, Statistical Review of World Energy 2023 , Oil crude prices, Gas prices.

3 MoneyS, "EU, 러시아산 가스 대거 수입…우크라 전쟁 이전보다 늘어", 2023년 8월 31일.

4 Center for Research on Energy and Clean Air (CREA), "March 2024 – Monthly analysis of
Russian fossil fuel exports and sanctions", 2024년 4월 18일.

5 한국일보, "유럽, 러시아 LNG '첫 제재' 확정…'수입 금지'는 빼고", 2024년 6월 25일.

6 연합뉴스, "러 "원유 제재 성공적으로 회피, 中·인도로 90퍼센트 수출"", 2023년 12월 27일.

7 Wikipedia, Eastern Siberia-Pacific Ocean oil pipeline.

8 Wikipedia, Power of Siberia.

9 Russian Oil and Gas Technologies, "Oil and gas production at Sakhalin-1 reached the level before the start of the special operation", 2023년 6월 9일.

10 Wikipedia, Sakhalin-1.

11 Reuters, "Russia's Sakhalin-2 may double LNG revenue as top buyers stay despite Ukraine crisis", 2023년 1월 26일.

12 Offshore technology, "Oil & gas field profile: Sakhalin-3 conventional gas field, Russia", 2023년 11월 21일.

13 Wilipedia, Yamal LNG.

14 High North News, "EU continues to import $1bn of Russian Arctic LNG every month", 2023년 12월 7일.

15 대니얼 예긴, 『뉴맵』, 리더스북, p. 177.

16 Novatech, Business, Project Arctic LNG 2.

17 Offshore Technology, "Arctic LNG 2 to start operations despite US sanctions", 2024년 1월 4일.

18 한국경제, ""천연가스 생산 중단" 러시아 '직격탄'… 미국 제재 통했다", 2023년 4월 3일.

19 대니얼 예긴, 『뉴맵』, 리더스북, pp. 28-42.

20 U.S. Energy Information Administration, International, Data, Petroleum and other liquids.

21 아시아경제, "미, 세계 1위 LNG 수출국 첫 등극", 2024년 1월 3일.

22 U.S. Energy Information Administration, Annual Energy Outlook 2022, Introduction, "What is the AEO2022 Reference case?".

23 U.S. Energy Information Administration, Annual Energy Outlook 2023, Petroleum and other liquids supply and disposition, Natural gas supply, disposition, and prices.

24 Organization of the Petroleum Exporting Countries, World Oil Outlook 2023, pp. 141-144.

25 Clean Energy Wire, "Germany's energy consumption and power mix in charts", 2023년 12월 22일.

26 대니얼 예긴, 『뉴맵』, 리더스북, pp. 137-144.

27 VOA (Voice of America) "노르트스트림2 가스관", 2022년 2월 11일.

28 연합뉴스, "대러제재 핵심 노르트스트림-2 실체는…러의 대유럽 지렛대", 2022년 2월 9일.

29 Clean Energy Wire, "Ukraine war pushes Germany to build LNG terminals", 2023년 5월11일.

30 Countryeconomy.com, Germany – Household electricity prices 2023.

31 한국경제, "비싼 전기료에 '발목'… 독 전기차·배터리 공장 해외로 이탈", 2023년 10월 18일.

32 한국경제, "스웨덴 獨" 전기 수입 말고 원전 돌려라", 2024년 12월 18일.'

33 BBC NEWS 코리아, "러시아가 우크라이나를 침공한 이유… 푸틴이 원하는 바는?", 2022년 2월 25일.

34 나무위키, 러시아-우크라이나 전쟁.

35 Wikipedia, Russia-Ukraine gas disputes.

36 대니얼 예긴, 『뉴맵』, 리더스북, p. 138.

37 Reuters, "Explainer: What will happen when the Ukraine gas transit deal expires?", 2024년 6월 14일.

38 Wikipedia, South Pars/North Dome gas-condensate field.

39 Wikipedia, Natural gas in Qatar.

40 The Business News, "Abu Dhabi's Adnoc greenlights its biggest LNG export project", 2023년 6월 13일.

41 Arabian Gas Business Insight, "Aramco considers LNG exports as reserves grow", 2024년 5월 9일.

3부 탄소 전쟁

6장 기후 위기에 대응하기 위한 미래 에너지

1 Intergovernmental Panel on Climate Change, Summary for Policymaker. In: Climate Change 2021: The Physical Science Basis, Contribution of Working Group I to the Sixth Assessment Report of the Intergovernmental Panel on Climate Change , pp. 4-11.

2 Our World in Data, Greenhouse gas emissions.

3 Our World in Data, CO_2 emissions.

4 Our World in Data, Electricity mix.

5 EU Taxonomy Info, "EU Parliament votes to keep nuclear and gas as green investments".

6   Reuters, "Japan signals return to nuclear power to stabilize energy supply",
    2022년 8월 25일.

7   International Energy Agency, World Energy Outlook 2023, p. 277.

8   양수영, 『탄소와 에너지』, 박영사, pp. 35-36.

9   Our World in Data, Energy mix.

10 Our World in Data, China. Energy country profile.

11 Our World in Data, Germany: Energy country profile.

12 세계일보, "세계 첫 '50퍼센트 수소혼소 발전' 상용화 눈앞", 2023년 3월 13일.

13 Motor Authority, "Ferrari patents hydrogen-powered engine", 2024년 4월 21일.

14 Energy Connects, "Hydrogenious LOHC receives multi-million grant for blue Danube
    project", 2024년 7월 16일.

15 International Energy Agency, World Energy Outlook 2023 , pp. 265, 277.

16 Geoffrey Ellis and Sarah Gelman, "A preliminary model of global subsurface natural
    hydrogen resource potential", Connect 2022, 2022년 10월 12일.

17 International Energy Agency, Global Hydrogen Review 2023, p. 94.

18 대니얼 예긴, 『뉴맵』, 리더스북, p. 583.

19 조선미디어 더나은미래, "세계 석학 500인 바이오에너지는 친환경 아니다. 공동 성명
    성명", 2021년 2월 23일.

20 Centre for Aviation(CAPA), "EUParliament approves sustainable aviation fuel mandate; up
    from 2퍼센트 in 2025 to 70퍼센트 in 2050", 2023년 9월 22일.

21 연합뉴스, "국산 지속가능항공유 급유한 여객기 뜬다…전 세계서 20번째",
    2024년 8월 30일.

22 International Energy Agency, World Energy Outlook 2023 , p. 264.

7장   오락가락하는 미국의 에너지 정책

1   위키백과, 앨 고어.

2   연합뉴스, "미의원 "기후변화는 완전한 사기"…공개토론 제안", 2013년 8월 14일.

3   중앙일보, "트럼프가 흔드는 파리기후협약…EU·중국은 녹색동맹", 2017년 6월 2일.

4   대외경제정책연구원, "미국 트럼프 정부의 에너지·환경 정책과 시사점", 2017년 2월 7일.

5   삼일PwC경영연구원, "미국 IRA(인플레이션 감축법안 시행에 따른 영향 점검".

6   법률신문, "미국 인플레이션 감축법(IRA) 주요 내용과 우리 기업에 대한 시사점",

2022년 9월 5일.

7 한국가스공사, "미국산 LNG 수출 정책 변화와 영향", 계간가스산업 제23권 제1호, 2024년 3월.

8 연합뉴스, "트럼프 "車 제조업 다시 미국으로…中 자동차에 100~200퍼센트 관세"", 2024년 7월 19일.

9 연합뉴스, "해리스·트럼프 에너지 정책 충돌…풍력 박차 vs 그린 사기극", 2024년 9월 6일.

8장 탄소 감축을 주도하는 유럽

1 Trading Economics, "Germany exports of electrical energy to Poland", 2024년 9월.

9장 탄소가 늘어만 가는 중국과 인도

1 Our World in Data, China: CO_2 country profile.

2 Enerdata, World Energy & Climate Statistics – Yearbook, July 2023, "Coal and lignite Production & Consumption".

3 Reuters, "China's 2023 coal imports hit record on rising demand, high domestic prices". 2024년 1월 12일.

4 Organization of the Petroleum Exporting Countries, 2023 World Oil Outlook, p. 90.

5 KIET 산업연구원, 중국산업경제 브리프, [산업 분석] 중국 녹색산업의 현황과 발전 방향, 2021년 4월 30일.

6 연합뉴스, "유럽 태양광업계 "중국산 탓 줄도산 직전"…EU는 규제 딜레마", 2024년 2월 6일.

7 글로벌이코노믹, "중국, 풍력발전 최강국 부상…압도적 점유율로 유럽·미국 압도", 2023년 8월 21일.

8 Enerdata, 데일리 에너지 & 기후 뉴스, "중국 국가에너지국(NEA)은 2025년까지 재생에 너지로 발전량의 50퍼센트를 예측", 2022년 8월 30일.

9 Our World in Data, Nuclear energy.

10 Statistica, Energy & Environment, Energy, "Capacity of nuclear power stations in China as of November 2022, by status", 2023년 11월 23일.

10장 기후 위기 시대의 에너지 지정학

1   연합뉴스, "COP28서 '탈화석연료 전환' 합의… '단계적 퇴출' 빠져", 2023년 12월 13일.

2   Organization of the Petroleum Exporting Countries, 2023 World Oil Outlook 2045, pp.88-134.

3   Organization of the Petroleum Exporting Countries, 2023 World Oil Outlook 2045, pp.108-131

4   International Energy Agency, World Energy Outlook 2023, p. 264.

5   U.S. Energy Information Administration, International Energy Outlook 2023, "World liquids consumption by region, Reference case".

6   Gas Exporting Countries Forum, Global Gas Outlook 2050 Synopsis, 2022 Edition , p. 57.

7   U.S. Energy Information Administration, International Energy Outlook 2023, "World natural gas consumption by region, Reference case".

8   Organization of the Petroleum Exporting Countries, 2023 World Oil Outlook 2045 , p. 58.

9   Shell, Shell LNG Outlook 2023, p. 28.

10   Gas Exporting Countries Forum, Global Gas Outlook 2050 Synopsis, 2022 Edition , p. 70.

11   International Gas Union, Global Gas Report 2024, p. 9.

12   양수영, 『탄소와 에너지』, 박영사, pp. 31-32.

13   Upstream Articles, "Chevron's flagship Gorgon CCS project still failing to live up tp expectations" 2022년 2월 10일.

14   Global CCS Institute, Global status of CCS 2022.

15   International Energy Agency, "CO_2 transport and storage", September 2022.

16   Argus Media, "Iran revives first LNG project, eyes mid-2025 start-up", 2023년 3월 9일.

17   U.S. Energy Information Administration, Oil and petroleum products explained, Oil imports and exports.

18   International Gas Union, 2024 World LNG Report . p. 24.

19   U.S. Energy Information Administration, International, Data, Petroleum and other liquids, Natural gas.

4부 생존 전쟁

11장 한국 에너지 현황과 전망

1   Our World in Data, Korea: Energy country profile.

2   한국전력공사, 2023년 한국전력통계, pp. 26-27, 68-69.

3   한국석유공사, 페트로넷, 국내석유통계, 수출입정보, 원유수입(국가별).

4   대한석유협회, 통계자료실, 국내통계, 국별 원유 도입.

5   아시아경제, "한국석유공사, 2023년 국내석유수급통계 확정 공표", 2024년 6월 28일.

6   한국석유공사, 페트로넷, 국내석유통계, 수출입정보, 제품수입(제품별), 천연가스.

7   산업통상자원부, 보도자료, "2023년 12월 및 연간 수출입 동향", 2024년 1월 1일.

8   아시아경제, "세계 1위에서 매각 1순위로 전략…생존 위협받는 韓석유화학",
    2024년 3월 11일.

9   관세청, 수출입무역통계, 수출입통계, 수출입실적(품목별+국가별), 천연가스.

10 U.S. Energy Information Administration, International, Data, Natural gas, Imports/exports,
    U.S. exports by country (annual).

11 에너지신문, "지난해 천연가스 도입량 4639만톤…수입액은 약 2배 증가",
    2023년 1월 17일.

12 에너지신문, "늘어나는 'LNG 직수입' VS 도약하는 '개별요금제'", 2024년 5월 22일.

13 매일경제, "한국가스공사, LNG 개별요금제로 수급·수익성 다 잡는다", 2022년 6월 20일.

14 한국가스공사, 주요사업, 천연가스사업, 판매.

15 관세청, 수출입무역통계, 수출입통계, 수출입실적(품목별+국가별), 석탄.

16 한국수력원자력, 열린원전운영정보.

17 전자신문, "갈 길 먼 '원전 강국'…고준위 방폐장 부지 선정도 못한 한국 '사실상 유일'",
    2023년 4월 26일.

12장 한국 자원 개발 역사

1   한국석유공사, 사업 소개, "국내 대륙붕 탐사 현황".

2   양수영, 『황금가스전』, 새로운 사람들, pp. 82-98.

3   해외자원 개발협회, 해외자원 개발협회 10년 , 2018, pp. 9-35.

4   한국석유공사, 사업 소개, "베트남 11-2", "베트남 15-1".

5   에너지신문, "'알짜배기' 오만 LNG 지분 투자 10년간 연장한다". 2023년 11월 24일.

6 위키백과, 삼탄.

7 한국경제, "망할 줄 알았는데…현금 1.5조 거액 쩐주로 부활한 회사", 2023년 3월 28일.

8 한국일보, "한·러, 남북 관통 가스관 합의/시베리아·서울 총연장 2,000킬로미터 건설", 1992년 7월 3일.

9 중앙일보, "러 야쿠트 가스전/개발 주도권 싸고 마찰", 1992년 8월 18일.

10 양수영, 『황금가스전』, 새로온 사람들, pp. 163-179.

11 에너지데일리, "한국, 석유·가스 자원 개발률 10퍼센트대… 일본의 1/4 수준까지 떨어졌다.", 2023년 9월 19일.

12 중앙일보, "한국 12퍼센트 일본 41퍼센트… 같은 자원빈국인데 다른 성적표, 왜", 2022년 10월 17일.

13 에너지플랫폼뉴스, "한국과 일본 석유·가스 자원 개발률 차이 나는 이유는", 2023년 5월 24일.

13장 21세기 우리의 생존 전략

1 Our World in Data, Primary energy consumption per capita, Total electricity generation per person.

2 Our World in Data, Energy country profile.

3 이투데이, "[2017 국감] 백운규 "탈원전해도 2022년까지 전기요금 인상 미미"", 2017년 10월 12일.

4 한국전력공사, 홍보센터, 전기요금.

5 한국경제, "드디어 바닥 탈출하나…적자 43조 한전, 이유있는 반등", 2024년 3월 8일.

6 연합뉴스, ""250조원 부채 늪" 한전·가스공, 작년 이자로만 6조원 나갔다", 2024년 3월 3일.

7 에너지데일리, "[초점] 일본 에너지산업은 어떻게 변하고 있는가 – ③에너지 사장 이슈".

8 Wikipedia, Inpex.

9 한겨레, "친미반중서 다시 안미경중으로? 호주 총리, 시진핑과 회담", 2023년 11월 7일.

10 탄소중립녹색성장위원회, "2030 국가온실가스감축목표(NDC)".

11 Statistica, "Annual volume of greenhouse gas emissions in South Korea from 2011 to 2021", 2024년 1월 4일.

12 Statistica, "Annual volume of greenhouse gas emissions in South Korea 2022, by source", 2024년 6월 25일.

13 연합뉴스, "트럼프 "EU, 미국산 석유·가스 사야…불응시 끝장 관세"", 2024년 12월 20일.

사진 출처

93쪽   그린피스

145쪽   HD한국조선해양

225쪽   노바테크

301쪽   언스플래쉬

세계 에너지 패권 전쟁
자원이 지배하는 새로운 부의 질서

초판 1쇄 인쇄 2025년 1월 22일
초판 1쇄 발행 2025년 2월 5일

지은이 양수영
펴낸이 김선식

부사장 김은영
콘텐츠사업2본부장 박현미
책임편집 차혜린 **책임마케터** 권오권
콘텐츠사업9팀장 차혜린 **콘텐츠사업9팀** 최유진, 노현지
마케팅1팀 박태준, 권오권, 오서영, 문서희
미디어홍보본부장 정명찬
브랜드홍보팀 오수미, 서가을, 김은지, 이소영, 박장미, 박주현
채널홍보팀 김민정, 정세림, 고나연, 변승주, 홍수경
영상홍보팀 이수인, 염아라, 석찬미, 김혜원, 이지연
편집관리팀 조세현, 김호주, 백설희 **저작권팀** 성민경, 이슬, 윤제희
재무관리팀 하미선, 임혜정, 이슬기, 김주영, 오지수
인사총무팀 강미숙, 이정환, 김혜진, 황종원
제작관리팀 이소현, 김소영, 김진경, 최완규, 이지우
물류관리팀 김형기, 김선진, 주정훈, 양문현, 채원석, 박재연, 이준희, 이민운
외부스태프 교정교열 김정현 표지 디자인 유어텍스트 내지 디자인 화이트노트 지도·그래프 노경녀

펴낸곳 다산북스 **출판등록** 2005년 12월 23일 제313-2005-00277호
주소 경기도 파주시 회동길 490 다산북스 파주사옥
전화 02-704-1724 **팩스** 02-703-2219 **이메일** dasanbooks@dasanbooks.com
홈페이지 www.dasan.group **블로그** blog.naver.com/dasan_books
종이 스마일몬스터 **인쇄·제본** 한영문화사 **코팅·후가공** 제이오엘앤피

ISBN 979-11-306-8881-7(03320)

• 책값은 뒤표지에 있습니다.
• 파본은 구입하신 서점에서 교환해드립니다.
• 이 책은 저작권법에 의하여 보호를 받는 저작물이므로 무단 전재와 복제를 금합니다.

다산북스(DASANBOOKS)는 책에 관한 독자 여러분의 아이디어와 원고를 기쁜 마음으로 기다리고 있습니다.
출간을 원하는 분은 다산북스 홈페이지 '원고 투고' 항목에 출간 기획서와 원고 샘플 등을 보내주세요.
머뭇거리지 말고 문을 두드리세요.